CORSO

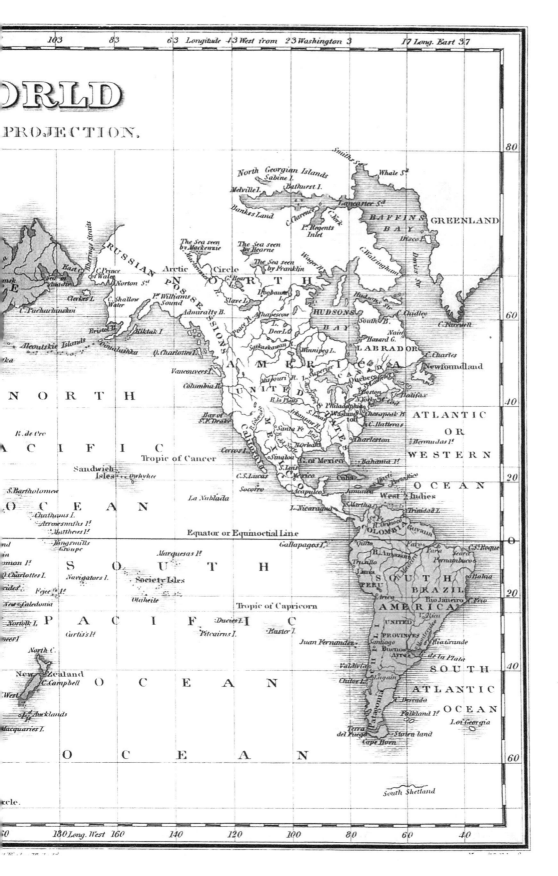

EBBA D. DROLSHAGEN

WIE MAN SICH ALLEIN AUF SEE EINEN ZAHN ZIEHT

Abenteurer, Dickköpfe,
Hungerkünstler, Besessene,
Unbelehrbare und ihre
bedingungslose Leidenschaft,
die Meere zu überqueren –
irgendwie, um jeden Preis

CORSO

»Sie sind verrückt!«, brüllte Angus,
der gelernt hatte, seine eigenen
Beschränkungen als sicheren Beweis
geistiger Gesundheit zu werten.
PATRICK WHITE, »VOSS«

Die höchste Form des Glücks
ist ein Leben mit einem
gewissen Maß an Verrücktheit.
ERASMUS VON ROTTERDAM

Das Schiff liegt im sicheren Hafen,
aber dafür wurde es nicht gebaut.
GRACE MURRAY HOPPER

Für alle, die wagen,
wozu ich zu vernünftig bin.

Und für meinen Großvater
Frederik Otto Stokke,
der sein Leben lang von seinen
Jugendjahren auf See
schwärmte.

VORWORT

Tote schreiben keine Bücher. Nur wer sein Abenteuer überlebt, kann davon berichten. Daher halten Sie eine Sammlung von Geschichten in der Hand, die (fast) alle ein Happy End haben. Sie handeln von kühnen, verrückten, verschrobenen, visionären Männern, von ihren Heldentaten, Torheiten, Obsessionen, von Träumen, Willenskraft und Leidensfähigkeit. Und sie sind alle wahr.

Da es Geschichten mit glücklichem Ausgang sind, handeln sie auch von jenem Quäntchen Glück, ohne das nichts gelingt. Endet ein gewagtes Unterfangen tragisch, und sei es erst kurz vor dem Ziel, sehen die meisten Menschen in den Abenteurern keine tollkühnen Helden mehr, sondern Versager, Neurotiker, Phantasten, die in der Gefahr umkamen, in die sie sich idiotischerweise selbst begeben haben.

Diese Menschen erheben die Stimme der Vernunft: Muss man Geld verpulvern und sein Leben aufs Spiel setzen, um einen Achttausender in Nepal zu bezwingen, die Antarktis auf Skiern zu durchqueren, an etwas Naturseide oder Nylon baumelnd aus einem Flugzeug zu springen? Welche Schraube ist bei einem locker, der alles daransetzt, mit einem Schwimmwagen über Ozeane und Staubpisten die Welt zu umrunden?

Ich bin eine solche kopfschüttelnde Stimme der Vernunft. Doch in mir ist auch eine ambivalente Faszination für Menschen, die solche eigenartigen Dinge tun (wollen). Oft – nein, beileibe nicht immer! – gefällt es mir nämlich, wenn jemand etwas sagt oder tut, was mir fremd ist. Das muss ich nicht verstehen. Ich kann es einfach nur anstaunen und mich wundern; ich erkenne mich in Sibylle Lewitscharoffs Satz, dass »Zeitgenossen, die mit ähnlichen Augen in dieselbe Welt schauen«, keine wirklichen Rätsel bergen. Und ich liebe Winston Churchills Bonmot »Wenn zwei Menschen immer dasselbe denken, ist einer von ihnen auf Dauer überflüssig«. Ich brauche sie also, diese Wagemutigen.

Dass ich mich ausgerechnet in Ozeanbegeisterte vergucken musste, bestätigt das Gesagte vermutlich: Ich habe keine Ahnung von Seefahrt, das Liebste am Meer ist mir das Ufer; Booten und Schiffen, gleich welcher Größe, begegne ich mit einem gewissen Misstrauen.

»Meine« Seefahrer hingegen legen sich auf gefährliche Weise mit dem Meer an. Sie brechen freiwillig zu Fahrten auf, die ich auf die eine oder andere Weise abwegig und ziemlich sinnfrei finde. Diese beiden Kriterien waren entscheidend, daher bleiben in meinem Buch waghalsige Unternehmungen zu Kriegszeiten ebenso ausgespart wie die Tragödien von Bootsflüchtlingen und Schiffbrüchigen.

Mit wenigen Ausnahmen waren alle Seefahrer, deren Geschichten ich hier erzähle, auf dem Meer völlig auf sich gestellt, weil sie keine modernen Navigations- und Kommunikationsgeräte an Bord hatten. Der Grund hierfür ist nicht, dass sie besonders mutig oder puristisch waren, sondern dass es diese Hilfsmittel zu ihrer Zeit nicht gab. Diese Zeit liegt gar nicht so weit zurück, wie es einem angesichts der Allgegenwart von GPS, Mobilfunk und Satellitenüberwachung manchmal vorkommt.

Die Extremsegler unserer Tage, die technisch hochgerüstet losziehen, interessieren mich wenig. Sie wissen zu genau, worauf sie sich einlassen (was bekanntermaßen nicht bedeutet, dass sie unter Kontrolle hätten, worauf sie sich hochgerüstet und gut vorbereitet einlassen!), und irgendwie kommt es mir so vor, als blieben sie dank ihrer vielfältigen Kommunikationsmöglichkeiten immer mit einem (Gedanken-)Bein an Land. Dezidiert ausgespart bleiben auch Kinder wie die Holländerin Laura Dekker oder die Amerikanerin Abby Sunderland, die vor einigen Jahren mit Billigung ihrer Eltern zu Einhand-Weltumseglungen aufbrachen, um die »jüngste Einhand-Weltumseglerin« zu werden. Die Verantwortungslosigkeit solcher Eltern empört mich dermaßen, dass ich darüber weder schreiben will noch kann.

Gemeinsam ist meinen Geschichten auch, dass alle von Männern handeln. Das war nicht so geplant. Es war schwierig, überhaupt eine Frau zu finden, die in mein »Beuteschema« passte, aber immerhin gab es da die wunderbare Ann Davison, die 1952 ohne nennenswerte Segelerfahrung als erste Frau allein über den Atlantik gesegelt ist. Sie schien ebenso kühn (oder verrückt) wie ihre männlichen Zeitgenossen. Ich schrieb ein Kapitel über sie, schrieb es um, verwarf es, fing von vorne an, bis ich endlich begriff, warum es mir immer wieder misslang: Sie war anders kühn bzw. verrückt als die Männer. Zumindest sprach sie völlig anders über sich und ihre Fahrt, als diese es taten.

Wenn sie in ihrem Buch... *und mein Schiff ist so klein* von dieser Erstleistung erzählt, dann klingt das, als wäre sie ihr irgendwie passiert, als hätte sie sie nicht wirklich geplant und im Grunde nicht sehr viel zu ihrem Gelingen beigetragen. Sie habe mit dieser Überquerung ihre Angst bezwingen wollen, schreibt sie. Und habe gelernt, dass der Mut, den sie suchte, nicht der Mut war, physische Angst zu überwinden, nicht das, was »einen Mann dazu befähigt, Gefahren ins Auge zu sehen«. Mut sei die kämpferische Fähigkeit, »zu wissen, dass man nichts Besonderes darstellt, und diese Tatsache mit Gleichmut anzuerkennen, ohne dabei in seinen Anstrengungen nachzulassen«. Sie habe Tausende von Meilen über den Ozean segeln müssen, um zu begreifen, dass dieser Mut der Schlüssel zum Leben sei.

Sie demontiert mit jeder Seite ihres Buches das Bild einer heroischen, todesmutigen Atlantiküberquererin. Vielleicht dachten ihre männlichen Entsprechungen ähnlich. Gelesen habe ich es bei keinem. Daher wirkt sie neben ihnen wie eine Quotenfrau. Und das hat sie wahrlich nicht verdient.

Die Boote, mit denen sich die Männer dieses Buchs aufs offene Meer gewagt haben, oder die Begleitumstände, unter denen das geschah, provozieren verzagtere Gemüter zu der verwirrten Frage: »Sie haben – *was*?« Die Bestätigung, dass sie das Unvorstellbare wirklich getan haben, zieht zwingend die Frage aller Fragen nach sich: »Warum sollte jemand das wollen?« Warum in aller Welt träumt jemand davon, sich buchstäblich bis aufs Blut zu schinden und in Lebensgefahr zu begeben?

Masochismus ist nicht die einzige mögliche Antwort. Im Gegenteil, es gibt viel mehr Gründe, als man zunächst meinen sollte: Eine Theorie beweisen. Im Kampf gegen Konkurrenten oder die Elemente siegreich bleiben. Eins mit dem Meer werden. Dem Lärm entfliehen. Selbstüberschätzung, Geltungsdrang, Eitelkeit. Eigene körperliche und psychische Grenzen überwinden. Mit einer sensationellen Leistung Geld verdienen. Berühmt werden. Als Erster erreichen, was niemand für erreichbar hielt. Und vergessen wir nicht die schlichtesten und zugleich unerklärlichsten Gründe: Abenteuerlust. Unstillbares Fernweh.

Das Fatale an dieser Liste ist, dass sie nur versteht, wer das Wagemutige schon in sich trägt, also ähnlich fühlt und denkt. Die vielen, vielen anderen nehmen diese und weitere Erklärungen interessiert zur Kenntnis, grübeln vielleicht sogar ein wenig darüber nach. Und fragen dann ratlos: »ABER *WARUM*?«

Warum? Warum? Warum? Die einzig vernünftige Erklärung ist die legendär gewordene Antwort des Engländers George Mallory auf die Frage, warum er den Mount Everest besteigen wolle: »*Because it is there.*«[*]

---

[*] Das war im Sommer 1924. Mallory kam bei der Besteigung um, seine Leiche wurde erst 1999 gefunden.

1
EINE KLEINE PROBEFAHRT ÜBER DEN ATLANTIK

Ole Brude und sein Ei-Boot

Es ist ja etwas Besonderes mit einer Fahrt wie dieser.
Da hat man Gelegenheit zu sehen,
wie wenig man wert ist,
wenn Gott seine Hand von einem wegzieht.
Dann sind wir wahrlich nicht viel wert,
dann sind wir nur wie kleine Insekten.

IVER THORESEN,
EINER DER VIER PASSAGIERE DER »URÆD«

Ich begab aufs hohe, weite Meer mich
Mit einem Schiff allein und mit der kleinen
Genossenschaft, die nimmer mich verlassen.

DANTE ALIGHIERI,
»DIE GÖTTLICHE KOMÖDIE«

Ole Brude mit dem Modell seines Brude-Eis

Die Besatzung der *Uræd* (v. l. n. r.):
Ole Brude, Karl Thomas Hagevik Johansen,
Iver Thoresen, Lars Madsen Salthammer

U nser Held heißt Ole Martin Brude. Er kam 1880 in Ålesund zur Welt, einem Fischereihafen an der norwegischen Westküste, und wurde, wie an jenem Ort und zu jener Zeit üblich, als Sechzehnjähriger Schiffsjunge. Zwei Jahre später geriet sein Schiff bei Neufundland in einen Sturm, es drohte zu sinken, und das hölzerne Rettungsboot zerschellte am Schiffsrumpf. Wäre das Schiff wirklich untergegangen, hätte sich die Mannschaft nicht retten können. Dieses Erlebnis schockierte Brude zutiefst, denn er hatte gesehen, wie instabil offene Holzboote waren. Und nachdem er einmal angefangen hatte, über Rettungsboote nachzudenken, erkannte er bald, dass sie Schiffbrüchige nicht vor Sturm, Wellen, Kälte oder Hitze schützten. Danach lag er, wie er später schrieb, »viele Nächte wach und grübelte darüber nach, wie ein zuverlässiges Rettungsboot aussehen müsste, aber ich kam zu keinem Ergebnis«.

Brude hatte, wie sich zeigen sollte, viele Talente – das effektvolle Erzählen seiner eigenen Geschichte gehörte allerdings nicht dazu. Daher wissen wir nur, dass er etwa fünf Jahre lang grübelte, plante, rechnete und zeichnete, nicht aber, wann und wodurch er seinen Heureka-Moment erlebte und ihm die Idee seines Lebens kam, das Ei des Brude sozusagen: ein Rettungsboot, das gar kein Boot im herkömmlichen Sinne war, sondern vielmehr ein aus Stahlplatten konstruiertes Ei.

Sobald ein Schiff in Seenot geriet, mussten die Passagiere (noch bevor das Schiff sank) in dieses Ei hineinklettern und es – von innen natürlich – verschließen. Dann waren Nervenstärke und Zuversicht gefragt, denn Brudes Clou war, dass man, im Boot sitzend, den Untergang des Schiffs abwarten musste. Das Ei sinke zwar zunächst mit dem Schiff in die Tiefe, wenig später aber, versicherte er, tauche es von allein wieder an die Meeresoberfläche, wo es dann bei jedem Wetter bleibe. Es ist das Prinzip der unsinkbaren Badewannen-Ente.

1903 beauftragte der Norweger die *Aalesunds mekaniske Værksted* AS, nach seinen Konstruktionszeichnungen den Prototyp eines solchen Rettungsbootes zu bauen. Die Fertigstellung verzögerte sich, weil am 23. Januar 1904 in Ålesund ein Feuer ausbrach. Nach 16 Stunden stand im gesamten Stadtgebiet nur noch ein einziges Haus, auch Brude war obdachlos geworden.

Das konnte ihn jedoch nicht beirren. Sein großer Plan würde an dieser Tragödie nicht scheitern. Und obwohl die Ålesunder jeden Handwerker zum Wiederaufbau brauchten, brachte er die Werft dazu, das vermutlich eigenartigste Gefährt zu bauen, das diese Anlage jemals verlassen sollte: ein rundum geschlossenes Ei aus Stahlplatten, 18 Fuß – fünfeinhalb Meter – lang, an der dicksten Stelle zweieinhalb Meter hoch. Auf der oberen Hälfte dieses »Dings« befanden sich ein U-Boot-artiger Ausguck mit vier »Glasventilen«, zwei enge

Einstiegsluken und ein Mast. Es hatte ein Ruder und einen sogenannten Schwenkkiel, der in seichtem Gewässer hochgezogen werden konnte, besaß aber weder einen Motor noch Paddel.

Auf den gut 13 Quadratmetern des Prototyps würden nach Brudes Berechnungen »vierzig Personen ganz bequem« Platz finden. Nun musste er nur noch beweisen, dass seine Erfindung auch »auf völlig zufriedenstellende Weise manövriert und navigiert« werden konnte. Er hätte diese »Probefahrt«, wie er sie nannte, in den nahen Geirangerfjord oder auch ins etwa 170 Seemeilen (gut 300 Kilometer) entfernte Bergen machen und dabei den Nachbarn im Süden zeigen können, was für knallharte und findige Kerle die Ålesunder waren. Aber Brude hatte ein viel ehrgeizigeres Ziel: Er wollte *der ganzen Welt* zeigen, was für ein findiger Kerl er war. Dafür musste er ins amerikanische St. Louis, wo 1904 die Weltausstellung stattfand. Denn dort hatten die französische Regierung und ein reicher Amerikaner eine Millionen Franc für ein »revolutionär neues Rettungsboot« ausgelobt. Berücksichtigt wurden aber nur Boote, die bis zum 23. November vor Ort waren. Brude hatte sich mit seinem Boot angekündigt, und man hatte ihm einen Platz reserviert. Er war überzeugt, dass er gewinnen würde.

Als sich sein Plan einer »größeren Reise« in Ålesund herumsprach, »meldeten sich so viele tüchtige Seeleute zu meiner Begleitung, dass mir die Wahl schwer wurde«. Er heuerte drei Mann an: Karl Thomas Hagevik Johansen und Lars Madsen Salthammer, beide Steuerleute wie er selbst, sowie Kapitän Iver Thoresen, der auch der Navigator sein würde. Thoresen hätte mit seinen 43 Jahren fast der Vater der drei anderen sein können.

Warum sie bei Brude anheuerten, ist nicht zweifelsfrei geklärt, wir können aber davon ausgehen, dass sie es aus freien Stücken taten. Der Name des Gefährts jedenfalls schreckte sie nicht: Brude hatte es auf den rührenden Namen *Uræd* getauft – *Furchtlos*.

Im Sommer 1904 gingen die vier Seeleute, die einander kaum kannten, zum Fotografen. Feierlich blickten sie in die Kamera, in Uniformen mit Goldknöpfen, an den Schildmützen eine Anstecknadel: das Brude-Ei in einem Rettungsring. Am 27. Juli 1904 verließ die *Uræd*, »von den brausenden Hurras einer tausendköpfigen, an der Abfahrtstelle versammelten Menge begleitet«, den Hafen. Auf dem handtuchschmalen Promenadendeck drängte sich die komplette Crew und schwenkte ihre Mützen. Acht Stunden später mussten sie wieder umkehren, weil durch die Schweißnähte Wasser drang. Auch wenn die Schuld nicht bei ihnen, sondern bei der Werft lag: Diese Rückkehr muss peinlich und angesichts ihrer Pläne beunruhigend gewesen sein. Wer will es Brude verdenken, dass er diese Blamage in seinem späteren Bericht über seine »Probefahrt« unter den Tisch fallen ließ.

Am 7. August ging es dann wirklich los. Das war sehr spät im Jahr, sie würden den Nordatlantik nicht nur gegen die Hauptwindrichtung, sondern auch bei schlechtem Herbstwetter überqueren müssen – und eigentlich herrscht im September schon fast Winter. Der Grund für diesen ungünstigen Zeitpunkt waren der Stadtbrand und die lecke Hülle, aber Brude wendete die Missgeschicke zu seinem Vorteil: Das sei Absicht, er wolle die Seetüchtigkeit der *Uræd* »nicht nur bei schönem Wetter, sondern auch in den schweren, auf dem Atlantischen Ozean herrschenden Herbststürmen« beweisen. Er ging davon aus, dass sie binnen drei Monaten in New York sein würden, von dort sollte es über Binnengewässer bis nach St. Louis gehen.

Nur zur Erinnerung: Wir sind im Jahr 1904, sie hatten selbstverständlich weder Seefunk noch satellitengestützte Orientierungs- und Überwachungstechnik. Navigiert wurde mit Kompass, Sextant und Seekarten. Sobald sie auf offener See waren, waren sie völlig auf sich gestellt, und zur Beschleunigung und Beeinflussung der Richtung gab es nur das eine Segel.

Leider existiert keine Beschreibung, wie die Kajüte bei dieser Jungfernfahrt aussah. Natürlich gab es eine Kochstelle und einen Tisch mit Sitzbänken, in denen sich unter Klappdeckeln vier Schlafplätze verbargen. Die Proviantliste umfasste »für 4 Männer für 6 Mte.« etwas über fünfzig Posten, darunter 416 Kilo Brot, 25 Kilo Mehl, 350 Kilo Kartoffeln, 100 Kilo Butter, 50 Kilo Zucker und 5 Kilo Kakao, außerdem Petroleum »zur Beleuchtung und zur Füllung des Kochapparats«. In Tanks wurden 2.000 Liter Süßwasser mitgeführt, bei ruhigem Wetter sammelte ein Trichter am Mast zusätzlich Regenwasser – *ruhig* musste es sein, weil bei starkem Wind in der Luft und somit im Regenwasser zu viel Salz ist. Die Vorräte lagerten in vier getrennten Stauräumen in der unteren Bootshälfte, die von den zweieinhalb Metern Höhe abgezogen werden mussten. Die Männer konnten – wenn überhaupt – vermutlich nur im Ausguck aufrecht stehen.

Nach vier Tagen näherte sich die *Uræd* dem äußersten Norden der Shetlandinseln. Sie wurde von einem Fischkutter gesichtet, dessen Besatzung überhaupt nicht begriff, was sie da sah: Sie hielten das bucklige Ding für ein Seeungeheuer, dann für einen Wal, aus dem eine Harpune ragte. Erst als sie Männer winken sahen, überwanden sie Furcht und Verwunderung und schleppten schließlich die *Uræd* in den Hafen von Baltasound.

An sich hatte Brude schon jetzt die überlegene Seetüchtigkeit seiner »Wal-Nuss« bewiesen. Aber er hoffte auf das Preisgeld und auf internationalen Erfolg – beides gab es nur in den USA.

Als die *Uræd* am 19. August wieder in See stach, war die komplette Crew an Bord, was beweist, dass die Männer nicht nur gegen Seekrankheit und

Klaustrophobie immun, sondern wirklich furchtlos waren. Laut Brude waren sie überdies »in bester Laune und Verfassung«, weil sie nach der geglückten Nordseeüberquerung Vertrauen in ihr Bötchen gefasst hatten. Sie werden jedes Quäntchen Vertrauen gebraucht haben, denn nun wurde es wirklich ernst. Ihr nächstes Ziel war Neufundland. Vor ihnen lagen 1.966 Seemeilen offenes Meer.

Zwei Wochen später fielen die befürchteten Stürme über sie her. Es herrschte starker Wind aus Westen, also genau von da, wohin sie wollten. Die *Uræd* kam kaum voran und driftete zudem immer wieder vom Kurs ab. Der Wind, schrieb Brude, wurde zum rasenden Orkan, er »peitschte die Wogen haushoch empor, sodass uns in unserer Nussschale doch etwas beklommen ums Herz wurde«.

Sie verloren beide Treibanker, die für gewöhnlich wie eine Art Notbremse wirken. Bei schwerer See verlangsamen sie ein Boot, lassen es nicht mehr so heftig schlingern und verringern somit die Gefahr des Kenterns. Kapitän Thoresen notierte in sein Tagebuch: »Die Tage sind so lang, wenn man gezwungen ist, sich zu verbarrikadieren und alles zuzuschrauben, damit das Meerwasser nicht hereinkommt. Jetzt sitzen wir wie Ratten in der Falle.« Hinzu kam die ständige Angst, von einem großen Schiff übersehen und gerammt zu werden.

Nach zwei weiteren Wochen war die halbe Strecke bis New York zurückgelegt, die Stimmung hellte sich auf. »Heute tummeln sich viele Delfine um das Schiff und bringen Leben und Bewegung. Es ist schön, einmal andere Lebewesen zu sehen als nur uns 4. Heute hatten wir ein gutes Mittagessen, Klippfisch mit geschmolzener Butter und Kartoffeln.«

Es war nur eine Atempause. Die Stürme kehrten zurück, am 2. Oktober brach der Mast. Die Besatzung konnte von innen nicht erkennen, ob er ganz verloren war: »Die Nacht war so pechschwarz, dass wir beim Blick durch die Schaulöcher des Wachturms ein Blatt schwarzes Glanzpapier vor uns zu haben glaubten.« Sobald es möglich war, stürzten alle an Deck, um »in fieberhafter Hast« den Ersatzmast zu errichten. Doch ausgerechnet da neigte sich das Schiff zur Seite, und der kippende Mast fegte Brude ins Meer. Die anderen bekamen ihn zu fassen und bugsierten ihn durch die enge Luke zurück in die Kajüte, wo sie ihm einhundert Tropfen Kampfer einflößten, damals offenbar eine Art Allheilmittel.

Wie ging es den vieren dabei? Großartig. Das jedenfalls behauptete Brude: »Wir persönlich hatten uns allerdings nicht zu beklagen, denn in unserem Ei mangelte es uns an nichts.« Thoresen notierte um diese Zeit, sie seien guten Mutes, auch wenn Proviant und Wasser rasch abnähmen, auch wenn Stürme und Gegenwind sie schnell wieder nach Hause trieben. Das war keine Übertreibung. Manchmal fuhr die *Uræd* ebenso schnell nach Westen, wie der Golfstrom nach Osten floss. Sie stand also immer wieder auf der Stelle. In den vier Tagen nach dem Mastbruch trieb es sie wegen des Sturms sogar 300 Seemeilen zurück.

Sie waren furchtlos, diese vier, und offenbar auch sonst hart im Nehmen. Denn sie lebten keineswegs so gemütlich wie das Dotter im Ei, im Gegenteil: Die Metallhülle war zwar dicht, aber nicht isoliert, sie nahm Ozeantemperatur an und absorbierte keine Feuchtigkeit. Der Innenraum – das Innenräumchen – war eisig kalt. Wenn die Luken nicht geöffnet werden konnten, tropfte Kondenswasser von den Wänden. Dann wurden die Kleidung sowie die in der Inventarliste aufgeführten »4 Kissen und 4 Schlafsäcke« erst klamm, dann feucht, dann nass. »Nass sind wir, und uns ist so kalt, dass wir mit den Zähnen klappern. Alles ist nass, man kann nirgendwohin, nicht still sitzen, pechschwarz ist die Nacht draußen. Angenehm ist das nicht.«

Bei hohem Seegang war offenes Feuer zu gefährlich, dann gab es weder Licht noch Wärme oder warmes Essen. Alle Luken und Ventile mussten geschlossen bleiben, und die Luft war zum Schneiden, zumal alle pafften wie die Weltmeister. Obendrein litten sie reihum an Durchfall und Erbrechen, an den Gestank mag man nicht einmal denken. Und es gab keine Intimsphäre, keine Sekunde ohne die anderen.

Noch die geringste Welle versetzte die Metallhülle ins Schaukeln, wurde es heftiger, mussten sich die vier abstemmen und am Tisch festklammern, um nicht gegen die Wand geschleudert zu werden. Aber selbst bei schwerstem Unwetter verhielt sich die *Uræd* so, wie Brude es berechnet hatte: Sie »hüpfte wie ein Korken auf dem Wasser«, sie rollte, stampfte, gierte, schlingerte und torkelte. Sie tauchte unter – samt Mannschaft, Petroleumkocher, der einzigen Lampe und, ja, auch der Toilette, die nur durch einen Vorhang abgetrennt war. Aber sie tauchte immer wieder auf, kenterte nicht, schwamm nie kieloben, sank nicht. Brudes behauptete später, die Schiffsbewegungen seien so geschmeidig gewesen, »dass ein Glas Wasser, ohne umzufallen oder etwas von seinem Inhalte zu vergießen, auf dem Tische stehen konnte«.

Mitten in dieser Trübnis bedrohte Brude die anderen scherzhaft mit einem geladenen Revolver, von dessen Existenz sie nichts geahnt hatten, und Thoresen begann zu halluzinieren. Man wundert sich, dass er offenbar der Einzige war, der – zum Glück nur vorübergehend – die innere Orientierung verlor. Historiker meinen, die Männer könnten unter einer Quecksilber- oder Bleivergiftung gelitten haben. Was sonst könnte die vier, die drei Monate lang auf fünfeinhalb Metern zusammengepfercht waren, in Verwirrungszustände gebracht haben? Am 15. November, nach fast neunzig Tagen, erreichten sie dank großen seemännischen Könnens, einer gehörigen Portion Glück, vor allem aber, wie der tiefgläubige Thoresen notierte, dank Gottes Hilfe Petty Harbour auf Neufundland. Thoresen hatte St. John's, wohin er eigentlich wollte, nur um zwanzig Kilometer verfehlt, weil der Wind »bei dichtem Schneegestöber nicht stark genug gewesen war«, sie dorthin zu bringen. Der Traum, bis zum 26. November nach St. Louis zu kommen, war damit ausgeträumt. Es ist allerdings denkbar, dass die Crew froh war, überhaupt irgendwo angekommen zu sein.

Die Ankunft der vier Norweger in ihrem »komischen Etwas« war eine Sensation. Von der heutigen Ruppigkeit der Boulevardpresse war man damals noch weit entfernt: Keine Zeitung erwähnte, welchen ersten Eindruck die zerzausten und stinkenden Helden auf die Bevölkerung gemacht haben müssen, als sie »wie Kücken aus dem Ei krochen«. Nachdem sie sich in ihren Hotelzimmern etwas »frisch« gemacht hatten, wurden sie stürmisch gefeiert. Zehn Tage später kletterten sie wieder in ihre *Uræd* und klappten die Luken zu. Wenn sie schon nicht nach St. Louis kamen, wollten sie wenigstens nach New York.

Vergleicht man auf einer Karte die Distanz, die die *Uræd* bereits zurückgelegt hatte, mit dem letzten Wegstück entlang der amerikanischen Nordostküste, könnte man meinen, dass das Schlimmste geschafft war. Vielleicht nahm die Mannschaft nach der geglückten Überfahrt diese letzten Meilen deshalb nicht ernst genug. Jedenfalls gerieten sie sofort »in einen furchtbaren Sturm nach dem anderen«. Thoresen hatte »noch nie so etwas Schlimmes erlebt: Es hört sich an, als ob uns die furchtbaren Wellen zertrümmern wollten. Es ist erstaunlich, wie gut ›das Ei‹ jeder ausweicht.«

Es wurde Weihnachten, New York war immer noch 300 Meilen entfernt. Rigg und Mast vereisten, die Männer mussten auf das spiegelglatte Boot hinaus und das Eis abklopfen. Kurz nach Neujahr entdeckten sie, dass ihr Boot leckte, und zwar mächtig; am 5. Januar beispielsweise drangen »stündlich 24 Eimer Wasser« ein. Und der Orkan verbog den Stahlmast so sehr, dass sie »kein Segel mehr hissen konnten, sondern nur noch vor dem Winde trieben«.

Wenige Seemeilen vor New York war die *Uræd* praktisch manövrierunfähig. Der Sturm drohte sie aufs offene Meer zu drücken, der Proviant ging zu Ende. Sie wurden »wie eine Handvoll Erbsen durcheinandergeschüttelt« und fürchteten ernstlich um ihr Leben. Spätestens hier war Schluss mit der »glatten und angenehmen Fahrt«, von der Brude schwärmte.

In dieser aussichtslosen Lage trafen sie kurz vor Boston auf einen Hamburger Frachtdampfer, für den Brude den Namen *Cæsar* notierte. Der Kapitän wollte die Männer, nicht aber ihr Schiff bergen. Keiner der vier ging von Bord, sie baten den Kapitän nur, ihnen einen Schlepper entgegenzuschicken. Es kam keiner, weil bei einem solchen Wetter niemand auszulaufen wagte.

Wenig später landeten Brude, Thoresen, Johansen und Madsen buchstäblich Hals über Kopf in Amerika. Thoresen gelang die Meisterleistung, das

Ankunft der *Uræd* an der Küste von Gloucester im Januar 1905

Schiff so in die Brandung vor Gloucester an der Küste von Massachusetts zu manövrieren, dass es mit hochgezogenem Kiel an Land rollte. Er hatte seine Mitstreiter auf diese »Notlandung« vorbereitet: »Wir müssen uns hier unten festschnallen, denn wenn das Boot auf Grund stößt, kippt es um, bricht den Mast und rollt wie eine leere Tonne an Land. Wir rühren uns nicht, bevor wir auf dem Trockenen sind.«

Als Brude am 6. Januar 1905 kurz vor Mitternacht vorsichtig die Luke seines ziemlich ramponierten Rettungsboots öffnete, mag er sich gefragt haben, ob nun *er* halluzinierte: Wenige Meter vor der *Uræd* ragte ein hell erleuchtetes Hotel in die Höhe.

Sie waren nicht nur lebend angekommen, sondern auch nahezu unversehrt. Keiner hatte sich in dem schlingernden und rollenden Ei ernste Verletzungen oder gar Brüche zugezogen, nur ihre Erfrierungen mussten mit warmen Bädern behandelt werden. Sie waren Helden geworden, zumal der *Boston Globe* am Vortag groß mit dem Untergang der *Uræd* und dem Tod der Besatzung aufgemacht hatte. Nun bestürmte die Presse sie so sehr, dass Brude, wie er schrieb, »das Telefon neben die Badewanne rücken musste. Als ich das Zimmer verlassen durfte, wurde ich an der Hoteltreppe von Damen erwartet, die mir die Hemdenknöpfe abrissen. Jemand holte mich sogar mit einem Automobil ab.«

Das Brude-Ei hatte seine Probefahrt glanzvoll absolviert, es war das »revolutionär neue Rettungsboot«, auf das man in St. Louis gehofft hatte. Hätte Brude es rechtzeitig dorthin geschafft, wäre sicher vieles anders gekommen: Er hätte den Preis von einer Million Franc erhalten, er wäre berühmt geworden, das Boot wäre in Serie gegangen, es hätte vielen Seeleuten das Leben gerettet. Ein deutschsprachiges »Jahrbuch für alle Gebildeten«, das etwa 1910 erschien, veröffentlichte Brudes Reisebericht in Übersetzung. Nach Ansicht der Herausgeber hatte das Boot »im Prinzip seine Brauchbarkeit bewiesen, sodass hoffentlich recht bald viele Geschwister von ihm auf Dampfern und Segelschiffen anzutreffen sein werden«.

Darum kämpfte Brude nachdrücklich und lange. Er unternahm eine zweite *Uræd*-Reise zu bedeutenden europäischen Häfen. Große Hoffnungen knüpften sich auch an die Empfehlung des großen Polarhelden Roald Amundsen. Dieser hatte das Brude-Ei 1907 besichtigt und versichert, falls er jemals wieder eine Schiffsexpedition durchführen sollte, werde er bestimmt ein solches Boot mitnehmen. Er halte es für »das beste, was bisher auf dem Gebiet des Rettungswesens vorgestellt wurde«.

Letztlich scheiterte Brude daran, dass das Leben auch die bestraft, die zu früh kommen. Ein herkömmliches Holzboot kostete 1905 etwa 100 Kronen, da mochten die Reedereien nicht 2.000 für ein Brude-Ei ausgeben. Und Seeleute gab es reichlich.

Vor dem Stadtmuseum von Brudes Heimatstadt Ålesund ist eines der wenigen Schiffe ausgestellt, die zu Beginn des 20. Jahrhunderts nach dem Entwurf der *Uræd* gebaut worden waren. Drinnen im Museum können Sie überprüfen, ob Ihre Vorstellungen und die Realität zusammenpassen. Es gibt eine begehbare Rekonstruktion des Brude-Eis. Man klettert nicht von oben durch eine Luke hinein, sondern durch eine offene Schmalseite, nichts schlingert und tropft, es brennt elektrisches Licht – der Eindruck ist also verfälscht. Aber wenn man sich auf die seitlichen Bänke gequetscht hat, spürt man vor allem eines: Es ist eng. Sehr eng. Noch enger, als man es sich vorgestellt hatte.

Fünf Monate lang auf fünfeinhalb Metern. Rund um die Uhr. Ohne Rückzugsmöglichkeiten. Ohne Kontakt mit der Außenwelt. Mit der Gewissheit, dass es kein Zurück gab. Zusammengepfercht auf 13 Quadratmetern unter einer niedrigen Kuppel, hatten sie nur einander.

Heute würden vier Teilnehmer mindestens ebenso viele Autobiografien schreiben. Das war damals völlig unüblich, zudem galt jener Ehrenkodex des Schweigens, der bis heute viele Männergruppen kennzeichnet: Es gibt eine offizielle Version des Geschehens, an die sich alle halten. Von dem, was man darüber hinaus miteinander erlebt hat, darf nichts nach außen dringen.

Soweit bekannt, hatten die vier Männer nach ihrer Atlantiküberquerung so gut wie keinen Kontakt mehr miteinander. Was in diesen 152 Tagen zwischen ihnen passierte, wie sie an Bord der *Uræd* das Eingeschlossensein, die Enge, die Eintönigkeit, die Angst, wie sie *einander* ertrugen – nichts ist jemals darüber an die Öffentlichkeit gedrungen. Ole Brude sagte lediglich: »Wir haben uns die Zeit sehr angenehm mit Rauchen, Lesen und Plaudern vertrieben.« Das kann nicht die ganze Wahrheit sein.

Und wie ging es weiter?

Nachdem sich die vier *Uræd*-Seeleute in Boston getrennt hatten, unternahm keiner jemals wieder etwas, was sich im Entferntesten mit ihrer Ozeanüberquerung messen konnte. Sie hatte allen mehr zugesetzt, als es zunächst den Anschein gehabt hatte. Lars Madsen Salthammer starb 1907, vermutlich an den Folgen der extremen Strapazen, Iver Thoresens Gesundheit blieb zeitlebens beeinträchtigt, er starb 1923, Karl Thomas Hagevik Johansen 1935. Ole Martin Brude ließ sich 1925 in den USA nieder, er wurde Bauer und betrieb ein Sägewerk. Im April 1949 kam er ein letztes Mal in seine Heimatstadt, die ihn stürmisch feierte. Er starb wenige Monate später in Seattle, seine Urne ist in Ålesund beigesetzt.

Die Original-*Uræd* blieb in Amerika, sie ist verschollen. Es wurden nur 23 Brude-Boote gebaut, eines kam 1917 tatsächlich bei einem Schiffsunglück zum Einsatz und bewährte sich. Es ist das Boot, das heute vor dem Aalesunds Museum steht.

Erst der tiefe Schock über die etwa 1.500 Todesopfer des *Titanic*-Unglücks vom 14. April 1912 machte die Sicherheit auf See zu einem weltweiten Anliegen. 1914 wurde ein internationales Übereinkommen zum Schutz des menschlichen Lebens auf See (Solas) verabschiedet. Es schrieb erstmals verbindlich vor, dass ein Passagierschiff ausreichend Rettungsboote für alle an Bord mitführen muss. Vorgesehen waren ausdrücklich offene Boote. 1974, also siebzig Jahre nach der Reise der *Uræd*, wurde das Solas-Abkommen novelliert: Seither sind vollständig geschlossene Rettungsboote auf *allen* Schiffen im internationalen Seeverkehr Pflicht.

Auch wenn es kein graues Stahlei mehr ist, sondern eine leuchtend orangefarbene Glasfaser-Schachtel: Das Brude-Ei unserer Tage »schwimmt wie eine Möwe auf den Wellen«.

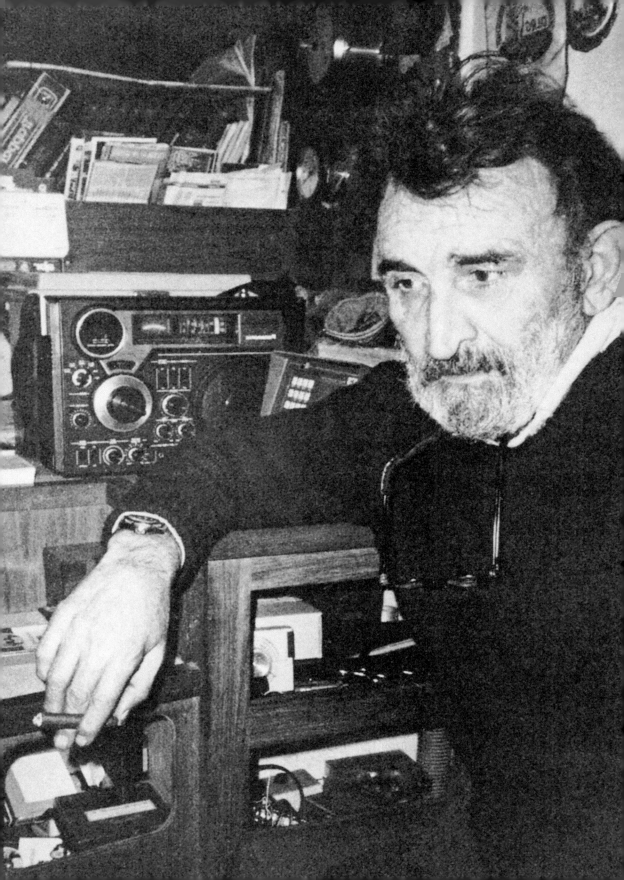

2

SANDSTURM UND ANDENPÄSSE

Tristan Jones und seine Berg-und-Tal-Fahrt

Man zieht sich auf See selbst einen Zahn, indem man seinen Kopf in das Bullauge des Niedergangsschotts steckt, mit dem Arm nach innen ins Schiff greift und mit der Zange durch das Loch und gegen den Widerstand des Schotts zieht. Ohne Betäubung ist das ein sehr schmerzhafter Prozess. Eine halbe Flasche Brandy hilft, in zwei Portionen, eine vor- und eine hinterher.

TRISTAN JONES

Du fragst mich, was soll ich tun?
Und ich sage: Lebe wild und gefährlich.

ARTHUR SCHNITZLER

Tristan Jones vor seiner *Sea Dart* in Peru

D a sind diese vier furchtlosen Norweger, die penibel gekämmt und in goldbeknopften, makellosen Uniformen in ihr Brude-Ei kletterten, die ihr Leben wagten, um der Menschheit und den Schiffbrüchigen einen Dienst zu erweisen. Und da ist Tristan Jones. Auch er war furchtlos und wagte mehr als einmal sein Leben – allerdings nicht für andere: Er war in die Gefahr verliebt, besessen davon, was hinter dem Horizont liegen mag. Er war Individualist, Abenteurer, Exzentriker, Weltenbummler, Charmeur, Draufgänger – aber vor allem war er *Segler*. Seine Heimat war das Meer, sein Haus sein Boot. Darin hat er etwa zwanzig Atlantiküberquerungen absolviert, neun davon allein, und dreieinhalb Mal ist er um die Welt gesegelt. Für einige ist er komplett durchgeknallt, für andere eine große und immerwährende Inspiration.

Er hatte einen eisernen Willen, er war strubbelbärtig, ungezügelt, extrem in allem, was er tat. Seine wichtigste Regel lautete: Eine Hand fürs Boot, eine für sich selbst. Allen Berichten – den eigenen und denen anderer – zufolge hatte er außerdem immer eine Hand für eine Kippe und eine für ein Glas Rum mit etwas Cola. Was unmöglich klingt, beweist, dass Jones zwei herausragende Talente hatte: Er konnte segeln, und er wusste, wie man eine Geschichte erzählt.

Und seine Geschichten sind in der Tat erzählenswert: Einmal segelte er allein in der Arktis und blieb im Eis stecken. Ein anderes Mal wollte er mit einem Trimaran zum Schwarzen Meer und strandete auf dem Main, weil er nicht mitbekommen hatte, dass am Main-Donau-Kanal noch ein Stück fehlte. Und dann war da diese Sache mit dem »Höhenrekord im Segeln«. Der bestand darin, mit einer hochseetüchtigen Jacht auf dem tiefst- und dem höchstgelegenen schiffbaren Gewässer der Erde zu segeln. Die Rede ist, natürlich, vom Toten Meer und dem Titicacasee – das eine 400 Meter unter, der andere fast 4.000 Meter über dem Meeresspiegel.

Jones führte für das Vorhaben ehrbare Gründe an: Auf keinem der Seen sei bislang ein hochseetüchtiges Schiff gesegelt, keiner sei ordentlich kartografiert. Diese Aufgabe wolle er – in der Güte seines Herzens – übernehmen. Das klingt zu edel, um wahr zu sein. Wahrscheinlicher ist, dass er diesen Rekord aufstellen wollte, weil es noch keiner gemacht hatte.

In direkter Luftlinie liegen etwa 12.500 Kilometer zwischen den Seen, die Segeldistanz beträgt ein Vielfaches. Faszinierend und irrwitzig ist die Idee, weil es in der Natur von Binnengewässern liegt, vom Meer durch Land getrennt zu sein. Beim Toten Meer ist das recht harmlos. Zum Mittelmeer im Osten sind es knapp einhundert, zum Golf von Akaba im Süden 250 Kilometer. Der Titicacasee in den südamerikanischen Anden ist dagegen ein völlig anderes

Kaliber. 650 Kilometer sind es bis zum Pazifik, 3.300 Kilometer zur brasilianischen bzw. 2.500 Kilometer zur paraguayischen Atlantikküste. Auch das sind Luftlinien auf dem Atlas, hat also mit der Realität nicht das Geringste zu tun.

Man darf bezweifeln, dass außer Jones jemals jemand eine solch irrsinnige Idee hatte. Jedenfalls war er der Einzige, der die Idee in einen Plan und dann in die Tat umsetzte. Seither hat niemand versucht, das nachzumachen oder ihn gar zu übertrumpfen. Diese Zurückhaltung hat, wie Sie gleich merken werden, triftige Gründe.

Jones brach im Sommer 1969 mit einem geliehenen Segelboot, der 11,60 Meter langen *Barbara*, zu seiner großen Reise auf. Da war er 46 Jahre alt. Etwa. Es wird gemunkelt, er habe sein Geburtsjahr von 1929 auf 1923 korrigiert, weil er sonst für die Heldentaten, die er im Zweiten Weltkrieg begangen haben wollte, zu jung gewesen wäre. 1923 oder 1929? Wer weiß. Aber bestimmt nicht 1927, auch wenn das in seinem Pass stand. Geburtsjahr, Geburtsort und Name in diesem Pass waren falsch, der Pass auch. Man beginnt zu ahnen, woran es liegen könnte, dass Hafenpolizisten, Piraten, Zollbeamte und andere Leute, die es nicht schätzen, wenn man ihre Anweisungen nicht befolgt, den Abenteurer nicht so richtig mochten.

Er war keiner von denen, die die Welt möglichst schnell umrunden wollen, um möglichst wenig von ihr zu sehen. Er nahm sich grundsätzlich viel Zeit für die Gegenden und die Menschen auf seinem Weg. Den ersten Winter verbrachte er auf den Kanarischen Inseln, im Sommer 1970 war er im Mittelmeer unterwegs und gabelte dort irgendwo einen jungen Engländer auf. Dieser Conrad Jelinek war ein Hippie. Er wollte, wie es sich für einen Hippie gehörte, nach »Nepal oder weiß Gott wohin«.

Da war er bei Jones an der richtigen Adresse. Der nahm den absoluten Segelanfänger als *Deckhand* – Mädchen für alles – mit, womit er Menschenkenntnis bewies. Jelinek erwies sich als gelehriger und idealer Begleiter (nicht zuletzt, weil er tagelang schweigen und einen noch länger schweigenden Jones ertragen konnte). Als sie sich zwei haarsträubende Jahre und zahllose Lebensgefahren später trennten, war Jelinek mit Jones tatsächlich *weiß Gott wohin* gekommen (wenn auch nicht nach Nepal).

Zusammen segelten sie im östlichen Mittelmeer herum, bis Jones einen Weg fand, nach Israel einzureisen. Das war gefährlich, denn der Sechstagekrieg war noch nicht lange vorbei, und von Frieden konnte keine Rede sein. Erschwerend kam hinzu, dass die israelischen Behörden sein Gesuch, die *Barbara* durch die Negev-Wüste ans Tote Meer bringen zu dürfen, mehr als befremdlich fanden.

Nun gehörte es zu Jones' Begabungen, zur richtigen Zeit die richtigen Leute zu treffen. Plötzlich tauchte neben der *Barbara* ein schnorchelnder Kommandant der israelischen Marine auf. Er durfte an Bord kommen und erfuhr bei einem Whisky- oder zwei- von Jones' Problem. Schon war es gelöst. Er würde sich darum kümmern, dass Schiff und Besatzung per Tieflader zum Toten Meer und von dort zum Golf von Akaba transportiert würden. Für 600 Dollar. Ein Freundschaftspreis.

Gesagt, getan. Zunächst fuhren sie nach Bethlehem, wo sie, wie der Zufall oder Jones' Erzähltalent es wollte, ausgerechnet Heiligabend verbrachten; dann zum Toten Meer. Dorthin reichte des Kommandanten langer Arm allerdings nicht, das Militär verbot Jones kategorisch, sein Schiff zu Wasser zu lassen. Also segelte er mit einem anderen Boot ein bisschen auf dem See herum, und weil er Erfolge viel lieber mochte als Misserfolge, war er trotz dieses Rückschlags stolz: Die *Barbara* befand sich »395 Meter unter dem Spiegel des Mittelmeers, niedriger als jedes schwimmende Ozeanschiff auf der Welt. Wir hatten unser erstes ›unmögliches‹ Ziel erreicht.«

Das hatte er genau genommen natürlich nicht. Aber es war seine Idee gewesen, er hatte die Regeln gemacht, und die konnte er ja wohl, da er Ausführender, Jury und Richter in einem war, bei Bedarf etwas flexibel handhaben.

Anschließend donnerte der Tieflader – aus Angst vor Anschlägen nachts und mit einhundert Sachen – durch die stockfinstere Negev-Wüste nach Eilat, wo die *Barbara* wieder Wasser unter den Kiel bekam. Die folgende Reise nach Mombasa versprach sehr ungemütlich zu werden, denn bis zum Ausgang des Golfs von Aden lauerten an beiden Ufern Feinde Israels, die den Schiffen aus dieser Richtung unmissverständlich klarmachten, dass sie sie nicht mochten. Hinzu kam ein starker Gegenwind, der zur Folge hatte, dass Jones und Jelinek die ganze Zeit durch Sandstürme segelten.

Bald mussten sie auch noch feststellen, dass Wasser eindrang. Das Boot hatte beim Verladen ein Leck bekommen und musste sofort abgedichtet werden. Bei schwerer See wollten sie auf einem unbewohnten Inselchen Zuflucht suchen, wovon sie Abstand nahmen, als ihnen von dort Maschinengewehrsalven um die Ohren pfiffen. Irgendwie kamen sie davon, irgendwie stopften sie das Loch.

Nach zwei Wochen Gegenwind und Angst vor Piraten erreichten sie Massawa (damals Äthiopien, heute Eritrea), wo sie gefahrlos an Land gehen konnten. Jones beschrieb die Stadt wenig begeistert als »der heißeste bewohnte Platz auf der Erde, ein stinkendes Höllenloch, eine Brutstätte von Armut und Krankheit«. Fluchen half nicht, er musste sogar mit dem Bus 500 Kilometer ins Landesinnere fahren, um Gas für die Kombüse zu organisieren. Anderes hingegen wurde ihnen direkt an den Kai geliefert. Der Kaiser von Äthiopien beispielsweise. Während Jones und Jelinek dort vor Anker lagen, wurde in Massawa mit großem Pomp der Tag der äthiopischen Marine gefeiert, zu dem auch Haile Selassie, 225. Nachfolger des Königs Salomon, anreiste. Wie es so geht im Leben, führte der Weg des Konvois mit dem Monarchen direkt an der *Barbara* vorbei. Der Kaiser ließ anhalten, stieg aus und sprach zu unserem Helden: »Captain Jones, ich weiß nicht, was einen Mann wie Sie antreibt!« Worauf Captain Jones geschmeidig antwortete: »Ihre Majestät, ich weiß auch nicht, was einen Mann wie Sie antreibt!« Seine Majestät lachte laut und brauste im Rolls-Royce davon.

Nach ereignisreicher Weiterfahrt – Ratten an Bord, Leck im Süßwassertank, gefahrvollen Landgängen hier und dort – kamen sie nach Djibouti, wo man sie eindringlich davor warnte, in Somalia an Land zu gehen. Also segelten sie die 2.500 Meilen bis zum Indischen Ozean in einem Stück durch.

Am Golf von Aden angekommen, war der unbehagliche Teil der Reise endlich überstanden. Jetzt ging es nach Süden bis Mombasa. Von dort wollten sie weiter nach Osten reisen, an Indien, Australien und Neuseeland vorbei, immer geradeaus bis zur Westküste Südamerikas. Das war ein langer, nicht ganz ungefährlicher Weg, aber er war klar und einleuchtend. In Peru würde ein Lastwagen Schiff und Mannschaft zum Titicacasee bringen, dort würde Jones mit der *Barbara* herumsegeln und seinen Rekord aufstellen. Mit welchem Lastwagen und welchem Geld das geschehen sollte, würde sich zu gegebener Zeit finden. Das hatte es noch immer. Jones war nicht so antibürgerlich, dass er etwas gegen eine Brieftasche voller Banknoten oder Travellerschecks gehabt hätte. Ihn unterschied von den meisten Menschen nur, dass er auch mit einer Barschaft von ein paar Dollar die wildesten Weltreisen nicht nur plante, sondern machte.

Am 21. Februar 1971, 42 Tage und 4.230 Seemeilen nach Eilat, erreichten die beiden Männer Mombasa, die nächste Pause machten sie auf den Seychellen. Dort erhielt Jones endlich die Antwort auf seine Anfrage an den Peruanischen Jachtverband, wie er die *Barbara* von Lima aus zum Titicacasee bringen könne. Die Seglerkollegen schrieben, das sei schwierig. Auf der einzigen Andenstraße befände sich über einer der Schluchten eine Brücke, die nur acht Tonnen trage. Die *Barbara* wog schon zwölf.

Ob die Peruaner Jones' Anfrage wohl ernst genommen hatten? Jedenfalls setzten sie ihn noch davon in Kenntnis, dass es in Pucallpa einen geeigneten Kran und von dort aus eine geeignete Straße gebe. Das können sie keinesfalls ernst gemeint haben. Pucallpa liegt am Amazonas, und der befindet sich, wie allgemein bekannt, auf der anderen Seite Südamerikas.

Tristan Jones wäre nicht Tristan Jones gewesen, wenn etwas so Banales wie eine rachitische Andenbrücke ihn von seinem Weltrekord hätte abhalten können. Er wendete sein Schiff um 180 Grad, um seinen Plan gradlinig weiterzuverfolgen. Und der war nun: ums Kap der Guten Hoffnung, über den Atlantik, 2.000 Meilen den Amazonas hinauf. War das geschafft, würde sich für die paar Tausend Straßenkilometer zwischen Pucallpa und Titicacasee eine Lösung finden. Vorausgesetzt, sie bewältigten den Amazonas vor der Schneeschmelze im Frühjahr. Vorausgesetzt, der Kran war da. Vorausgesetzt, die Straße war in Ordnung. Vorausgesetzt, er trieb genug Geld auf … Das alles würde sich finden – es hatte sich bisher noch immer alles gefunden.

Nach einem ausgedehnten Aufenthalt in Südafrika fuhren Jelinek und er also über den Atlantik, bis sie im Februar 1972 die Amazonasmündung erreichten. Nur noch diese 2.300 Seemeilen den Amazonas entlang, dann waren sie am Ziel.

Der Mensch irrt, solange er lebt. Tristan Jones wusste vom Amazonas ebenso viel wie seine peruanischen Ratgeber: nichts. Sie wussten selbstverständlich, dass das Amazonasgebiet immens groß ist, dass sich die Flussgeschwindigkeit durch die Schneeschmelze im Frühjahr vervielfachen und der Wasserspiegel auf 15 Meter steigen kann, dass die mittlere Jahrestemperatur 26 Grad und die Luftfeuchtigkeit 80 Prozent beträgt. Jones wusste auch, dass der Strom »vor der Mündung *zweihundertfünfzig* Kilometer breit ist! In seinem Delta liegt die Insel Marajó, die größer ist als die Schweiz.« Aber das war und ist nicht das Entscheidende. Das Entscheidende ist: Dieser Strom ist ein Killer.

Als letzte Freundlichkeit vor der Flussfahrt bescherte ihnen das gütige Schicksal in Belém freie Kost und Logis im größten Bordell Lateinamerikas. Ob es das Gerücht, Jones sei homosexuell gewesen, bestärkt oder entkräftet, mag entscheiden, wer will. Es folgten 35 strapaziöse Flussaufwärtstage bis Manaus, 1.700 Kilometer auf dem Amazonas und gegen ihn. Ab Manaus wurde es schlimm, denn dort begann die grüne Hölle.

»Grüne Hölle« ist so etwas wie der Oberbegriff für alle möglichen undurchdringlichen Urwaldgegenden. Diese war die erste von mehreren, die Jones auf dieser Reise erleben sollte, und es war nicht die schlimmste, was er natürlich noch nicht wissen konnte. Seine Schilderungen klingen wie das Drehbuch zu einem Actionfilm: »In den stinkenden faulenden Lagunen des Brackwassersumpfes ist die Luft schwarz mit Moskitos. Auch Alligatoren lauern dort und die gefürchteten Piranhas zu Millionen, stets zum Angriff auf jede Art von Nahrung bereit, tierisch oder menschlich.«

Will man Jones glauben, leben im Amazonasbecken 7.000 Insektenarten, jede einzelne suchte (erfolgreich) Kontakt mit dem vorbeischwimmenden

Frischfleisch. Bei Tag lebten die Männer in einer Wolke blutsaugender Piúm-Fliegen (was immer das sein mag), bei Nacht wurden sie von Moskitos aufgefressen. Wegen Gefahren von oben – herabfallenden Schlangen und Insekten – ankerten sie niemals unter Bäumen, sondern banden das Boot in der Flussmitte an einem überhängenden Ast fest. Wegen Gefahren von unten – Wasserschlangen und Piranhas – konnten sie nicht ins Wasser. Letzteres ließ sich allerdings nicht vermeiden, weil sich die Ankerkette immer wieder in riesigen Treibgutinseln verhedderte.

Der Fluss stieg unaufhaltsam, die Gegenströmung nahm zu. Da sie kaum Benzin hatten, konnten sie den Motor nur im äußersten Notfall benutzen. Schließlich zogen sie das Boot mit Tauen von Baum zu Baum. Als ihr Wasservorrat aufgebraucht war, tranken sie Flusswasser, das ihnen schwerste Durchfälle bescherte. Als der Proviant aufgebraucht war, kochten sie Kapuzineraffen und Nagetiere. Sie waren sehr geschwächt, litten an Malaria, hatten Geschwüre und Hautverbrennungen.

Jones war ein begnadeter Flucher und legendär für seine Wutanfälle – beides half ebenso wenig wie ihre Beharrlichkeit, Chuzpe, Findigkeit, ihr Ehrgeiz und ihr unfassbares Maß an Leidensfähigkeit. Nach 1.200 Seemeilen gaben Tristan Jones und Conrad Jelinek auf und ließen sich resigniert den langen Weg zum Atlantik zurücktreiben. Das ging flott. Wenigstens das.

Was hatte Jones aus alldem gelernt? Nicht, dass es nicht ging, sondern dass es *so* nicht ging. Er mochte die Schlacht gegen den Amazonas verloren haben, den Krieg um den Titicacasee würde er gewinnen – egal, wie lange es dauern und welche Opfer es fordern mochte. Diese Niederlage würde er Südamerika heimzahlen.

Der neue Plan war der alte: Er würde vom Pazifik her nach Peru kommen. Er musste nur in der Karibik ein leichteres Boot besorgen.

Was treibt jemanden wie Jones – und die anderen maritimen Exzentriker dieses Buches – an? Es gehe um Grenzerfahrungen, heißt es, um den Kampf gegen die Elemente. Es sei die alte, ewig neue Geschichte *Mann gegen Natur*. Die wird selten von der Vernunft erzählt. Es ist ja wohl nicht ihre Stimme, die aus diesem Mann spricht, der über Ozeane segelte: »Du riskierst dein Leben dabei, das ist Teil der Faszination.«

Solche Antworten versteht nur, wer diesen Sog zum Extremen kennt. Alle anderen bleiben außen vor. Ihnen müssen Jones' Ziele ebenso absurd erscheinen wie der Wunsch, alle Achttausender dieser Welt zu besteigen oder als *Big Wave Surfer* in haushohen Wasserbergen sein Leben zu riskieren. Jones war von seinem Wunsch besessen, und je mehr er investierte, je mehr Rückschläge er einstecken musste, umso verbissener war er entschlossen, am Ende Sieger zu sein. Er musste zum Titicacasee. »Was als amüsantes Abenteuer begonnen hatte, war nun zu einer todernsten Sache geworden – zu einer Pilgerfahrt um meine Ehre!«

Im April 1973 kaufte er in der Karibik die 21 Fuß (6,40 Meter) lange und drei Tonnen schwere *Sea Dart*. Er und Jelinek trennten sich in Freundschaft, Jones segelte allein zum Panamakanal, durchquerte ihn im September und steuerte das kleine und langsame Boot direkt nach Süden, gegen den kalten Humboldtstrom, der von der Antarktis kommend mit ungeheurer Geschwindigkeit nach Norden fließt. Zudem führte diese Route an einer der gefürchtetsten Küsten der Welt entlang, vorbei an flachen Sümpfen, die von Kannibalen bewohnt wurden, an Dschungelabschnitten und der nebligen, ungeschützten Region der Atacamawüste. Jones war niemand, der dünne Bretter bohrte, denn es gab durchaus eine weniger anstrengende Alternativroute. Aber die wäre 10.000 Seemeilen länger gewesen und hätte die Ankunft am See um ein ganzes Jahr verzögert.

Auch diese Etappe war voller dramatischer, filmreifer Episoden. Dass Jones einmal kenterte, ist kaum der Rede wert, interessanter ist da schon, dass er sich unter anderem von Haien ernährte – insgesamt fing er 14 Stück! Ein Wal schlug die *Sea Dart* leck; ja, Wale sind neugierige Tiere und durchaus zu solchen Gemeinheiten fähig. Jones musste in einen Hafen, und wo landete er? Auf Gorgona, einer kolumbianischen Gefängnisinsel für politische Häftlinge! Selbstredend war Ankern hier strengstens verboten, selbstredend hatte er wieder Glück. Man teilte ihm sogar einen Gefangenen zu, der ihm bei der Reparatur helfen, aber nicht mit ihm reden durfte.

Nach »achtundvierzig Tagen mit Kälte, Nebel, Nässe und achtundvierzig Nächten mit Kälte, Nebel, Nässe« erreichte er endlich Callao, Limas Hafen. Es war der 24. Dezember 1973, vom Heiligabend in Bethlehem trennten ihn drei Jahre und insgesamt über 40.000 gesegelte Meilen. (74.000 Kilometer. Zur Erinnerung: Der Umfang des Äquators beträgt 40.000 Kilometer.)

Nun musste er her, dieser Lastwagen zum Titicacasee. Und da tauchte er auf: der richtige Mann zur richtigen Zeit. In einer Bar traf er den Lastwagenfahrer Salomon. Der erklärte sich willens und in der Lage, das Boot auf seinem Lastwagen zum See zu bringen. Dafür verlangte er 150 Dollar plus Benzinkosten. Praktisch geschenkt.

Jones hatte es eilig, inzwischen waren peruanische Zollbeamte auf ihn aufmerksam geworden. Sie verlangten fünfzig Prozent des (von ihnen geschätzten) Bootswerts als Einfuhrzoll: 3.000 Dollar, ersatzweise Haft mit offenem Ende. Peruanische Gefängnisse genossen schon damals nicht den besten Ruf.

So viel Geld hatte Jones nicht, aber selbst wenn – er hätte es ihnen vermutlich nicht gegeben. So weit kam's noch! Also schwankten er und Salomon frühmorgens »nach einem guten Umtrunk« aus der Bar, luden das Boot mit einem Handkran auf den zwanzig Jahre alten, ramponierten Laster und brausten auf weihnachtlich geschmückten Straßen stadtauswärts. Das führte dazu, dass die *Sea Dart* mit einer beachtlichen Menge Weihnachtsgirlanden, Fähnchen und Telefonkabeln bekränzt in Südamerika Einzug hielt.

Über nicht einmal vier Meter breite, in den Fels gehauene Straßen ging es bergauf, manchmal neigte sich die *Sea Dart* »bestimmt zwanzig Grad und mehr« zum steilen Abgrund. Jones konnte das gut beurteilen, er reiste in seinem Boot. Im Führerhaus des Lastwagens war kein Platz, weil Salomon seine Freundin dabeihatte. Auch die Brücken hielten, was die peruanischen Segelfreunde versprochen hatten. Viele der »wackligen, klapprigen Holzkonstruktionen« stammten, so Jones, fraglos aus der Inkazeit.

Neunzig Minuten vor Ende des Jahres 1973 kamen sie in Puno am Westufer des Sees an. Das war ein frohes Ereignis, nicht zuletzt weil Salomon ebenso gern und oft Bars besuchte wie Tristan und weil Tristan nicht derjenige war, der den Lastwagen mit einem hinten überhängenden Boot über 1.100 Kilometer Andenpässe hatte lenken müssen. In dieser Nacht lag Tristan Jones lange in seiner Kajüte wach, voll »Dankbarkeit gegenüber allen Göttern des Ozeans, die mich an meinem Ziel hatten ankommen lassen, nach so langer Zeit«. Spätestens, *allerspätestens* da hätte jemand ihm einen Zettel mit Oscar Wildes Warnung auf den Nachttisch legen sollen: »Wenn die Götter uns strafen wollen, erhören sie unsere Gebete.«

Aber zunächst schienen die Götter es gut mit ihm zu meinen. Sieben Monate lang kreuzte er auf dem 7.500 Quadratkilometer großen See, dabei ging er häufig an Land und nahm mit den armen und völlig isoliert lebenden Bewohnern Kontakt auf. Auf einer Insel lernte er den 17-jährigen Quechua-Indianer Huanapaco kennen, dessen Vater ihm erlaubte, ein Jahr lang mit Jones zu segeln. Der Junge war, wie Conrad Jelinek drei Jahre zuvor, ein Geschenk der Götter an Tristan Jones. Sie werden gewusst haben, warum. Ohne ihn hätte er die Reise nämlich nicht überlebt.

Das erste Mal rettete er ihn, als sie am Stützpunkt der bolivianischen Marine in Tiquina ankerten. Die Soldaten sperrten Jones sofort in eine winzige, eiskalte Lehmhütte, die als Gefängniszelle diente und deren Mobiliar aus einem insektengesättigten Strohlager bestand.

Huanapaco, der schon vorher an Land gegangen war, kam drei Tage später zurück und brachte einen Marineoffizier zu Pferd mit, der aussah »wie Napoleon auf dem Rückzug von Moskau«. Ja, es gab und gibt eine bolivianische

Marine, obwohl Bolivien 1884 beim Salpeterkrieg mit Chile den Zugang zum Pazifischen Ozean verloren hat. Die Existenz als Binnenstaat gilt immer noch als betrüblicher, aber nur vorübergehender Zustand. Und nun war mit Jones' *Sea Dart* zum ersten Mal seit neunzig Jahren ein Ozeanschiff vom Pazifik aus nach Bolivien gekommen! Warum das ein glückverheißendes Omen für die Wiedererlangung des Pazifikzugangs sein soll, mag Nicht-Bolivianer verwirren – egal! Der Offizier befreite Jones nicht nur, er erklärte ihn im Namen der bolivianischen Marine zum Helden.

Am Abend wurde bei Kerzenlicht diniert, anwesend waren fünfzig oder mehr Offiziere, Ehrengast war natürlich *el capitán* Jones. Mit entspannter Zufriedenheit war es indes vorbei, als er hörte, dass die Grenze zu Chile seit dem dortigen Militärputsch im September 1973 geschlossen sei. Er, Huanapaco und die *Sea Dart* würden nicht mit der Eisenbahn von der Südspitze des Titicacasees zum chilenischen Pazifikhafen Antofagasta kommen. Umkehren ging auch nicht, in Peru lauerten ja die gierigen Zöllner.

Sie mussten sich also zum Atlantik durchschlagen, das war ein weiter Weg. Niemand wusste Genaues über Bahnlinien, Straßen, Flussverläufe, Stromschnellen, Wasserfälle auf diesem Weg, und Jones war pleite. Das waren ungünstige Voraussetzungen für eine Bergtour mit einem sieben Meter langen Segelboot, zumal sie über die Hochgebirgskette Cordillera Real führte.

Vielleicht wäre Jones, wenn er in die Zukunft hätte blicken können, allen übellaunigen Zöllnern zum Trotz mit geblähten Segeln nach Lima zurückgekehrt, und Huanapaco wäre vorher leichten Herzens bei seiner Insel von Bord gegangen. Aber was ist ein läppischer Streit mit Zöllnern gegen den Überlebenskampf im Dschungel. Außerdem war der Mato Grasso vielleicht nicht die schlechteste Alternative zu einer peruanischen Gefängniszelle.

Ein weiteres Mal wurde die *Sea Dart* auf einen Lastwagen geladen. Die Ironie des Schicksals wollte es, dass der neue Lastwagen mit einem nüchternen Fahrer auf vereister Straße im Graben landete. Inzwischen forderte auch der bolivianische Zoll Steuern für die *Sea Dart*. Wie gut, dass Bolivien damals ein klein bisschen korrupt war. Denn als Präsident Hugo Banzer Suárez persönlich auftauchte, um den berühmten Seefahrer Tristan Jones kennenzulernen, war diese lächerliche Forderung sofort vom Tisch.

Nach ereignisreicher Fahrt – Huanapaco vorübergehend verhaftet, Ersatzteile für den Laster nicht aufzutreiben, hohe Berge, tiefe Schluchten, schmale Passstraßen im dichten Nebel – schlitterte der Lastwagen kurz vor Santa Cruz erneut in den Graben. Es war Freitag, der 6. September, der Zug, der sie durch Paraguays wüstenähnliches Flachland Gran Chaco nach Brasilien bringen sollte, ging am Sonntag. Sie mussten ihn erreichen, die Fahrkarten waren nur für diesen Tag gültig.

Probleme sind da, damit man sie löst. Jones und Huanapaco hievten das Drei-Tonnen-Boot vom Laster und zogen es mithilfe zweier Maulesel über Baumstämme sechs Kilometer weit zur Bahnstation. Das dauerte 24 Stunden, zum Abschluss wuchteten sie die *Sea Dart* auf einen offenen Güterwagen. Ein dummer kleiner Irrtum. Am nächsten Morgen kam der Stationsvorsteher und sagte: »Das ist der falsche Zug, der geht nach Argentinien.« Sie luden die *Sea Dart* also wieder ab, zerrten sie bei fünfzig Grad im Schatten 500 Meter weit zum richtigen Zug und luden sie erneut auf.

Aber in Puerto Suárez – für Jones, der ja schon so manches erlebt hatte, der schlimmste Ort der Welt – war Fahrtende, die Bahnlinie zu ihrem eigentlichen Ziel Ladário war schon lange stillgelegt. Und ja, sie taten es wieder: Sie zerrten das Boot auf der völlig überwucherten, schienenlosen Bahntrasse genau *sechsundzwanzig* Kilometer weit zum Río Paraguay, wo es eine perfekte Anlegestelle samt Kran gab. Das dauerte 21 Tage, die grüne Hölle des Mato Grasso konnte mit der des Amazonas durchaus mithalten.

Spätestens hier denken Sie natürlich an Werner Herzogs Spielfilm *Fitzcarraldo*, in dem ein exzentrischer Schotte, gespielt von Klaus Kinski, einen Flussdampfer durch den peruanischen Dschungel schleifen lässt. Fitzcarraldo hatte für diese Plackerei Scharen von Indianern, Huanapaco und Jones hatten nur sich selbst. Sie mussten jeden Meter durchs Gestrüpp freischlagen, die Beine hatten sie sich wegen der Schlangen mit Stofflappen umwickelt, auf dem Speiseplan standen fette Maden.

Am Ende des Weges wartete kein Happy End. Die Anlegestelle war verrottet, der Kran verrostet, der Fluss lag zwölf Meter unter ihnen, der steile Abhang war ohne Weg und Pfad. Bei diesem Anblick befiel Jones ein seltener Moment völliger Mutlosigkeit: »Zum ersten Mal in drei Jahren hätte ich mich am liebsten hingesetzt und geweint.«

Innerhalb der nächsten elf Tage bugsierten sie das Schiff zum Fluss hinunter. Schon wieder eilte es. Als Jones mit Conrad auf dem Amazonas unterwegs gewesen war, hatten sie wegen der drohenden Regenzeit das Steigen des Wassers befürchtet. Die war nun, als Huanapaco und er auf dem Río Paraguay waren, lange vorbei. Dieses Mal befürchteten sie, dass der Fluss für das Boot bald zu seicht werden könnte.

Das Navigieren auf dem stark verzweigten Río Paraguay gestaltete sich als Glückssache, denn die Hauptrichtung war, wie Jones trocken anmerkte, nicht ausgeschildert. Häufig segelten sie stundenlang in einen toten Arm hinein. Wenn sie dann umkehren mussten, ging einer ins Wasser und zog das

Boot flussaufwärts, während der andere pausenlos auf das Wasser schlug, um Piranhas, Wasserschlangen und Krokodile abzuschrecken. Wer zog, musste in gewissen Zeitabständen ins Boot klettern, ein petroleumgetränktes, brennendes Tau über den Körper ziehen und so die schleimigen, schwarzglänzenden Blutegel entfernen. Diese Egel und Insekten saugten sie aus, von den Bäumen baumelten Anakondas. Huanapaco und Jones tranken Flusswasser, das so schlammig war, dass sie es vorher durch ein Stückchen Baumwolle siebten. Sie aßen Blätter, rohe Piranhas und panschten aus den letzten Vorräten ein Mehl-MadenGemisch zusammen. Das alles war so unaussprechlich grauenvoll, dass Jones sich zum Amazonas zurücksehnte: »Im Vergleich zu dem hier war der Amazonas wie ein Wochenende am Strand von Coney Island!«

Sie hatten sich sogar abgesprochen, dass sie einander – im schlimmsten Fall – aufessen würden. So weit kam es dann doch nicht. Nach drei Wochen weitete sich der Strom endlich, sie kamen in das Gebiet der als sehr kriegerisch gefürchteten Guaicurú-Indianer. Dort ereignete sich die bizarrste Szene dieser an bizarren Zwischenfällen reichen Reise:

Sie kamen um eine Kurve des Flusses und sahen einen Mann, der mitten im Wasser auf einem Einbaumkanu balancierte. Der Indianer »sah aus wie die Statue von Eros auf dem Piccadilly. Er hatte Pfeil und Bogen in der Hand und zielte ins Wasser. Die Überraschung war auf beiden Seiten komplett.« Alle drei waren wie gelähmt, doch bevor einer von ihnen zu Sinnen kommen und zur Waffe greifen konnte, waren Jones und Huanapaco an ihm vorbei um die nächste Biegung geschossen.

Als sie endlich das brasilianische Militärfort Coimbra erreichten, hatte der Mato Grosso seinem Besucher Jones zwei Geschenke mitgegeben: In seiner rechten Hand hatte sich eine giftige Spinne eingegraben, »der kleine Sauhund« brauchte ganze neun Monate, bis er »endlich verreckte«. Und er hatte einen Bandwurm, was ihm aber erst viel später klar wurde.

Die Soldaten trauten ihren Augen nicht, als sie ein total ramponiertes Segelboot flussabwärts kommen sahen. Aus dieser Richtung war noch nie ein Schiff gekommen, schon gar keins, von dessen Mast ein zerfetzter Union Jack flatterte! Nachdem sie sich gefasst hatten, bereiteten sie der zu Tode erschöpften Besatzung einen triumphalen Empfang. Die beiden müssen elend ausgesehen haben, Jones hatte zehn, Huanapaco zwanzig Kilo abgenommen. Sie wurden gepflegt, gefüttert, verwöhnt und samt Schiff desinfiziert.

Aber Jones hatte keine Ruhe: Das Wasser sank, zum Atlantik waren es noch 1.500 Meilen, also ging es bald weiter. Verglichen mit den Qualen des Mato Grosso war dieses letzte Teilstück praktisch eine Kaffeefahrt. Am 18. November 1974 erreichten sie Paraguays Hauptstadt Asunción: Jones ging sofort zur Britischen Botschaft, um die Berge von Post abzuholen, die auf ihn warteten. Aber es war nur ein einziger Brief da: eine Rechnung der Einkommensteuerbehörde in London. Willkommen in der Zivilisation.

Am Heiligabend erreichten sie Buenos Aires und den Atlantik. Zum ersten Mal in der Geschichte der Menschheit, prahlt Jones geradezu besoffen vor Stolz, »war ein Seeschiff direkt durch die Mitte des südamerikanischen Kontinents hindurchgekommen! Ich hatte den Höhensegelrekord für Großbritannien gesichert, der nicht gebrochen werden kann, bevor man Gewässer auf einem Stern findet!« Seit dem 24. Dezember in Bethlehem waren »vier Jahre und vielleicht vierzig Leben« vergangen.

Als sein Reise- und Leidensgefährte Huanapaco ihn zum Abschied fragte, ob er eines Tages mit einem größeren Boot nach Bolivien zurückkehren werde, fluchte Jones: »Da kannst du warten, bis du schwarz wirst, *amigo mio*. Das nächste Mal komme ich in einem gottverdammten Ballon!«

Huanapaco kehrte auf seine Insel im Titicacasee zurück, Tristan Jones blieb in Buenos Aires, wo er fünf Monate lang an seinem geschundenen Boot arbeitete und schrieb – er verdiente seinen Lebensunterhalt mit Artikeln für Zeitungen und Zeitschriften.

Dann brach er nach Montevideo auf, das von Buenos Aires durch das Mündungsdelta des Rio de la Plata getrennt ist. Auf diesen lachhaften 120 Seemeilen passierte es: Jones geriet in einen Sturm, den aus der Pampa wehenden *Pampero*, die *Sea Dart* rammte einen Felsen, schlug leck und drohte zu sinken. Jones rettete sich in einem Schlauchboot in den Hafen von Montevideo, aber es wäre ihm niemals in den Sinn gekommen, sein Boot aufzugeben: »Ich würde mein verdammtes Schiff doch nicht auf so einem Scheißfelsen in Südamerika zurücklassen.«

Die *Sea Dart* musste zur Reparatur nach England. Er verkaufte alles, was er irgend entbehren konnte, schickte sie per Schiff nach London und nahm selbst das Flugzeug. Dann war er (wieder einmal) so komplett pleite, dass er eine Woche lang im Londoner Park Hampstead Heath unter einem Baum schlief, bis Freunde ihn aufspürten.

Und die *Sea Dart*? Die *Sea Dart* befand sich unter Verschluss der Zollbehörden Ihrer Majestät. »Sie wartet darauf, dass jemand den Einfuhrzoll von zwölfeinhalb Prozent ihres geschätzten Wertes zahlt.«

SANDSTURM UND ANDENPÄSSE **39**

Und wie ging es weiter?

Tristan Jones' Buch über seinen »Höhenrekord im Segeln« wurde in den USA und Großbritannien zum Bestseller. Es machte ihn sehr bekannt und spülte Geld in seine notorisch leere Kasse.

450.000 Seemeilen hat er in seinem Leben zurückgelegt, oft allein, oft in kleinen Booten. Darüber hat er sechzehn spannende und unterhaltsame Bücher geschrieben, denn er hatte zwei herausragende Talente: Er konnte segeln, und er wusste, wie man eine Geschichte erzählt.

Manche mäkelten, gerade das habe er zu gut gewusst. Man könne nie sicher sein, was in seinen Büchern wahr sei und was nicht. Seemannsgarn allenthalben, schon sein Lebenslauf sei frei erfunden. Also dann: Er war weder, wie er behauptete, in der Nähe der (zwischen Brasilien und dem Kap der Guten Hoffnung gelegenen) Insel Tristan da Cunha geboren, der er angeblich seinen Namen verdankte, noch gar auf dem Trampdampfer seines Vaters. Er war arm und unehelich als Arthur Jones in Liverpool zur Welt gekommen. Und ob er im Zweiten Weltkrieg wirklich dreimal mit Schiffen der Royal Navy untergegangen ist…

An den Stationen von Jones' sechsjähriger Reise zum höchsten und tiefsten See der Erde gibt es jedenfalls (fast) keinen Zweifel. Es ist eine großartige und großartig geschriebene Geschichte, er selbst hat einmal gesagt, er wolle vor allem unterhalten. Was macht es schon, wenn er dabei einige Details recht kreativ erzählt hat?

1982 musste ihm ein Bein amputiert werden, er segelte weiter, auch lange Strecken, aber immer mit Menschen, die ebenfalls eine körperliche Behinderung hatten. Als er 1991 das zweite Bein verlor, musste der lebenslange Seenomade an Land. Bis zu seinem Tod am 21. Juni 1995 lebte er auf der thailändischen Insel Phuket, da war er angeblich »ein verbitterter, wütender, verarmter, sehr, sehr kranker Mann ohne Freunde«.

Conrad Jelinek soll sein weiteres Leben auf Segelbooten verbracht haben, Huanapacos Spur verlor sich in dem Moment, als er in Buenos Aires an Land ging.

Die *Sea Dart* war viele Jahre in der Obhut des Idaho Department of Parks and Recreation, das sie restaurieren und ausstellen wollte. Das geschah allerdings nicht, und jetzt ist sie auch nicht mehr dort. Die Pressesprecherin beantwortete meine Anfrage erst nach mehrmaligem Nachhaken mit der vagen Auskunft, das Boot sei »an seinen Eigentümer zurückgegeben worden«.

3
DER KÖNIG
DER AUTOSCHRAUBER

Ben Carlin und
sein hässliches Entlein

Ich kann gar nicht oft genug betonen,
wie wichtig es ist,
für lange Benzinleitungen
ein Rohr von mindestens ⁵⁄₁₆ Inch
Außendurchmesser zu nehmen.
Meins war nur ein ¼ Inch,
und der Unterschied in der Anfälligkeit
für Verstopfungen ist enorm.

BEN CARLIN

Ein Abenteuer ist nichts weiter
als schlechte Planung mit gutem Ausgang.

ANONYM

Elinore Carlin beim Wäscheaufhängen
auf dem Dach der *Half-Safe*

Ben (links am Wagen lehnend) und Elinore Carlin
nach ihrer Ankunft in Südengland 1951

D as ist die Seefahrergeschichte für Männer, die nichts lieber tun, als ihre Wochenenden auf dem Rücken liegend unter einem Auto zu verbringen. Für Männer, die vielleicht nichts dagegen hätten, das in einer aufregenderen Umgebung zu tun als in ihrer eigenen, mit Werkzeugen vollgehängten Garage oder – bei gutem Wetter – in der Einfahrt. Für passionierte Schrauber, die ein Vorbild brauchen. Ben Carlin tat neun Jahre lang wenig anderes, als sein Auto umzubauen, auszustatten, aufzurüsten und – vor allem – zu reparieren. Hin und wieder musste er davon ablassen, um Geld zu verdienen, damit er weiter reparieren, ausstatten, aufrüsten und umbauen konnte. Und weil er wirklich sehr gern schraubte, war Carlins Auto nicht einfach nur ein alter Jeep – wobei alte Jeeps an sich schon viel Hinwendung verlangen. Nein, es war gleichermaßen auch ein Boot, was zahllose interessante, schwer zu behebende Konflikte zwischen der Funktionsweise des einen und der des anderen garantierte. Auch beim Beheben entstehender Probleme machte Carlin es sich nicht leicht, er reparierte bevorzugt am offenen Herzen. Will sagen: Während er mit seinem Zwitter schwammfuhr. Und das tat er ausgiebig, genauer gesagt: einmal um die ganze Welt. Darum sah er in jedem der 38 Länder, in die er auf seiner Weltumrundung kam, mindestens eine Autowerkstatt von innen. Selbst dort, wo es gar keine Autos gab.

Carlin war 1912 in Australien zur Welt gekommen und von Beruf Bergbauingenieur. Während des Zweiten Weltkriegs leitete er auf Militärbasen im Nahen und Fernen Osten den Bau von Latrinen. Ausgezeichneten Latrinen. Der Mittlere Osten, brüstete er sich augenzwinkernd, habe niemals bessere Latrinen gesehen.

Im März 1946 hielt er sich in Indien auf, wo der ganze Kerl in einen beklagenswerten Zustand geriet: »Zu viel Langeweile, zu viel Indien, gründlich verwüstet von indischem Kriegs-Gin.« Das Schicksal hatte ein Einsehen und schickte ihn scheinbar zufällig auf den Parkplatz eines US-Stützpunkts. Dort fiel Carlins Blick auf etwas Jeepähnliches: ein Amphibienfahrzeug. So etwas hatte er noch nie gesehen.

Erst später erfuhr er, dass die US-Armee die unförmigen Vierräder namens GPA bei Ford in Auftrag gegeben hatte, weil sie nicht hinter der Deutschen Wehrmacht zurückstehen wollte, die von Volkswagen einen »schwimmfähigen Geländewagen mit Allradantrieb« bauen ließ. Die *Schwimmwagen*, wie sie auf Deutsch heißen, waren im Prinzip Straßenfahrzeuge, die in der Lage sein sollten, militärisch hinderliche Wasserflächen rasch und problemlos zu überwinden. Das amerikanische Modell war allerdings mit 1.660 Kilo zu schwer und 60 PS zu schwach, um als Militärfahrzeug sinnvoll eingesetzt werden zu können. Es war »zu klein und langsam, um ein vernünftiges Boot zu sein, aber zu groß und klobig, um als Jeep zu taugen. Der Ford GPA verband das Schlechteste aus beiden Welten.«

Das war definitiv nicht das, was Ben Carlin auf diesem Parkplatz sah. Beim Anblick seines ersten Schwimmwagens traf ihn der Pfeil der Liebe. Da stand kein unrettbar hässliches Entlein, da stand ein prächtiger Schwan, der nur seiner tätigen Liebe bedurfte, um vor aller Welt zu glänzen.

Nach einer Viertelstunde neben, in und unter dem Unikum sagte er versonnen zu einem Kollegen, der in diesem denkwürdigen Augenblick neben ihm stand: »Weißt du, Mac, wenn man ein bisschen was dran macht, könnte man mit so einem Ding um die Welt fahren.« Der tat das mit einem knappen »Quatsch!« ab. Carlin schwieg – aber zur Liebe auf den ersten Blick war eine Männerkonkurrenz hinzugekommen. Sie ahnen schon: Das wird ganz schwierig.

Ab sofort konnte Carlin an wenig anderes denken als an seine bevorstehende Weltumrundung. Noch hatte er allerdings nichts, was er dazu brauchte, vor allem kein Auto. Da es das nur in den USA gab, ließ er sich am Ende seiner Armeezeit anstatt nach Australien dorthin entlassen.

Zunächst bot er Ford und einem anderen Autohersteller an, seine Weltumrundung zu sponsern; auf deren Ablehnung war er wirklich nicht vorbereitet. Also ersteigerte er Anfang 1947 aus Armeerestbeständen für 901 Dollar einen Schwimmwagen Baujahr 1942. Weil er lange gestanden hatte, fiel gleich bei der ersten Fahrt einiges auseinander. Die Batterie musste ausgetauscht, die Benzinpumpe ausgewechselt, Vergaser, Getriebe und Benzinleitung gereinigt werden. Sonst war der Jeep aber tipptopp in Ordnung. Allerdings waren Amphibienfahrzeuge für überschaubare Flüsse wie den Main oder eine Pfütze wie den Edersee gedacht. Hochseetauglich waren sie nicht.

Carlin musste deshalb den offenen Jeep ein wenig umbauen. Damit der Wagen besser im Wasser lag, schweißte er eine Bootsnase an (die er auch als Tank nutzte). Er überdachte ihn mit einem wasserdichten Hardtop, was so perfekt gelang, dass er bei einer »deprimierend erfolglosen« Probefahrt fast erstickte. Um den gewaltigen Treibstoffbedarf für eine Ozeanüberquerung mitführen zu können, montierte er einen 386 Gallonen (1.461 Liter) fassenden Zusatztank unter den Wagenboden. Als Schutz gegen das stark korrosive Salzwasser beschichtete er die Unterseite des Autos mit Neopren, einem damals ganz neuen, für Taucheranzüge verwendeten Material. Neben solch großen nahm er zahllose kleinere Veränderungen vor, so baute er eine Toilette unter dem Beifahrersitz ein und installierte eine Funkanlage, die ursprünglich für einen Panzer hergestellt worden war.

Nachdem er »ein bisschen was dran gemacht hatte«, waren 6.000 Dollar weg. So viel kostete damals ein neues Einfamilienhaus, und das war alles, was Ben Carlin besaß.

Die erste Schwimmstunde verlief befriedigend: »Der Jeep verhielt sich sehr gut, nur ließ er sich überhaupt nicht lenken.« Von da an ging's bergab. Bei der nächsten Testfahrt soff der Motor wegen eines gewaltigen Lecks ab, Carlin zog den zweieinhalb Tonnen schweren Jeep schwimmend an Land. Der Herbst 1947 sah ihn dann mit dem (noch namenlosen) Schwimmwagen in die Wasser der Chesapeake Bay an der amerikanischen Ostküste hineinfahren – und fast untergehen. Schuld waren die Umbauten. Der teure Zusatztank war eine Katastrophe; war er voll, schlingerte der Wagen, war er leer, verlieh er dem Jeep einen so gewaltigen Auftrieb, dass er wie eine Flaschenpost auf dem Wasser torkelte. Der Umbau des Innenraums war völlig misslungen; der Fahrersitz befand sich in einer so niedrigen Position, dass man kaum durch die Windschutzscheibe sehen konnte.

Schlimmer war, dass Auspuffgase in die phantastisch abgedichtete Kabine gelangten. Carlin konnte sich mit einer schweren Kohlenmonoxidvergiftung gerade noch aufs Dach retten, bevor er ohnmächtig wurde. Bis er wieder halbwegs zu sich kam, tuckerte sein vierrädriges Motorboot führerlos vor sich hin und lief auf Grund.

Es gab noch einiges zu tun. Er versuchte, Geld zu organisieren, und bis das kam, hungerte er. Spätestens hier wurde sein Projekt zur Besessenheit, die an allem zehrte, was Carlin zu bieten hatte: Geld, Zeit, Geduld, Nerven, Selbstvertrauen, Findigkeit, handwerkliches Geschick. In manch anderer Hinsicht ging es dem Mittdreißiger vermutlich gut, denn im Sommer 1948 heiratete er eine ausgesprochen abenteuerlustige junge Amerikanerin namens Elinore, die während des Kriegs als Krankenschwester in Indien und China gewesen war. Der Heiratsantrag kam von ihr, sie hatte auch gleich ihre Absicht bekundet, mit ihm die Welt zu umrunden.

Eine Woche nach ihrem Jawort brachen Ben und Elinore im Jeep zu ihrer unkonventionellen Hochzeitsreise auf. Diese sollte sie von New York zu den Azoren und von da um die Welt bringen. Die Flitterwöchner wurden in New York mit viel Gewinke verabschiedet, nach fünf Tagen waren sie wieder da. Allerdings nicht in New York, das wäre wirklich zu blamabel gewesen, sondern in New Jersey. Mit dem Auto war mehr verkehrt als richtig, beispielsweise schwamm es nicht besonders gut und leckte heftig. Außerdem war Elinore extrem seekrank geworden und wegen der Benzindämpfe in der »Kajüte« vorübergehend in einen komatösen Zustand gefallen.

Die 5,50 m lange *Half-Safe* vor der 314 m langen *Queen Elizabeth*,
dem damals größten Passagierschiff der Welt.

Inzwischen hatte der Schwimmwagen auch einen Namen: *Half-Safe*.
Carlin hatte einen Namen unnötig gefunden, war aber so oft danach gefragt
worden, dass er schließlich klein beigab. Es zeugt von viel Selbstironie, dass er
seinen geliebten Doppelfunktionswagen nach dem Werbeslogan eines Deodo-
rants benannte: »Wenn Sie nicht halbsicher (*half safe*) sein wollen, benutzen
Sie XYZ.«

Nach zwei Monaten scheiterte ein zweiter, wenig später ein dritter Versuch. Bei einem dieser Starts entstand in New York ein wunderbares Foto,
das den winzigen Schwimmwagen (seine Außenmaße waren 5,50 Meter mal
1,50 Meter) vor der immens großen *Queen Elizabeth* zeigt.

Egal was Carlin auch tat, er bekam den Wagen nicht halb so sicher hin,
wie er hätte sein müssen. Beim dritten Anlauf glühte nach acht Tagen auf
See das Propellerwellenlager aus. Das ist die lange Antriebswelle, die vom
Getriebe bis zur Schiffsschraube außerhalb des Bootskörpers führt. Das war

keine dumme kleine Panne, es war eine lebensbedrohliche Havarie. Zehn Tage lang dümpelten die Schiffbrüchigen auf dem Meer herum, bis ein Tanker ihr Taschenlampen-SOS auffing und sie rettete. Da war Carlin so demoralisiert, dass er fast die bittere Konsequenz aus allen Fehlschlägen gezogen und die *Half-Safe* versenkt hätte. Aber der Tankerkapitän sagte vergnügt: »*Hell, you're not going to leave that goddamned Jeep lying around?*«, ließ »*that goddamned Jeep*« an Bord hieven und am Zielhafen Montreal samt Eigentümern wieder ausladen. Elinore war auch dieses Mal praktisch pausenlos seekrank gewesen.

Die Flops waren ein Segen. Ben lernte aus seinen Fehlern und machte Veränderungen. Er stabilisierte die Lenkung, auch war ihm – zum Glück vor dem großen Sprung! – klar geworden, dass sie für eine Transatlantikfahrt viel zu wenig Treibstoff dabeihatten. Der Schwimmwagen hatte zwar ein Segel, aber das konnte ihnen nur bei günstigem Wind etwas mehr Tempo bescheren. Damit allein würden sie es nicht bis ans andere Ufer schaffen. Sie waren deshalb auf einen Motor angewiesen. Carlin konstruierte einen 336 Gallonen (1.272 Liter) starken Tank, der hinter der *Half-Safe* herschwimmen würde wie ein Hündchen an der Leine. Zwei Jahre, viel Geschraube, einige Phasen des Geldverdienens sowie mehrere Fehlstarts später rollte die *Half-Safe* am 19. Juli 1950 bei Halifax als Auto ins Meer und tuckerte als Motorboot Richtung Osten.

Es war der siebte Anlauf. Die kanadische Küstenwache hatte vergeblich versucht, den Start zu vereiteln. Alle wussten, dass Carlin log, als er etwas von einem kleinen Angelausflug plapperte, »aber sie konnten wenig tun, um diesen Selbstmord zu verhindern«.

An Bord waren 2.800 Liter Treibstoff, 30 Liter Motorenöl, 120 Liter Wasser, Lebensmittel für sechs Wochen sowie Elinore, was nach den deprimierenden Erfahrungen mit ihrer Seetüchtigkeit wirklich verwundert.

Mehrere Fotos sowie ein kurzes Filmchen zeigen die beiden in ihrer »Kajüte«: er hinter einem immens großen Lenkrad, das sein Gesicht halb verdeckt, sie hinter ihm, halb liegend, halb sitzend auf der einzigen Pritsche, handtuchschmal und eineinhalb Meter lang. Beide rauchten, was bei der mitgeführten Benzinmenge und den Dämpfen im Innenraum etwas Tollkühnes hatte. Immerhin hatten sie wegen der Explosionsgefahr auf einen Petroleum- oder Gaskocher verzichtet.

Daher aßen sie im Wesentlichen Dinge, die ohne Umweg über eine Kochplatte direkt aus der Verpackung oder Dose in den Mund wandern konnten. Sehr gelegentlich erwärmten sie eine Dose Ravioli auf dem Motor – »diese Möglichkeit vergaßen wir für gewöhnlich, oder es war uns zu mühsam«. Einmal garten sie das Fleisch eines gefangenen Delfins, indem sie es um das

Auspuffrohr am Zylinderkopf wickelten, wo es leicht einige Hundert Grad heiß werden kann.

Das erwähnte Filmchen zeigt, wie alles im Wellentakt schaukelt. Es zeigt nicht, dass der Blick vom Fahrersitz nur einen halben Meter übers Wasser reichte. Zu einem realistischen Gesamteindruck fehlen auch der ohrenbetäubende Motorlärm, der Gestank von heißem Öl und Benzin, die Auspuffgase, der oft saunawarme Innenraum, in dem alles feucht und überdies mit Salzkristallen überzogen war. Das kalte Essen, die erbarmungslose Intimität des drei Quadratmeter großen Innenraums. Elinores ständige Übelkeit, Bens ständige Angespanntheit, dass etwas kaputtgehen könnte.

Es zeigt auch nicht, dass die Durchschnittsgeschwindigkeit der *Half-Safe* etwa zwei Knoten betrug, also knapp vier Stundenkilometer. Ihr bestes *Etmal* – so nennen Seeleute die in 24 Stunden zurückgelegte Wegstrecke – betrug 72 Seemeilen. Das sind fünfeinhalb Kilometer pro Stunde, ein noch angenehmes Spaziertempo. Da staunt man nicht mehr ganz so über ein Foto von Elinore, das sie auf dem Autodach stehend beim Aufhängen von Wäsche zeigt – ein ziemlich sinnloser Anfall von Hausfraueneifer. Meerwasser ist nicht nur kalt und salzig, es säubert auch nicht besonders gut.

Sie gaben sich Mühe, vorbeikommenden Schiffen nicht aufzufallen. Carlin erklärt diese »Vogel-Strauß-Strategie« damit, dass nur der obere Teil der *Half-Safe* zu sehen gewesen sei. So habe sie lächerlich, hilflos und gar nicht wie ein Boot ausgesehen, sondern eher an den kastigen Aufbau einer Leichenkutsche erinnert. Ausnahmslos jeder Kapitän, der sie sichtete, habe sie retten wollen, und wenn sie ihm dies abschlugen, meldete er die Begegnung an Land, was ebenfalls lästige und peinliche Folgen hatte. Das ist ein rührender Kommentar – Carlin meinte, sein Entlein sehe nur im Wasser lächerlich und hilflos aus.

Alle drei Tage musste »getankt« werden, und das war eine größere Sache. Der Motor wurde gestoppt, die schwimmende Zapfsäule herangezogen und Benzin vom Schlepptank in den »eigentlichen« Tank umgefüllt. Das dauerte jeweils drei Stunden, Carlin hatte dafür dummerweise eine ungeeignete Pumpe mitgenommen, und gefährlich war es auch, weil es Funken geben konnte.

Soweit Elinores Seekrankheit es zuließ, wechselten sie sich am Steuer ab. Das musste ständig »bemannt« sein. Während man ein Segelboot mit einer Selbststeueranlage auf einen bestimmten Kurs einstellen und dann eine Zeitlang sich selbst überlassen kann, fährt ein Motorboot – und das war die schwimmende *Half-Safe* – im Kreis, wenn es nicht aktiv auf Kurs gehalten wird.

Carlin konnte sich auch in seinen Ruhezeiten nie entspannen, er hatte immer ein Ohr für die Geräusche des Wagens. Der plingte, klopfte, klingelte, kratzte, schrappte, knackte, hustete, spuckte, stotterte, stöhnte … Jedes Geräusch konnte ein mögliches Warnzeichen sein, es ging immer um ihr Leben, es gab immer etwas zu tun.

Ein Beispiel: Das Abnehmen des Zylinderkopfes und das Reinigen der mit Ölkohle zugesetzten Auslassventile dauerten fünf Stunden. Während Carlin den etwa dreißig Kilo schweren Zylinderkopf ausbaute, stand er auf dem Fahrersitz und beugte sich über das Armaturenbrett (während der Jeep natürlich antriebslos auf den Wellen hin und her schwappte). Die Meinung eines Autofachmanns zu dieser Reparatur lautet, sie sei »ziemlich deftig, weil Öl und Kühlwasser abgelassen werden müssen und das Auskratzen der Ölkohle im Kopf und auf den Kolben eine riesige Sauerei aus Ruß, Motorenöl und Kühlwasser verursacht haben dürfte. Der kleinste Montagefehler hätte das Aus bedeutet. Er hatte bei der Arbeit keinen Halt und machte das insgesamt drei Mal.«

Gefühlte 120 Prozent von Carlins Buch *Half-Safe* bestehen aus Beschreibungen solcher Wartungs- und Reparaturarbeiten. Kürzen wir daher ab: Er musste – oft bei schwerem Seegang – Kühlwasser ablassen, Öl ablassen, Dichtungen wechseln und auch sonst vieles tun, was fraglos wichtig, ja heldenhaft war, sich aber der autounkundigen Leserschaft nicht in letzter Konsequenz erschließt. Sie werden das Buch lieben, wenn Sie Sätze wie diesen verstehen: *»I replaced the old electric raw-water pump with a Jabsco pump mounted on the engine and belt-driven from the crankshaft.«*

Lassen wir es bei zwei Tagebucheintragungen bewenden, die Elinore auf See machte. Am 15. Tag schrieb sie: *»Something new goes kaput every day.«* Und am 28. Tag: »Habe festgestellt, in dieser Klapperkiste zu reisen ist wie reisen in einer schwimmenden Autowerkstatt, mit einem Mechaniker, der die ganze Zeit am Boden liegt und arbeitet, und einer schlechten Fahrerin am Steuer.«

Oft reichte es nicht, dass der Mechaniker am Boden des Autos lag, er musste drunter. Daheim in der Garage hätte er das mit dem Rollbrett erledigt, im Atlantik musste er ins Wasser. Bei einem dieser Tauchgänge ging Carlin auf, dass er etwas völlig Absurdes sah: »Die Achsen, die Räder und Radaufhängungen eines Landfahrzeugs, das mitten im Atlantik und mehrere Kilometer über dem Meeresgrund hin und her schaukelte.«

Diese Inspektionen absolvierte er unbesorgt, konzentriert und oft auch fröhlich plätschernd, bis eines Tages – die Besatzung war gerade komplett an Bord – der erste Hai auftauchte. Danach hatten sie eine neue Aufgabenverteilung: Wenn Ben im Wasser war, hielt Elinore auf dem Dach nach Haien Ausschau.

Aber dieses Mal schafften sie es über den Atlantik. Nach 31 Tagen à 24 Stunden erreichten sie Flores, den kleinen nordwestlichen Vorposten der Azoren. Dort mischte sich in die Erleichterung (jedenfalls bei Ben) gleich Wut: Die *Half-Safe* wurde nicht ernst genommen. Ein Schiff machte Anstalten, sie die letzten einhundert Meter in den Hafen zu schleppen! Sie war Tausende von Kilometern über den Atlantik geschwommen, und *jetzt nahm man sie nicht ernst*! Ben sollte noch oft Gelegenheit bekommen, darüber wütend zu werden. Wohin er in den folgenden Jahren auch kam, überall brach wuselige Geschäftigkeit aus, um die *Half-Safe* zu »retten«.

Die Inselbewohner hießen sie begeistert willkommen. Während Elinore sich mit den Bewohnern und vor allem den Bewohnerinnen von Flores und einigen anderen Azoreninseln die Zeit vertrieb (»Maß ihre Füße aus, um ihnen aus den USA Nylonstrümpfe schicken zu lassen. Sie protestierten, waren aber begeistert.«), suchte Ben auf der autofreien Insel nach etwas, das einer Autowerkstatt ähnelte. Und schraubte. Die geschlechterspezifischen Unterschiede des Zeitvertreibs wiederholten sich mit kaum nennenswerten Variationen bei jedem der späteren Landgänge.

Im November 1950 verließen sie die Azoren, auf der Fahrt nach Madeira gerieten sie in einen Orkan und brauchten statt der anvisierten zehn Tage dreiundzwanzig. Als sich der Sturm zusammenbraute, hatte Ben so etwas wie eine Vision: »Die *Half-Safe* muss ein groteskes Bild abgegeben haben. Drin saßen wir bequem, mit genug Licht, warm, einigermaßen trocken, so mühelos atmend, wie man es von Kettenrauchern erwarten kann, … nur durch ein paar Millimeter Plastik von der wahnsinnigen, brüllenden, nassen Wildnis getrennt, die sich Hunderte von Meilen um uns herum, nach oben und nach unten erstreckte. Und wir waren freiwillig dort: Ich kenne Menschen, die lieber eine lebenslange Haftstrafe absitzen würden.«

Auf dem Höhepunkt des Orkans wurde es doch so unbequem, dass sie erwogen, die *Half-Safe* zu verlassen und ins Rettungsboot umzusteigen. Wie düster die Situation war, spiegelt Carlins Kommentar: »Ein schwimmendes Fahrzeug befindet sich immer in einem Belagerungszustand: Das Meer rundum ist ein grausames, erbarmungsloses, hydraköpfiges Monster mit grenzenlosem Vorrat an Energie, Kraft und Reserven: Man kann es in Schach halten, man kann es sogar vorübergehend zurückdrängen oder entkommen – aber man kann einfach nicht *gewinnen*.«

Eines Abends, mitten im Sturm, verfing sich eine nachgeschleppte Leine im Propeller, der Jeep drohte unterzugehen. Carlin sprang ins Wasser, tauchte, hackte in völliger Dunkelheit den Propeller frei und schaffte es zurück ins Boot. Sie überstanden auch diese Gefahr, hatten allerdings keinen Treibstoff mehr. Ben fragte per Notsender bei der portugiesischen Marine an, ob sie nicht so nett sein könnte, ein Schiff mit etwas Benzin vorbeizuschicken. Sie war so nett. Danach legte das Ehepaar auf Madeira eine lange Erholungs- und Reparaturpause ein, bevor es die Etappe nach Afrika in Angriff nahm.

Am 23. Februar 1951 rollten Ben und Elinore vom Meer direkt auf den Strand des marokkanischen Kap Juby, damals ein spanischer Militärstützpunkt. Hier war die Atlantiküberquerung vollbracht, nun musste die *Half-Safe* auf Rädern weiter. Damit waren die Schwierigkeiten, wie Carlin seufzte, »nicht vorbei, sie hatten sich nur abrupt verändert. Es würde kein Kinderspiel werden, die *Half-Safe* durch die unwegsame Wüste zu kriegen. Für uns persönlich war das nicht gefährlich, aber wenn der Jeep dort zusammenbrach, wäre das sein Ende. Und ohne ihn hatten wir nichts, waren wir nichts.« Die Fahrt verlief besser als befürchtet, allerdings wurde Elinore auch im Wüstenschiff *Half-Safe* seekrank. Den Kampfgeist dieser Frau kann man nur bewundern.

Nach fünf Tagen über 500 Kilometer unbefestigte und unmarkierte Wüstenpiste erreichten sie Casablanca. Der Originalreifensatz (von 1942) hatte damit 8.000 Meilen und siebeneinhalb Jahre – davon sieben Monate im Salzwasser – ohne Platten überstanden. Ben hätte 1947 nicht Ford um Unterstützung bitten sollen, sondern den Reifenhersteller.

Am 21. April überquerte das Paar in sechs Stunden die Meerenge von Gibraltar und konnte auf der europäischen Seite, anders als in den vorherigen Häfen, über eine perfekt ausgebaute Rampe der Royal Air Force aus dem Meer an Land fahren. Das war das Einzige, was im britischen Gibraltar problemlos lief.

Da sie auf dem Seeweg nach Gibraltar gekommen waren, musste der Zoll die Formalitäten für ein ankommendes *Boot* abwickeln. Als die Polizisten sie entdeckten, standen sie aber schon am Kai. Nun weiß man, dass ein Boot im Wasser schwimmt und nicht auf Rädern am Kai steht. Carlin sollte das Ding unter Androhung von Arrest sofort zurück ins Mittelmeer – tun. Und über Nacht konnte das Paar schon gar nicht bleiben – fremden Frauen war das Übernachten auf Royal-Air-Force-Gelände verboten. Ein Offizier rettete die Carlins schließlich aus den Bürokratieklauen seiner Kollegen.

Die Beamten in Gibraltar waren keineswegs die einzigen Amtlichen, die vergeblich versuchten, die Besonderheiten der *Half-Safe* mit ihren Formularspalten in Einklang zu bringen. Im Gegensatz zu ihren portugiesischen und spanischen Kollegen auf den Inseln und in Marokko reagierten die Briten aber einigermaßen kleinlich, als Ben drei Führerscheine vorlegte (Australien, Kanada und USA), die alle abgelaufen waren, und Elinore keinen Pass hatte, gültig oder nicht. Sie wollte mit provisorischen Personalpapieren eines britischen Konsulats nach Europa einreisen. Und wo die Herren der Royal Air Force gerade am Meckern waren, mäkelten sie auch daran herum, dass Carlin für die *Half-Safe* weder Schiffs- noch Fahrzeugpapiere besaß. Der war über so viel hirnlose Bürokratie empört. Kein Wort darüber, wie er ohne Papiere jahrelang durch die USA und Kanada hatte fahren können und auf den Atlantik gekommen war.

Dass sie, wie Ben schrieb, ohne die *Half-Safe* nichts waren, mag man nicht glauben. Dass sie ohne den Jeep nichts hatten, war eine Tatsache. Gerade *weil* er jeden Cent verschlang, den sie in die Hände bekamen, war er ihr einziges Kapital, ihr Zuhause, ihre Hoffnung auf spätere Einkünfte.

Einmal bestand ihre gesamte Barschaft aus einem Dollar und ein paar Peseten, bei ihrer Ankunft in Gibraltar besaßen sie genau drei englische Pfund. Unentwegt versetzten und verkauften sie Dinge, die ihnen entbehrlich erschienen, auf Madeira, den Kanarischen Inseln und in Casablanca versuchten sie, die *Half-Safe* gegen Eintrittsgeld auszustellen, fanden damit aber wenig Anklang. In Lissabon wendete sich das Blatt, sie wurden auf Diners und Cocktailpartys als große Attraktion herumgereicht und genossen die Aufmerksamkeit von bedeutenden Herrschaften wie den Ex-Königen von Rumänien und Italien. Doch Ruhm und Geld waren von kurzer Dauer. Schon in Paris waren die Carlins wieder so pleite, dass sie den Wagen in einem Warenhaus ausstellen mussten.

Im Zusammenhang mit einer publicitywirksamen Fahrt um den Place de l'Étoile erwähnte Carlin *en passant*, der Jeep habe nur ein begrenztes Sichtfeld und praktisch keine Bremsen. Dennoch schafften sie es – ohne Überblick, Bremsen und übrigens auch ohne Scheinwerfer – bis nach Hamburg, wo eine Vorführung auf der Alster mit einem blamablen Wassereinbruch endete. Von da ging es weiter nach Kopenhagen und Malmö, bevor sie umdrehten und den Ärmelkanal überquerten. Am 24. August 1951 kamen sie in England an, und da blieben sie erst einmal.

Elinore verdiente als Sekretärin Geld, Ben schrieb sein Buch *Half-Safe: Across the Atlantic by Jeep*, das, wie ein Rezensent meinte, »ein beträchtliches Maß an technischen Informationen« bietet. Wie wahr. Aber was Auto-Idioten seufzend überlesen, begeistert Carlins schraubende Brüder im Geiste.

Außerdem baute er die reichlich mitgenommene *Half-Safe* völlig neu zusammen. Er machte sie erheblich leichter, den Rumpf stabiler, Tank und Innenraum größer. Hilfe bekam er dabei von seinem Freund Mac, der fünf Jahre zuvor Bens Vision als »Quatsch« bezeichnet hatte. Nun kroch er zu Kreuze und sagte: »Beim Zeus, alter Junge, du hattest recht!«

Erst mit diesem Satz hatte die erste Etappe der Weltumrundung ihr glückliches Ende gefunden. Man sieht förmlich, wie Ben Carlin bei diesem Eingeständnis verlegen lächelt und gerührt sein halbsicheres hässliches Entlein tätschelt. Happy End einer Liebe und einer Konkurrenz unter Männern.

Im Mai 1954 brachen Ben und Elinore wieder auf. Mit dem Boot durchquerten sie den Ärmelkanal, mit dem Jeep fuhren sie bei sengender Hitze auf furchteinflößenden Straßen durch die Türkei, Irak, Iran und Pakistan bis nach Indien. Dort verließ Elinore die *Half-Safe* und ihr Leben mit Ben und kehrte nach New York zurück. Vielleicht war sie einfach ein paarmal zu oft seekrank gewesen; Seekrankheit bringt einen bekanntlich nicht um, raubt einem aber die Lebensfreude und vermasselt den Tag. Und Ben soll aufbrausend gewesen sein. Sehr aufbrausend.

Carlin und die *Half-Safe* reisten per Schiff nach Australien, um dringend benötigtes Geld aufzutreiben, und kehrten darauf nach Indien zurück. Ben tuckerte allein die Küste entlang nach Myanmar (das damals noch Burma hieß), wo er den Australier Barry Hanley als Gefährten gewinnen konnte. Auf Rädern fuhren sie durch Vietnam und China bis Schanghai (laut Carlin der schlimmste Abschnitt der gesamten Reise, den Hurrikan auf dem Atlantik eingeschlossen), eine letzte Etappe über den Pazifik brachte sie schließlich nach Japan. Hanley, der seine neun Monate an Bord als »recht unbequem« in Erinnerung behalten sollte, »musterte« in Tokio ab, Carlin pausierte. Er musste Geld verdienen und die *Half-Safe* auf die bevorstehende Pazifiküberquerung vorbereiten.

Die absolvierte er mit dem Journalisten Boyé Lafayette De Mente, der Tokio verlassen wollte. Er hatte es eilig (»Ich hatte zwei sehr eifersüchtige Freundinnen, die sich gerade kennengelernt hatten und bekriegten.«) und fand Carlins Schwimmwagen als Fluchtfahrzeug erheblich interessanter als ein Flugzeug oder einen Dampfer.

Unter gewaltigem Mediengetöse verließen sie am 1. Mai 1957 Tokio in Richtung Nordjapan und überquerten den Nordpazifik mit Kurs auf die Aleuten, die sie mit dem letzten Tropfen Benzin erreichten. Bei der Überfahrt hatte es Stürme, Beinahe-Zusammenstöße mit anderen Schiffen und unerfreuliche Begegnungen mit russischen Marinefahrzeugen gegeben, aber am gefährlichsten war offenbar die Stimmung in der *Half-Safe*. Will man De Mente Glauben schenken, war bis zum letzten Moment offen, ob nicht einer der beiden ermordet über Bord gehen würde. Kaum hatten sie im September 1957 Anchorage erreicht, suchte De Mente das Weite. Jahre später schrieb er ein Buch, in dem er an dem Menschen Carlin kein gutes Haar ließ, ihn aber als genialen Mechaniker und Navigator pries.

Sieben Jahre lang hatte Carlin diese Ankunft in Anchorage ersehnt und gefürchtet. Gefürchtet, weil dort »die herausfordernden Ozean-Etappen zu Ende waren – und damit alles, was seinem Leben einen Sinn gegeben hatte. Alles, was ihn seit der ersten Idee fast ein Dutzend Jahre zu dieser Reise angetrieben hatte, würde dort vorbei sein.«

Genau so war es. Das letzte Landstück kreuz und quer durch die USA bis nach Montreal verlief problemlos. Er hatte in acht Jahren 62.765 Kilometer zu Land und 15.450 Kilometer zu Wasser zurückgelegt, er hatte als Erster und bis heute Einziger die Welt mit einem Amphibienfahrzeug umrundet. Auch wenn es nicht gerade das gewesen sein mag, worauf die Welt gewartet hatte, es bleibt eine unglaubliche Leistung. Aber als er am 8. Mai 1958 in Montreal ankam, nahm niemand Notiz von ihm.

Die Weltumrundung ließ sich nicht vermarkten. Auf den Reisen hatte sich zwar meist jemand gefunden, der ihn und seine Begleiter freundlich empfangen und bewirtet hatte, in Portugal, Dänemark und Japan wurden sie sogar gefeiert. Aber das große Interesse bei Publikum und Presse blieb aus, Carlin konnte keine nennenswerten Sponsoren gewinnen, sein Buch über den zweiten Reiseabschnitt fand keinen Verlag.

Derartige maritime Unternehmungen werden für gewöhnlich in »risikoreiche Abenteuer« und »sportliche Erstleistungen« unterschieden. Aber nur wenige Berichte über Weltumrundungen erwähnen ihn überhaupt, und wenn, dann als den »Verrückten mit diesem Schwimm-Jeep«, der ein possierliches Bravourstückchen vollbracht hat. Das klingt dann so: »Sollen wir auf diesen Seiten die angebliche Atlantiküberquerung durch ein Amphibienfahrzeug erwähnen? Die Wahrheit dieser Behauptung ist angezweifelt worden; wir wollen uns mit der Bemerkung ›*si non e vero, e ben trovato!*‹ [Wenn es nicht wahr ist, ist es gut erfunden!] begnügen. Falls diese Reise tatsächlich so durchgeführt wurde, dürfte sie die erstaunlichste Zirkusnummer sein, die jemals auf hoher See vollbracht wurde Das schrieb der renommierte französische Segelschriftsteller Jean Merrien. Seine Bücher sind ebenso informativ wie amüsant, aber doch auch ein wenig hochnäsig.

Als Landratte kann man sich durchaus fragen, ob Carlins Obsession so viel kurioser und verschrobener war als andere Heldentaten, die als »sportliche Erstleistung« gerühmt werden. Denken Sie nur an die ziemlich kuriose Idee, in einem Segelboot nonstop und einhand um die Welt rasen zu wollen (mehr dazu in dem Kapitel *Der Weg ist das Ziel*).

Die Wahrheit über Ben Carlin ist eine ganz andere: Es ist eine großartige, atemberaubende, durch und durch haarsträubende Geschichte! Ja, er war verrückt, ja, er war exzentrisch, man weiß im Grunde nicht, ob man ihn und seine absurde Weltumrundung eigentlich bewundern soll. Aber die Chancen stehen gut, dass er von allen Verrückten, die jemals mit unorthodoxen Gefährten und/oder ungenügend vorbereitet auf einem Ozean unterwegs waren, der wunderbar Verrückteste war.

Und wie ging es weiter?

Kaum in Montreal, klagte Carlin, er könne »den Jeep gar nicht schnell genug loswerden. Er hängt mir seit Jahren wie ein Schildkrötenpanzer auf dem Rücken.« Er behielt ihn und lebte einige Jahre lang mehr schlecht als recht von Vorträgen. Nach dem Scheitern einer zweiten Ehe kehrte er nach Australien zurück, wo er in einer Werft arbeitete. Es heißt, er sei verbittert und zänkisch gewesen, weil er nie die Anerkennung und Achtung bekam, die ihm seiner Meinung nach zugestanden hätten. Vielleicht stimmte ja doch, was er 1951 geschrieben hatte: dass er ohne die *Half-Safe* nichts sei. Er starb 1981 an einem Herzinfarkt.

Elinore Carlin lebte in New York, blieb unverheiratet und wurde eine erfolgreiche Headhunterin. Sie hat niemals über die Jahre mit Ben gesprochen. Daher kann man nur rätseln, ob sie eine jener Ehefrauen war, die sich ganz der Lebenssehnsucht ihres Mannes unterordnen, oder ob sie mit und dank Ben einen eigenen Traum von Abenteuer verwirklichen konnte. Sie starb 1996 in New York.

Nachdem Carlin vergeblich versucht hatte, die *Half-Safe* zu verkaufen, vermachte er sie seiner ehemaligen Schule im australischen Guildford. Dort steht sie jetzt – restauriert und herausgeputzt – in einer Glasgarage auf dem Schulgelände. Der Schulleiter sieht Carlin als Vorbild für die Schüler: Er habe bewiesen, dass man auch das Unmögliche erreichen könne.

4
KEIN TAG OHNE SORGE
Vier Männer und ihre Ruderpartie

Wir wollten unbedingt Taue, Sturmrationen und
Leuchtraketen griffbereit haben; vielleicht würden
wir an die Felsen geschleudert und müssten
an Land schwimmen. Dann müssten wir vielleicht
mehrere Tage in einem abgelegenen Teil Irlands
verbringen, meilenweit vom nächsten bewohnten
Haus entfernt. Es wäre doch wirklich zu albern,
verhungert an Land aufgefunden zu werden!

JOHN RIDGWAY VOR DER LANDUNG IN IRLAND

Ein Freund, ein guter Freund,
das ist das Beste was es gibt auf der Welt.

ROBERT GILBERT

George Harbo und Frank Samuelsen
mit ihrem Ruderboot *Fox*

Harbo und Samuelsen rudern im Sommer 1896 in 55 Tagen über den Atlantik.

Eine der härtesten Sportarten der Welt, wenig bekannt, noch weniger ausgeübt, ist *Ocean Rowing*. Meeresrudern. Von 1896 bis 2011 gab es 469 Versuche, einen Ozean rudernd zu überqueren, 293 wurden erfolgreich zu Ende geführt. In den 115 Jahren wollten sechs Zwei-Mann-Crews den Atlantik in West-Ost-Richtung überqueren. Nur zwei von ihnen kamen an: George Harbo und Frank Samuelsen, mit denen die Statistik im Jahr 1896 beginnt, John Ridgway und Chay Blyth viele Jahre später.

1896 war George Harbo 32 Jahre alt, Frank Samuelsen sechs Jahre jünger. Sie lebten als Muschelfischer in New Jersey an der amerikanischen Ostküste, hart arbeitende Männer, die wie Abermillionen andere vor und nach ihnen in der Hoffnung auf ein weniger mühevolles Leben aus Europa gekommen waren, in ihrem Fall aus Norwegen. George Harbo verdiente genug, um seine norwegische Verlobte heiraten zu können, aber als die ersten Kinder kamen, reichte es nicht mehr, er musste seine Familie nach Norwegen zurückschicken. Frank Samuelsen war ledig, träumte aber von einer eigenen Familie. Das karge Leben in der Neuen Welt war für sie vielleicht nicht schlechter als zu Hause, aber es war eben auch nicht viel besser. Sie suchten nach einer Möglichkeit, mit dem, was sie konnten, mehr Geld zu verdienen.

John Ridgway und Chay Blyth waren Berufssoldaten in der britischen Armee, sie verdienten gut und hatten einen hohen sozialen Status. 1966 waren sie 28 bzw. 26 Jahre alt, durchtrainiert, furchtlos, unbekümmert, verheiratet. Vor Männlichkeit strotzend, glichen sie jenen gut aussehenden, verwegenen Helden, die Hollywood so liebt. Sie glichen ihnen auch darin, dass sie mit ihrem guten Leben nicht wirklich zufrieden waren. Sie waren rastlos, sie wollten und mussten sich neu beweisen. Ihnen fehlte das Abenteuer, der Kick, etwas wirklich Extremes.

George Harbo kam 1884 in die USA, Frank Samuelsen 1893. Sie waren Arbeitskollegen und fuhren zusammen in einem offenen Ruderboot aus Holz zum Fischen aufs Meer. Diese *Dorys* sind die traditionellen Fischerboote der amerikanischen Ostküste.

Harbo war der Unruhigere, Ehrgeizigere der beiden. Vielleicht hatte er als Familienvater bitterer als Samuelsen erfahren, worauf ein armer Mann verzichten muss. Jedenfalls war er es, der im Sommer 1895 davon zu reden begann, dass zwei kräftige Männer über den Atlantik rudern und damit Geld verdienen könnten.

Der Gedanke war nicht abwegig. In Amerika und Europa grassierte seit geraumer Zeit eine euphorische Begeisterung für Atlantiküberquerungen in kleinen Booten. Schon 1877 hatte ein Thomas Crapo in einem sechs Meter langen Segelboot den Atlantik überquert, es hatte der Publicity nicht geschadet, dass er seine Ehefrau Joanna mitgenommen hatte. Die *New York Times* schrieb maliziös, die Natur habe »die Büros in die Mitte der Städte und die Wohnungen an deren Rand« platziert, damit Ehepaare einander entfliehen könnten, wann immer sie dies wünschten. An Bord eines solch lachhaft kleinen Bootes hingegen gebe es kein Entrinnen vor ihrer schrillen Stimme und seinem tyrannischen Fluchen. Die Zeitung prophezeite der Reise ein rasches und betrübliches Ende.

Wie immer der Ton und die Tonlagen auf dem Meer zwischen New Bedford im Nordosten der USA und Penzance im Süden Englands gewesen sein mögen, das Paar kam 49 Tage später lebend an. Das machte Joanna Crapo zur ersten Frau, die in einem Segelbötchen von Amerika nach England gekommen war – zur ersten Frau, von der wir es wissen.

Damit hatte Crapo alle bestehenden »Im-kleinsten-Boot-über-den-Atlantik-Rekorde« gebrochen, was er so lukrativ vermarktete, dass es Begehrlichkeiten weckte. Im Jahr darauf jagten zwei Amerikaner, die Andrews-Brüder, ihm den Rekord in einem Segelboot ab, das 15 Zentimeter kürzer war als seines. Die Crapos, die Andrews und weitere Amerikaner wurden wegen ihrer gesegelten Atlantikfahrten gefeiert und bejubelt, überall strömten Menschen herbei, um – gegen Eintrittsgeld – ihre Berichte über die Reise zu hören und ihre Boote anzustaunen. Warum sollte das nicht auch mit einem Ruderboot gelingen? Nun, Harbo und Samuelsen waren Berufsruderer, sie werden gewusst haben, warum das noch niemand gewagt hatte.

Sie gaben bei einem bekannten Bootsbauer ein neues *Dory* in Auftrag. Es war 5,60 Meter lang, 1,50 Meter breit und unterschied sich von ihren Arbeitsbooten nur durch zweierlei: Es hatte zwei wasserdichte Vorratskammern, die auch als Auftrieb dienten, und es hatte Halterungen unter der Wasserlinie, an denen sie sich im Fall eines Umschlagens festhalten und mit denen sie auch den Rumpf drehen konnten.

Aber es blieb ein offenes Boot. Nichts schützte vor der Garstigkeit des Nordatlantiks, nichts außer einer Segeltuchabdeckung, die über das Boot gespannt wurde und Öffnungen für die Ruderer hatte. Motor und Segel gab es selbstverständlich nicht, es ging ja um einen Ruderrekord. Zum Navigieren hatten sie zwei Uhren, einen Kompass und einen eher primitiven Sextanten, außerdem eine Seekarte und ein aktuelles Exemplar des *Nautical Almanac*. Dieses Nachschlagewerk erscheint jährlich und enthält alle Informationen zum Lauf von Sonne, Mond, Planeten und Sternen, die ein Seemann braucht, um mit Uhr, Kompass und Sextant seine Position bestimmen und sein Ziel ansteuern zu können.

Als mögliche Geldgeber kamen mehrere New Yorker Zeitungen infrage, aber nur Richard K. Fox hörte ihnen überhaupt zu. Er war der Verleger der *National Police Gazette*, jener Art Publikation, die man damals zutreffend »Revolverblatt« nannte. Er versprach, über alles zu berichten und jedem eine Goldmedaille zu verleihen, falls sie in Europa ankämen – und das Boot nach ihm benannten. Von diesem Angebot hatten Harbo und Samuelsen nichts, Fox viel. Ohne einen Cent zu riskieren, hatte er die Exklusivrechte an der Geschichte. Ob die Einfaltspinsel ankamen oder, was wahrscheinlicher war, spurlos verschwanden, eine gute Story und ein paar Schlagzeilen würden auf jeden Fall herausspringen.

Die künftigen Atlantiküberquerer malten »FOX« auf den Rumpf ihres Boots und beluden es mit Wasser und Proviant, darunter 45 (!) Kilo Kaffee. Am 6. Juni 1896 um 17 Uhr verließen sie mit Einsetzen des ablaufenden Wassers New York. Über tausend Menschen schauten zu, viele machten herzlose Kommentare zu den geringen Überlebenschancen der beiden. Aber auch wer schwieg, wird sich gefragt haben, was zwei gesunde Männer dazu bringen mochte, ihr Leben auf diese Weise wegzuwerfen. Reichte es nicht, dass das Meer so viele Seeleute und Fischer holte, die *hinausmussten*?

Als Harbo und Samuelsen Amerika verließen, bewegten sie sich in einer Welt, die ihnen sehr vertraut war. Sie kannten den Nordatlantik, er war im Osten das Meer ihrer Kindheit und Jugend, im Westen das Meer ihres Broterwerbs. Ob sie ihn liebten oder fürchteten, wissen wir nicht, aber sie haben ihn mit Sicherheit respektiert und keinesfalls unterschätzt. Sie kannten einander, sie kannten ihr Boot, und sie ruderten mit der Präzision eines Metronoms: 30 Schläge pro Minute, 1.800 Schläge pro Stunde.

So wussten sie genau, welche Distanz sie pro Stunde zurücklegen konnten, und hofften, am Tag gut fünfzig Meilen zu schaffen, vor allem wenn Golfstrom und Nordatlantikströmung sie in die richtige Richtung schoben. Wenn alles gut ging, würden sie sechzig Tage brauchen.

Sie saßen hintereinander, mit dem Rücken zur Fahrtrichtung. Aufrichten konnten sie sich nur nach Absprache, damit das Boot nicht zu stark schwankte, und nur wenn die See halbwegs ruhig war. Sie waren Sonne, Regen, Wind und dem eiskalten Wasser des Nordatlantiks ausgesetzt, die Seitenwände des Boots überragten den Meeresspiegel nur um 23 Zentimeter, es kam schon bei wenig Seegang Wasser über. Bei schlechtem Wetter blieb kein Quadratzentimeter trocken. Sie trugen ständig Ölzeug und Südwester, hatten aber aus unerklärten Gründen nur ein Paar Fäustlinge dabei. Ihr Schlafeckchen war mit Segeltuch abgedeckt und vor allem für den Zweimetermann Samuelsen sehr kurz. Die Elchhaarpolster lagen direkt auf den Schiffsplanken, wo sich das Wasser sammelte. Völlige Ruhe gab es nie, einer musste immer pullen, denn ein Ruderboot, das nicht gerudert wird, reagiert nur auf Wind und Wellen. Es ist wenig mehr als Treibgut.

Tagsüber ruderten beide, mittags und abends machten sie jeweils eine Stunde Pause. Nachts wechselten sie sich in Dreieinhalb-Stunden-Schichten ab. Während einer schlief, ruderte der andere und hielt nach Schiffen Ausschau.

Vom Deck einer kleinen Jacht aus ist der Horizont bei klarer Sicht und ruhiger See drei Seemeilen entfernt. Ein Schiff, das dort auftaucht, legt diese drei Meilen in etwa zwanzig Minuten zurück. Daher gelten zwanzig Minuten als die magische Zeitspanne, die einem Boot bleibt, um sich in Sicherheit zu bringen, denn die Gefahr, von einem großen Schiff übersehen und überfahren zu werden, ist vor allem nachts sehr groß.

Harbo und Samuelsen saßen aber viel tiefer, als jemand an Deck einer Jacht steht. Entsprechend weniger sahen sie, zudem waren sie in der Nähe einer viel frequentierten Schiffsroute. Wenn sie ein Schiff sahen, das Kurs auf sie hielt, war es sozusagen schon über ihnen.

Die ersten Tage verliefen relativ gut, das Bedrohlichste war ein Hai, der sie fast 24 Stunden lang begleitete und ständig gegen den Bootsrumpf kratzte. Das tat er, weil Haie am ganzen Körper Geschmacksknospen haben, sie »kosten« eine mögliche Beute, indem sie sie mit dem Körper streifen.

»Relativ gut« bedeutet etwa Folgendes: Die Hände verkrampfen, die Innenflächen werden lederhart. Rücken und Beine schmerzen, das Salzwasser greift die Haut an, es bilden sich Furunkel, Salzwasserbeulen, Druckstellen und Ausschläge vom Sitzen sowie blutige Entzündungen dort, wo das feuchte Ölzeug scheuert.

Nach einer Woche war es auch mit diesem »Relativ gut« vorbei: Der Wind blies ihnen ins Gesicht, sie ruderten verzweifelt dagegen an, um wenigstens nicht zurückzutreiben. Eines Morgens fing ihr *Primus*-Kocher Feuer. Sie hatten es rasch gelöscht, das Boot kam nicht zu Schaden, aber danach wurden Kaffee und warme Mahlzeiten seltener. Zum Glück hielt ein großes Fischerboot, sie konnten an Bord gehen und etwas Warmes essen.

Erst zu Beginn des zweiten Monats blies der ersehnte Wind aus West und schob sie in die richtige Richtung. Als daraus ein Sturm mit Böen von sechzig, siebzig Knoten wurde, schlug die Hilfe um in Lebensgefahr. Die Wogen türmten sich sieben und acht Meter hoch, das Boot schlug trotz der Schutzplane voll, sie mussten ständig Wasser schöpfen. Schließlich war an Rudern nicht mehr zu denken, sie kämpften nur noch gegen das Kentern. Vorsorglich sicherten sie sich mit Leinen am Boot und schnallten die Schwimmwesten um, die mit Elchhaar wattiert waren. Trockenes Elchhaar schwimmt besser als Kork.

»Ungefähr um 9 Uhr«, schrieb Harbo in einem Brief, »hörten und sahen wir eine furchtbar große Welle kommen. Wir waren uns einig, die da schaffen wir nicht. Und mit einem Donner schleuderte sie uns und das Boot herum, als wäre das Boot eine Nussschale. Wir wurden beide mehrere Faden unter Wasser gedrückt, und als wir den Kopf endlich wieder über Wasser bekamen, waren wir beide in Lee vom Boot. Und da lagen wir in dem aufgewühlten Meer und schwammen in vollem Ölzeug und mit Seestiefeln.«

Es war schwer, notierte Samuelsen im Logtagebuch, das Boot wieder umzudrehen und hineinzukommen. Ohne die Leisten, die sie am Rumpf hatten anbringen lassen, wäre es vermutlich nicht gelungen. »Das Boot war voller Wasser, und jedes Mal, wenn wir versuchten, an Bord zu kommen, drohte es wieder zu kentern. Zum Schluss konnte ich Harbo an Bord bekommen. Er war so erschöpft, dass er fast im Boot ertrunken wäre.« Harbo selbst schrieb in dem erwähnten Brief: »Als wir kenterten, hatten wir über 48 Stunden nicht geschlafen und in dieser Zeit auch wenig gegessen. Wir hatten keine Kleider zum Wechseln mehr, darum konnten wir nur rudern, um uns warm zu halten. Am Tag drauf zogen wir alles aus, was wir anhatten, drückten das Wasser aus und zogen es wieder an. Wir mussten es anbehalten, bis es wieder trocken wurde. Wenn es wenigstens in einem warmen Klima gewesen wäre, dann wäre es leicht auszuhalten gewesen, aber das war in einer Gegend, wo wir wenige Tage vorher Eisberge gesehen hatten. Wir ruderten drei Tage ohne Pause, ohne Schlaf oder Ruhepause, und es war so kalt, dass wir die Wärme nicht halten konnten, obwohl wir ruderten. Nach dem kalten Bad hatten wir beide sehr steife Gelenke, das hörte erst auf, als wir an Land kamen …«

Das Kentern hatte sie noch härter getroffen, als Logbucheintrag und Brief verraten. Ihre tropfnasse Kleidung bestand selbstredend nicht aus Fleece oder gar »absoluten Hightech-Materialien«, es war keine »Funktionsbekleidung zum Rudern« oder »Schwerwetterbekleidung« aus »schnelltrocknenden, UV-beständigen Stoffen«, wie ein modernes Unternehmen seine Produkte beschreibt. Sie trugen solide Wolle, die sie bestenfalls durch Körperwärme trocknen konnten. Seekarten, Teller, Bratpfanne, Kochtopf, der Kocher samt Kerosin sowie die Hälfe ihrer Vorräte waren weg. Sie kürzten die Rationen und aßen alles roh. Eine Katastrophe in der Katastrophe war, dass beide Uhren kaputt waren. Das machte eine zuverlässige Navigation schwierig, wenn nicht unmöglich, und sie konnten nicht mehr überprüfen, ob sie die Wach- und Ruhezeiten wirklich genau aufteilten.

Man könnte natürlich sagen, dass sie großes Glück hatten: Sie lebten, und sie hatten ihre Ruder nicht verloren. Aber wer weiß, was aus ihnen geworden wäre, wenn sie nicht fünf Tage später von einem großen norwegischen Segelschiff gesichtet worden wären. Als die Mannschaft nah genug am Ruderboot war, um die verlotterten, verdreckten und wettergegerbten Kerle zu sehen, hieß es erst: »Da sind zwei Neger im Boot.« Dann: »Nein, das sind Indianer.« Als Harbo und Samuelsen sich als Norweger zu erkennen gaben, brach Jubel los.

Diese Begegnung war Harbo einen der wenigen knappen Logbucheinträge wert, in denen es nicht strikt um Wetter und Ruderbedingungen geht: »Konnten kaum gehen, als wir an Deck kamen. Wurden behandelt wie Fürsten.« Sie trockneten ihre Kleidung, aßen etwas Warmes, bekamen Wasser und Lebensmittel mit auf den Weg. Weil sie fürchteten, später des Betrugs bezichtigt zu werden, baten sie den Kapitän, sich an Bord der *Fox* davon zu überzeugen, dass sie weder Segel noch Mast oder Motor mitführten, und das in ihrem Logbuch zu vermerken.

Zu diesem Zeitpunkt hatten sie etwa die Hälfte des Weges geschafft. Wenn sie nicht das Tempo anzogen, würden sie trotz der geschenkten Lebensmittel auf See verhungern. Da sie nicht noch schneller rudern konnten, strichen sie die Ruhestunden. Danach pullten sie durchschnittlich 65 Meilen pro Tag. Das brachte sie an die Grenzen ihrer Kräfte, dennoch lehnten sie 400 Meilen vor den Scilly-Inseln das Angebot eines Kapitäns ab, an Bord seines Schiffs zu kommen und sich zu erholen – oder besser gleich aufzugeben.

Am frühen Morgen des 1. August sahen sie den Leuchtturm von Bishop Rock. Diese Klippe gehört zu den Scilly-Inseln vor Englands südwestlichstem Zipfel und ist Europas westlichster Punkt. Bedenkt man, mit welch bescheidenen Hilfsmitteln sie über das offene Meer navigiert waren, davon die letzten drei Wochen ohne Uhr und ohne Seekarten, bedenkt man auch, dass sie nicht einfach Kurs West halten, sondern die aufeinander einwirkenden Einflüsse von Wind, Wellen und Strömung berücksichtigen mussten, dann ist es unfassbar, wie präzise sie diese nur 600 Quadratmeter große Insel trafen. Aber waren nicht schon die Wikinger ohne alle Navigationsgerätschaften über diesen Ozean und wieder nach Hause gefahren? Vermutlich war der Nachthimmel ihre Landkarte.

Um elf Uhr gingen George Harbo und Frank Samuelsen auf St. Mary, der Hauptinsel der Scilly-Inseln, an Land. 55 Tage nach dem Start in New York, und damit fünf Tage früher, als sie erwartet hatten. Sie wurden von einem Arzt untersucht, der kaum glauben konnte, in welch hervorragender körperlicher Verfassung sie waren. Danach konnte sie nichts mehr davon abhalten, schon am folgenden Tag wieder aufzubrechen. Sie nahmen den Ärmelkanal in Angriff, ihr Ziel war Le Havre. Ausgerecht auf diesen letzten 250 Meilen bekamen beide eine fiebrige Erkältung. Sie ruderten noch ein Stück, aber da sie den Atlantik überquert hatten und nichts mehr beweisen mussten, ließen sie sich von einem Dampfer an den Haken nehmen und 150 Seemeilen nach Le Havre schleppen. Dort vertäuten sie die *Fox* um 9 Uhr 30 am Morgen des 7. August.

Wie auf den Scilly-Inseln wurden sie auch in Le Havre begeistert empfangen, Reporter erwarteten sie, der amerikanische Konsul schüttelte ihnen die Hand, brachte sie aber nicht bei sich unter und tat auch sonst nichts für sie. Wichtiger als die Aufmerksamkeit des Konsuls war aber, dass sich die erste Ausstellung des Bootes in Le Havre gut anließ.

Mit großen Erwartungen reisten sie also nach Paris, aber hier verließ sie das Glück: Die Großstädter zeigten wenig Interesse an dem unspektakulären Boot und seinen unglamourösen Besitzern, die zahlenden Massen blieben dort ebenso aus wie wenig später in London. Sie ließen sich auch nicht locken, als die beiden auf der Bühne unter Theaterblitz und -donner in ihrem Boot ruderten, während jemand mit dramatischem Jahrmarktgeschrei ihre Geschichte erzählte.

Harbo und Samuelsen hatten eine der größten maritimen Leistungen aller Zeiten vollbracht. Sie waren in 55 Tagen 6.000 Kilometer gerudert, wozu ein *Spiegel*-Reporter 1966 deutlich verblüfft anmerkte: »Mithin schafften sie im Durchschnitt alle zehn Minuten einen Kilometer. Die schnellsten Doppelzweier benötigen – in ruhigem Wasser – für die 2.000-Meter-Renndistanz bei internationalen Ruderregatten etwa sieben Minuten.«

Sie waren als erste Menschen freiwillig über den Atlantik gerudert und so oft gesichtet worden, dass daran kein Zweifel möglich war. Sie hatten angenommen, dass die Welt von ihnen erfahren und sie entlohnen würde, wenn sie ihren Teil – das Rudern – ordentlich erledigten. So kam es nicht, und wenn man sie auf einem der wenigen erhaltenen Fotos in Südwester und Ölzeug neben ihrem Boot stehen sieht, weiß man sofort, warum: Sie hatten nicht das geringste Talent zur Selbstvermarktung. Ihnen fehlten Ausstrahlung und vermutlich auch Redetalent.

Die Ausstellungen waren solche Misserfolge, dass sie auf die geplante Europa-Tour verzichteten und direkt nach Norwegen fuhren. Dort erwartete sie die größte Enttäuschung: Norwegens Nationalheld Fridtjof Nansen und seine Männer waren nach ihrer erfolgreichen *Fram*-Expedition zum Nordpol am 9. September 1896 in Oslo angekommen. Das ganze Land befand sich im Nansen- und *Fram*-Rausch, dagegen kam ein schäbiges Ruderboot nicht an. Ein kleiner Trost war, dass König Oscar II. von Schweden und Norwegen in ihre Ausstellung kam, sehr beeindruckt war und jedem zehn Kronen schenkte.

Weihnachten verbrachten Harbo und Samuelsen mit ihren Familien, im Februar kehrten sie mit einem Dampfschiff nach Amerika zurück. Richard K. Fox bezahlte ihre Passagen, die nach ihm benannte *Fox* war mit an Bord. Die außerordentlich stürmische Überfahrt dauerte 27 Tage, das war für ein großes Schiff sehr lang.

In New York erhielten sie die versprochenen Goldmedaillen, für sie und das ausgestellte Boot interessierte sich allerdings auch dort kaum jemand. Im Frühjahr 1897 kehrten sie zu ihrer Arbeit an den Muschelbänken zurück. Auf die Frage, warum er und Samuelsen über den Nordatlantik gerudert seien, antwortete Harbo, sie hätten beweisen wollen, dass das tatsächlich möglich ist, und gehofft, Vorträge halten und ihr Boot ausstellen zu können. Es ist die Geschichte eines großen Triumphs, die einem das Herz bricht.

Am 4. Juni 1966 um 17 Uhr 30, fast auf die Stunde siebzig Jahre nachdem die Norweger George Harbo und Frank Samuelsen losgerudert waren, und nur 350 Kilometer Luftlinie von deren Startpunkt New York entfernt, setzten sich die Engländer John Ridgway und Chay Blyth in ihrem *Dory* zurecht, um über den Atlantik zu rudern. Die Übereinstimmung von Ort und Datum legt den Gedanken nahe, dass sie mit der Fahrt an ihre erfolgreichen, aber vergessenen Vorgänger erinnern, sie vielleicht sogar ehren wollten. Das war nicht der Fall. Sie kannten zwar deren Geschichte und ihre Aufzeichnungen, aber der Grund für die Datumskoinzidenz war sehr prosaisch: Anfang Juni – nach den Frühlingsstürmen und vor den Hurrikans – ist die beste Startzeit für die Nordatlantikroute, am späten Nachmittag ist auslaufende Flut.

Die vier Männer waren etwa im gleichen Alter, sie ruderten zur gleichen Jahreszeit die gleiche Route, ihre Boote waren gleich, ihre Navigationsmittel unterschieden sich kaum. Die Strapazen, ja Martern einer Nordatlantiküberquerung in einem offenen Boot waren identisch.

Aber wie sie davon erzählen, unterscheidet sich stark. Harbo und Samuelsen protokollierten die Fakten. Das taten sie gewissenhaft und knapp, von Gefühlen zu reden war in ihrer Zeit und in der Kultur, aus der sie stammten, für Männer nicht üblich, es fehlte ihnen wohl auch die Sprache dafür. Gerade diese Lakonie macht ihre Notizen ergreifend, sie verschweigen vieles, was der Leser hinzudenken muss.

Auch Ridgway und Blyth protokollierten die Fakten. Aber sie lebten in einer anderen Zeit und gehorchten anderen Mediengesetzen: Niemand würde ein Buch kaufen, um etwas über Rudertechnik und die Tücken des Golfstroms zu erfahren. Bei einem solchen Wagnis wollte man »Details über Mut, Ausdauer und Kummer; man wollte wissen, wie es sich *anfühlte*, auf See zu sein«. Wer etwas so Gewagtes überlebt hatte und damit Geld verdienen wollte, musste seinen Kampf gegen Körper und Geist schildern, sein Inneres enthüllen. Also verrieten die Engländer ihre Gedanken, Gefühle, Ängste, sie schilderten die körperlichen und psychischen Belastungen, enthüllten Details ihres Zusammenseins und ihrer Gespräche. Die Realität der Überquerung war für beide Teams gleich, die Geschichten, die daraus wurden, waren es nicht. Darum wirft der Bericht der Reise von 1966 ein Licht auf das Nichterzählte der Reise von 1896.

Am Anfang von Ridgways und Blyths Geschichte stehen zwei andere Männer mit anderen Träumen. Der eine war David Johnstone, ein 35-jähriger Engländer, der sein Leben in keinster Weise in den Griff bekommen hatte. Am 17. August 1965 sah er im Fernsehen, mit welcher Begeisterung die Bevölkerung des süd-englischen Falmouth den amerikanischen Kleinstsegler Robert Manry empfing (siehe Kapitel 5). Manry war gerade mit einem sehr kleinen Boot über den Atlantik gesegelt und hatte sich damit einen Kindheitstraum erfüllt. Johnstone aber sah nur den Jubel. Sein Traum war nicht das Segeln, er wollte gefeiert werden und er wollte großes Geld verdienen. Ihm fiel die Geschichte zweier Norweger ein, die über den Atlantik gerudert waren, und irgendwie verfiel er auf die Idee, dass die Verquickung der beiden Geschichten sein Ticket zum Ruhm war: Er würde über den Atlantik rudern. Eine eigenartige Idee. Er wog 120 Kilo, rauchte fünfzig Zigaretten am Tag und konnte nicht rudern. Der Segel-buchautor Ludwig Dinklage sagt halb fassungslos, halb amüsiert, Leuten mit solchen Flausen sitze der Rekordspecht im Nacken und picke sie ins Gehirn.

Johnstone jedenfalls gab noch am gleichen Tag eine Annonce in der *Times* auf und suchte nach Mitruderern. Während die meisten Leser ver-mutlich ungläubig den Kopf schüttelten, war einer elektrisiert. John Ridgway wusste, was Johnstone möglicherweise noch nicht begriffen hatte: Das war ein mörderisches Unterfangen. Und er wusste sofort, dass das *sein* Abenteuer war, für das er alle körperlichen und psychischen Voraussetzungen mitbrachte. Er hatte seit Kindesbeinen Erfahrung mit Booten und war eine Zeitlang bei der Handelsmarine gewesen. Inzwischen war er Hauptmann bei den englischen Fallschirmjägern, hatte deren harte Ausbildung glanzvoll absolviert und war versessen darauf, sich in Grenzsituationen zu erproben. Wenn er bei einem Wettkampf antrat, dann um zu gewinnen.

Als die beiden sich trafen, wusste Johnstone, dass Ridgway sein Mann war. Aber er sah auch, dass er diesem Soldaten nicht das Wasser reichen konnte. Das missfiel ihm, denn das war seine Show. Er wollte und würde der Chef sein. Darum entschied er sich für den 29-jährigen Journalisten John Hoare. Auch er war Fallschirmjäger gewesen, sehr fit und offenbar gewillt, sich unterzuordnen. Und er war der Einzige, der sich außer Ridgway auf die Annonce gemeldet hatte.

Johnstone schloss mit einem Buch- und einem Zeitungsverlag Exklusivverträge ab, für die großzügigen Vorschüsse baute ihm der berühmte Bootskonstrukteur Colin Mudie (siehe Kapitel 7) ein Boot, das der *Fox* ähnelte, aber moderne Details hatte. Die wichtigste Neuerung war ein abgetrenntes und verschließbares Minikabinchen. Heute haben das alle Langstreckenruderer, damals war es der pure Luxus.

Ridgway fand Johnstone indiskutabel. Er war »ziemlich übergewichtig. Ich war stolz auf meine Kondition, das war niemand, mit dem ich über den Atlantik rudern wollte. Also beschloss ich, es selbst zu tun.« Als er im Februar 1966 las, dass Johnstone und Hoare im Mai wirklich starten würden, entschied er sich, seine eigene Überquerung nicht irgendwann zu machen, sondern *jetzt*. »Ich wollte mir einen Namen machen. Darum habe ich das gemacht. So handeln ehrgeizige Menschen. Wenn wir Kopf an Kopf an den Start gingen, würde mein Boot gewinnen. Da war ich ganz sicher.« Damit zwang er Johnstone und Hoare eine transatlantische Ruderregatta auf. Die Presse war begeistert, Johnstone tobte. Nicht nur hatte Ridgway seine Idee geklaut, der Berufsoffizier war ein gefährlicher Gegner.

Ridgway sprach erst mit seiner Frau, die ihm offenbar grünes Licht gab, und stürzte sich sofort in die Vorbereitungen. Die Zeit drängte. Mit der »Kopf an Kopf«-Idee hatte er sich in die Situation gebracht, binnen 45 Tagen samt Boot an die amerikanische Ostküste reisen zu müssen. Dort würden ihm vor Beginn der »Regatta« zwei weitere Wochen für letzte Vorbereitungen bleiben. Noch hatte er weder Boot noch Ruderpartner, immerhin wurde er von seinen Vorgesetzten unterstützt. Das Verteidigungsministerium gewährte ihm einen sehr, sehr langen Urlaub, allerdings unbezahlt. Die Armee wollte sich von den britischen Abgeordneten nicht vorwerfen lassen, mit Steuergeldern eine Selbstmordmission unterstützt zu haben, falls Ridgway auf See umkommen sollte.

Zu seinem Kummer konnte er sich nicht wie Johnstone ein Mudie-Boot leisten, schließlich kaufte er für ein Zehntel des Preises ein gebrauchtes *Dory*, also das gleiche Boot wie die *Fox*. Die sechs Meter lange *English Rose III* (die bald nur noch *Rosie* genannt wurde) hatte einen Gerüstrahmen mit Segeltuchbespannung und keine Kabine, der Schlafplatz war 1,50 Meter auf 1,20 Meter groß und nur durch eine Plane geschützt.

Fehlte der zweite Mann. 43 Tage vor dem geplanten Tag des Losruderns stand plötzlich Chay Blyth bei ihm in der Tür, ein Sergeant in Ridgways Fallschirmregiment. Sie kannten sich seit acht Jahren und waren immer gut miteinander ausgekommen, hatten beim Überlebenstraining in der Wüste und der kanadischen Arktis extreme Erfahrungen geteilt und sogar zusammen an einer mörderisch anstrengenden 24-Stunden-Kanuregatta teilgenommen (die Ridgway für die Armee erfunden hatte). Dabei kenterte ihr Kanu im eiskalten Wasser, und sie wären fast ertrunken. Aber als Ridgway vorschlug, sie sollten aufgeben, sagte Blyth: »Nein, wir gewinnen!« – was sie dann auch taten.

Blyth hatte die Zügellosigkeit, das Ungestüm und die Furchtlosigkeit des geborenen Abenteurers und Entdeckers. Zweifeln, Zögern und Zagen waren ihm völlig fremd. Seit er von Ridgways Plänen erfahren hatte, wollte er mit. Dass seine gesamte Rudererfahrung zu diesem Zeitpunkt aus einer halbstündigen Kahnfahrt im Londoner Hyde Park bestand, war kein Gegenargument.

Nachdem er vergeblich darauf gewartet hatte, dass Ridgway ihn fragte, ging er zu ihm und bot sich an. Der verheiratete Ridgway sagte, er habe natürlich an ihn gedacht, aber nur ledige Männer fragen wollen, die Sache sei eben doch sehr gefährlich. Blyth lachte. Seine Frau hatte schon zugestimmt.

Obwohl sie eine herausragende Kondition hatten, verordneten sie sich ein strenges Abhärtungs- und Trainingsprogramm. Mit dem Abstand von viereinhalb Jahrzehnten sticht ins Auge, was die Sportskanonen als erstes aufgaben: Rauchen und Trinken.

Anders als Harbo, Samuelsen und auch Johnstone ging es ihnen nicht in erster Linie um die materielle Seite des Erfolgs. Ridgway dachte an Status, und den stellte er sich so vor: Wenn er nach dem Sieg, an dem er nicht zweifelte, irgendwohin kam, würde immer jemand sagen: »Das ist der Mann, der über den Atlantik gerudert ist.« Er wollte andere übertrumpfen. Blyth hatte vermutlich nichts gegen Status und Geld, aber sie waren nicht seine Triebfeder. Er brillierte in der Sportart »survival«, bevor es sie gab: Er liebte Strapazen. Und er war so geboren. »Das Geschäft, mich bei meinem Körper, immerhin von Gott gegeben, unbeliebt zu machen, fasziniert mich schon, solange ich denken kann.« Er wollte sich selbst übertrumpfen.

Gemeinsam war den beiden Militärs, dass sie die größtmögliche Herausforderung suchten. Da hatten sie eine kluge Wahl getroffen: An Herausforderungen sollte es in den kommenden Wochen nicht mangeln.

Heute können sich die Vorbereitungen für solche Fahrten über Jahre hinziehen. Die Teams Johnstone/Hoare und Ridgway/Blyth hingegen waren in neun beziehungsweise knapp drei Monaten startklar. Im Mai 1966 ruderten Johnstone und Hoare in den USA los, allerdings nicht, wie angekündigt, in Cape Cod, Massachusetts, sondern etwas weiter südlich. Ridgway und Blyth waren in der Zwischenzeit mit einer Militärmaschine nach Ottawa geflogen

Chay Blyth und John Ridgway überqueren 1966 den Atlantik

und im Überlandbus (!) nach Boston gefahren, wo Ridgway erst einmal wegen einer schweren Blutvergiftung ins Marinelazarett musste. Das änderte selbstredend nichts an seinen Plänen und dem angesetzten Starttermin, er war nur bekümmert, dass Blyth alle Vorbereitungen allein machen musste.

Als die alten Ostküstenfischer in Cape Cod das *Dory* von Ridgway und Blyth sahen, schlossen sie die Engländer ins Herz. Sie waren so großzügig, die Jungen mit Verbesserungsvorschlägen und ihrem reichen Wissen über Meeresrudern zu beschenken, die Greenhorns waren so klug, das Geschenk der Alten anzunehmen.

Die modernen Ruderboote für Ozeanstrecken sind heutzutage Sonderanfertigungen aus hochspeziellen Glas- und Kohlefaserverbundwerkstoffen mit einer (mehr oder weniger) wasserdichten Schlafkabine. Zum unverzichtbaren Equipment gehören außerdem »Entsalzungsanlage (elektrisch & manuell), GPS Tracker, Plotter, Seekarten, Funkgerät, Notrufboje (EPIRB), Radar-Reflektor, AIS, iPods, Kopfhörer, Notebook, Kamera, Satelliten-Telefon, Gel-Batterien und Ladeanzeige, Rettungsinsel, Signalmittel, Survival-Equipment (Flares, Anzug etc.)« und vieles mehr.

1896 war all das und 1966 das allermeiste davon noch völlig unbekannt. Obwohl zwischen den Atlantiküberquerungen der zwei Norweger und vier Engländer siebzig Jahre lagen, ruderten sie alle unter Bedingungen, die sich seit Jahrhunderten kaum verändert hatten. Von ihrem Radio und einem Notsender abgesehen, hatten die Engländer nichts, was die Norweger nicht auch schon gehabt hätten.

Elf Tage nach Johnstone und Hoare, am 4. Juni 1966, nahmen Ridgway und Blyth in Cape Cod ihre Ruderpositionen ein. Bis zum letzten Moment stapfte immer wieder einer aus der großen Zuschauerschar hüfthoch zu ihnen ins Wasser. Ridgway machte sich über die Gründe keine Illusionen: »Die Küstenwache hatte gesagt, es bestünde eine 95-Prozent-Chance, dass wir Selbstmord begingen. Da wollte jeder der Letzte sein, der uns die Hand geschüttelt hat.« Den Abschied von ihren jungen Ehefrauen, die in England geblieben waren, erwähnte keiner der beiden.

Vermutlich fragt sich jeder Mensch am Beginn eines solchen Abenteuers, ob er damit das Schicksal nicht einmal zu oft herausfordert – aber nur wenige sprechen es aus. Ridgway räumte ein, dass ihm nach dem Start die Tränen kamen und die Atmung flach wurde: »Dann ist man allein mit keinem anderen Gedanken als dem an die Vorhersage der Küstenwache, dass man eine 95-prozentige Chance hat zu sterben.« Allein auch mit einer heftigen Seekrankheit, der er erst nachgab, als ihn niemand mehr sehen konnte. Niemand außer Blyth: »Er tat mir leid. Aber ich wusste, dass ich ihm kein Mitgefühl zeigen durfte – es wäre ihm peinlich gewesen.« Stattdessen pfiff er lauthals und machte am nächsten Morgen Frühstück. Aber er sorgte sich: In diesem Zustand konnte Ridgway nicht rudern, und sie konnten es nur schaffen, wenn beide immer zu einhundert Prozent funktionierten. Anderenfalls würden sie umkehren müssen, solange es noch möglich war. Ridgway erholte sich.

»Wenn du das Beten lernen willst, fahre zur See«, sagt ein portugiesisches Sprichwort. Tatsächlich ist es nahezu unmöglich, eine Erzählung vom Leben auf hoher See zu finden, die ohne Gott auskommt und in der nicht gebetet wird. Hugo Vihlen (siehe Kapitel 5) erklärte sogar kategorisch, mitten auf dem Nordatlantik gebe es keine Atheisten. Die beiden knallharten Militärs fanden schon in der zweiten Nacht zu Gott, morgens sprachen sie darüber und schraubten eine Christophorus-Plakette ans Boot, die ein Pfarrer ihnen in Cape Cod geschenkt hatte. Sie waren sich sehr bewusst, dass an der Bootskante Schluss ist – im Zweifel auch für sie. »Gott kommt einem hier draußen sehr nahe«, schrieb Ridgway. »Man hat einen Meter zu jeder Seite. Dann der Tod. Ich habe noch nie eine solche Angst gehabt wie hier.«

Das galt für beide. »Unter dem Boot suchten Haie, die breiter waren als unser Boot, Schutz vor der Sonne, Wale, die breiter waren als unser Boot lang, tauchten im Nebel unter uns hindurch.« Sie hatten Angst, dass die Tiere das Boot zum Kentern bringen könnten, Angst, von einem Schiff überrannt zu werden, Angst, über Bord zu gehen und es nicht zurück zu schaffen. Das Meer und der Wind waren so laut, dass sie sich auch schreiend kaum verständigen konnten. In mondlosen, bewölkten Nächten gab es keine Orientierung, wenigstens waren sie, wenn alles um sie herum in tiefstem Schwarz und leerer Unendlichkeit verschwand, nicht so verlassen wie die Segler, die allein unterwegs waren.

Wie fast alle Seeleute fürchteten sie die Unergründlichkeit des Meeres, seine Tiefe, seine Kreaturen und mochten ihr Boot auch bei freundlichem Wetter nicht verlassen. Als einmal einer der beiden bei perfektem Badewetter unter das Boot tauchen musste, um nach dem Ruder zu sehen, brauchten sie für die Entscheidung, wer das tun würde, den ganzen Tag.

Juni war die beste Zeit für diese Route, aber das Wetter an den Neufundlandbänken ist immer rau. In den ersten beiden Wochen ruderten sie bei nassem, kaltem Nebelwetter und machten gegen die Strömung nur elf Meilen am Tag. Bei diesem Tempo, witzelten sie etwas angestrengt, würden sie im Januar 1967 England erreichen, wären aber bedauerlicherweise schon im Oktober 1966 verhungert.

Anders als Harbo und Samuelsen, die bei fast jedem Wetter pullten, ruderten die Engländer anfangs nicht bei Sturm: »Die unmittelbare Nähe dieser sechs Meter hohen Wellen machte uns beide feige.« Dank ihres kleinen Radios erfuhren sie, dass Hurrikan »Alma« direkt auf sie zusteuerte – eine bittere Nachricht, es war der erste Frühlingshurrikan seit sechzig Jahren. Dank der Warnung konnten sie alles an Bord verstauen und festzurren; sie selbst waren aus Angst, über Bord gerissen zu werden, immer angeschnallt. Den folgenden Kampf ums nackte Überleben, das neun Grad kalte Wasser, das schneller überkam, als es mit Eimer und Pumpe ausgeschöpft werden konnte, die völlige Entkräftung, die Qual, von einem schäumenden Meer umgeben ausgekühlt und bis auf die Haut durchnässt im eisigen Wind zu stehen – all das erlebten sie genau wie Harbo und Samuelsen. Wenigstens blieb ihnen ein Kentern erspart. Als der Sturm nachließ und sie sich in der Abenddämmerung etwas zu essen machten, waren sie trotz der Erschöpfung euphorisch – sie waren am Leben! Und Blyth war wieder eingefallen, warum man sich bei der Armee nie freiwillig für etwas melden soll, wovon man nichts versteht.

Beide Teams hatten im Sturm viel Proviant verloren, mussten aber im gleichen Tempo weiterrudern wie zuvor und trotz der extremen körperlichen und psychischen Belastung die Rationen kürzen. Seit dem Sturm hatten Blyth und Ridgway noch 1.250 Kalorien pro Tag. (Zum Vergleich: Ellen MacArthur, die 2005 allein die Welt umsegelte, aß täglich 5.000 Kalorien.*) Sie bemühten sich bei der Aufteilung der kleinen Portionen um strikteste Gerechtigkeit, aber sie wussten, dass sie des Todes waren, wenn sie nicht bald von einem Schiff entdeckt wurden und Lebensmittel bekamen.

Die Norweger hatten es als Glücksfall empfunden, dass ihre »Retter« Landsleute waren, und auch Blyth und Ridgway waren froh, von einem englischen Schiff aufgefischt worden zu sein. Sie erfuhren, dass England die Fußballweltmeisterschaft gewonnen hatte, und auch, dass Johnstone und Hoare sich Zeitungsberichten zufolge 750 Meilen vor der europäischen Küste befanden. Das war in all den Wochen auf dem Atlantik die einzige Nachricht über ihre Konkurrenten, mit denen sie immerhin um den Sieg kämpften.

Die Seeleute verwöhnten die Ruderer mit Rührei, Kaffee, gebuttertem Toast mit Orangenmarmelade, bevor sie reich beschenkt mit neuen Lebensmitteln in ihren Kahn zurückkehrten. Den Rest dieses wunderbaren Tages taten Blyth und Ridgway kaum etwas anderes als essen. Und Ridgway tat in der folgenden Nacht kaum etwas anderes als sich übergeben.

Ihrer eigenen Kondition sicher, hatten sie das Wettrudern als »phantastisches Überlebenstraining« gesehen. Später gestanden sie kopfschüttelnd, dass sie sträflich naiv gewesen seien; gegen das, was sie auf dem Atlantik erwartet habe, sei ihre Kanuerfahrung ein Witz gewesen. Sie gerieten in solche Erschöpfungszustände, dass Ridgway meinte, langsam zu sterben. In einer besonders furchtbaren Nacht kam ihm der Tod wie eine Erlösung vor. Das Schlimmste waren allerdings nicht die körperlichen Strapazen, sondern die Eintönigkeit des mechanischen Ruderns. Die Tage flossen ineinander, sie stumpften ab, wurden »seelisch zu Zeitlupenmenschen«, zu Robotern: zwei Stunden Arbeit, zwei Stunden Schlaf, zwei Stunden Arbeit...

Sie hatten früh begriffen, dass »Erfolg oder Misserfolg unserer Ruderboot-Expedition nicht von unserer körperlichen, sondern von unserer seelischen Verfassung entschieden werden würde«. Ihr Gegenmittel hat sich seit Jahrhunderten in trostlosen Lebenssituationen bewährt: Disziplin und Regelmäßigkeit

---

* Die deutsche Ruderin Janice Jakait kalkulierte für ihre Atlantiküberquerung einen noch höheren Energiebedarf: »Der durchschnittliche Energiebedarf von etwa 3.500 bis 7.000+ kcal pro Tag wird etwa zu 45 % mit Kohlehydraten, zu 25 % mit Eiweiß und zu 30 % mit Fett gedeckt, die mit 10 bis 12 Liter Wasser heruntergespült werden.« 10 bis 12 Liter! Vergleichen Sie das mit den Mengen, die den meisten Seefahrern zur Verfügung standen, um die es in diesem Buch geht. Zu Jakait siehe: www.rowforsilence.com

beim Essen, Waschen, Schlafen. Als geradezu lebenserhaltend empfanden sie »zivilisatorische« Rituale wie die wöchentliche Rasur und Ganzkörperwäsche, beides mit Frischwasser. Das war ein großer Luxus und »sehr gut für das moralische Wohlbefinden«. Und wenn, wie in einer »Nacht voll Verzweiflung, Kälte und Nässe«, alles hoffnungslos schien, munterte Blyth Ridgway und sich selbst mit dem Satz auf: »Das ist bald nur noch Erinnerung!«

Beide beteuerten dennoch, sie hätten sich niemals, auch nicht insgeheim, gewünscht, nicht losgefahren zu sein. Im Gegenteil. Zur Aufmunterung und zum Zeitvertreib planten sie, als Nächstes mit einem Kanu von Chile über die Anden zu kommen und den Amazonas hinunterzufahren.

Harbo und Samuelsen äußerten sich nicht darüber, wie sie sich in dieser extrem belastenden Situation motivierten, wie sie miteinander auskamen, ob sie stritten, wie sie sich als Menschen ergänzten, wie ihre psychische Arbeitsteilung war, ob sie sich einander öffneten oder vielmehr versuchten, die unausweichliche physische Nähe durch Schweigen und emotionale Distanz auszugleichen.

Ridgway und Blyth half eine »perverse, soldatische Befriedigung über ihre selbst auferlegten Strapazen« und die Gewissheit, dass sie zu Ende brachten, was sie in Angriff nahmen. »Wir hatten unser Projekt militärisch durchgeplant und uns ein präzises Ziel gesetzt – nämlich den Ozean in der kürzestmöglichen Zeit zu überqueren.« Zum Militärischen gehörte ebenfalls, dass sie keine Bücher dabeihatten, weil die vom Ziel abgelenkt hätten. Und es gehörte auch dazu, dass sie sich anfangs noch mit Nachnamen ansprachen. Erst als sie schon einige Zeit auf den 2,50 mal 1,25 Metern des Bootsinnenraums verbracht hatten, gingen sie zu Vornamen über.

Wichtig, vielleicht entscheidend für ihr Überleben war, dass es kein Kompetenzgerangel gab. Ridgway war der Experte, er hatte dieses Abenteuer geplant, er kannte das Meer, er konnte navigieren. Blyth hatte in seiner Einheit gedient, es gehörte zu ihrer Beziehung, dass der eine Befehle gab und der andere sie ausführte. Sie waren diszipliniert und wussten, dass jede schlimme Situation schlimmer wurde, sobald man die Nerven verlor oder gar übereinander herfiel. Sie hatten während der gesamten Überfahrt tatsächlich nur einen einzigen Streit.

Sie gaben immer ihr Äußerstes – Ridgway, auch wenn es ihn fast umbrachte, Blyth, *weil* es ihn fast umbrachte. Aber schon am zweiten Tag fragte sich Blyth, wie sie diese Folter längere Zeit durchhalten würden. Es verging kein Tag ohne Sorge, jede Meile war Schwerstarbeit. Sie erreichten Tagesstrecken von durchschnittlich 53 Kilometern. Samuelsen und Harbo waren mit 110 Tageskilometern mehr als doppelt so schnell gewesen. Nicht umsonst endet die achtzehnte und letzte Strophe eines Loblieds auf die Norweger mit der Zeile: »*They were not only brave but, by God!, they could row!*« (»Sie waren nicht nur tapfer, bei Gott, sie konnten auch rudern!«)

Nach 92 Tagen erreichte die *Rosie* die Aran-Inseln vor Irlands Nordwestküste, wo sie bei Windstärke 9 an den Klippen zu zerschellen drohte. Es bestätigte sich die Faustregel der Seefahrt: Nichts ist für ein Schiff so gefährlich wie Land, und am allergefährlichsten ist Land in Lee – also dort, wohin der Wind bläst und das Schiff drückt. In diesen kritischen Stunden wiederholte sich die »Rollenverteilung« nach ihrem Kentern bei der Kanuregatta: Ridgway erwog, einen Notruf zu senden, Blyth lehnte das strikt ab. Er hatte immer noch nicht genug, es begeisterte ihn, dass das Meer ihnen einen letzten Kampf lieferte. »Es wäre doch trübselig gewesen, etwa bei völliger Windstille ans Ufer zu paddeln.« Bei diesem »letzten Kampf« sangen sie lauthals, unter anderem Barbra Streisands »Second Hand Rose«.

Vom Ort Kilronan aus verfolgten Einheimische den Kampf und alarmierten die Rettungswacht, die sie holen kam. Ridgway und Blyth wollten keinesfalls die letzte halbe von 3.500 Seemeilen geschleppt werden, schämten sich aber, dass die »tapferen Iren« ihretwegen im Sturm hinausgefahren waren und ihr Leben riskierten. Also stiegen sie ins Rettungsboot um. Blyth fand das »peinlich, peinlich«, bemerkte aber mit Blick auf die hinterhergezogene *Rosie*, er werde »nie wieder in dieses Boot klettern, für nichts und niemand«. Auch Ridgway ließ keinen Zweifel daran, dass er diese 13 Wochen nie wieder durchmachen wolle. Der Nordatlantik sei grausam, sagte er, ein guter Seemann müsse demütig und bescheiden sein. Dem hätten Harbo und Samuelsen sicher zugestimmt.

Blyth, der in den 13 Wochen auf See unablässig gebetet hatte, meinte später, er und Ridgway seien »Heuchler«: »Unser felsenfester Glaube begann in dem Augenblick zu bröckeln, als wir wieder an Land waren.«

Sie telefonierten sofort mit ihren Frauen, die aufgrund eines Missverständnisses auf den Scilly-Inseln auf sie warteten (wo auch Harbo und Samuelsen gelandet waren). Sehr beunruhigend war, dass Johnstone und Hoare noch nicht da waren und niemand etwas über ihren Verbleib wusste.

Danach waren John Ridgway und Chay Blyth Englands neueste Helden. Fünf Tage hintereinander waren sie auf der ersten Seite aller britischen Zeitungen, monatelang wurden sie mit einer Ausgiebigkeit und einem Überschwang gefeiert, wie nur die Briten ihre Seefahrer feiern können und die Johnstone für sich so ersehnt hatte. Sie wurden berühmt, und, ja, sie verdienten auch viel Geld. Obwohl sie über fünf Wochen (!) länger gebraucht hatten als

Frank Samuelsen und George Harbo, erhielten sie im Übermaß, was den beiden Norwegern verwehrt geblieben war.

Als Elizabeth II. sie empfing, fragte sie Ridgway, ob er diese Fahrt noch einmal machen würde. Ridgway, der seine Königin zutiefst verehrte, antwortete: »Nur für Sie, Ma'am.« Die Queen reagierte mit der ihr nachgesagten Bodenhaftung: »Oh, um so etwas Verrücktes würde ich Sie niemals bitten.«

David Johnstone und John Hoare blieben verschollen, ihr leeres Boot wurde am 14. Oktober 1966 auf dem Atlantik kieloben treibend gefunden, das Logbuch war noch an Bord. Daraus ergab sich, dass ihre Tagesleistung im Durchschnitt nur 33,5 Kilometer betragen hatte. Vor allem aber berichtete es von schwerer Erschöpfung, Lebensmittelmangel und Streit: »Wir stritten uns mit unerhörter Heftigkeit. Ein Fernglas flog, eine Faust schlug auf einen Backenknochen, ein Schwall von Beleidigungen vor dem leeren Horizont.« Sie waren der Aufgabe in keinster Weise gewachsen gewesen. Zu dieser fatalen Selbstüberschätzung kam hinzu, dass ihnen das Glück versagt blieb. Und ohne Glück gelingt nichts, schon gar kein solch haarsträubendes Wagnis auf Leben und Tod. Der letzte Logbucheintrag »Wo bleiben die Schiffe?« stammt vom 3. September 1966, dem Tag, an dem Ridgway und Blyth die Aran-Inseln erreichten.

Und wie ging es weiter?
George Harbo genoss nach seiner navigatorischen Glanzleistung bei seinen New Yorker Kollegen so hohes Ansehen, dass er eine der begehrten Stellen als Hafenlotse bekam. Damit verdiente er genug, um Frau und Kinder nach Amerika zurückholen und in Brooklyn ein Haus kaufen zu können. Er starb bereits 1908 an einer Lungenentzündung.

Frank Samuelsen blieb Fischer und heiratete eine Norwegerin. 1908 kehrten er und seine Frau nach Norwegen zurück. Er übernahm den Bauernhof seiner Eltern und starb 1946 im Alter von 75 Jahren.

Ihre Zeit von 55 Tagen für die geruderte Atlantiküberquerung im Zweierteam ist bis heute ungeschlagen.

John Ridgway und Chay Blyth bauten auf ihrer geglückten Ruderpartie neue berufliche Existenzen auf. Blyth, der in einer Sturmstunde geschworen hatte, sobald sie sicher an Land seien, werde er sich nie mehr von seiner Frau trennen, wurde ein Berufsabenteurer der Meere, der nichts ausließ und dem wenig erspart blieb. 1984 zum Beispiel kenterte er bei einem weiteren Rekordversuch vor Kap Hoorn und trieb 19 Stunden im Wasser, bevor er gerettet wurde. 1997 verlieh Königin Elisabeth II. ihm die Ritterwürde. Er lebt in England.

Auch John Ridgway unternahm mehrere große Segelreisen. Er lebt heute im Nordwesten Schottlands, betreibt eine Abenteurerschule und engagiert sich für die vom Aussterben bedrohten Albatrosse.

Ridgway und Blyth haben ein erfolgreiches Buch über ihr Ruderabenteuer geschrieben, das sie den Fischern von Cape Cod widmeten. In diesem Buch erzählen sie abwechselnd und sprechen mit Respekt und Zuneigung voneinander, ohne einander zu heroisieren. Ihre Freundschaft zerbrach an Uneinigkeiten über die Aufteilung des Geldes, das sie mit der Fahrt verdient hatten.

Beide nahmen 1968 an dem *Golden Globe Race* der *Sunday Times* teil, der legendären ersten Nonstop-Einhandregatta um den Erdball.

5

BEIM SCHLEUDERGANG
IN DER WASCHMASCHINE

Männer und ihr Kampf ums Kleinste

Jede Frau, die einen abenteuerlustigen Mann liebt,
hat ihre eigene kleine Hölle zu erdulden.
HUGO VIHLEN

Wer zum Spaß zur See fährt, ist verrückt.
EIN HOLLÄNDISCHER SEGLER

Tom McNally auf seinem Miniboot *Vera Hugh*

Robert Manry wird in den letzten Tagen seiner Atlantiküberquerung von einem schwimmenden Reporter interviewt.

Robert Manry glich der Hauptperson einer amerikanischen Fernsehserie der Nachkriegszeit: Er ging auf die fünfzig zu, war Redakteur bei einer Regionalzeitung, hatte eine patente Ehefrau, zwei nette Kinder und einen Hund. Die Familie lebte in einer Vorstadt im Mittleren Westen, in einem nicht zu großen, nicht zu kleinen Haus in einer adretten Straße mit vielen nahezu identischen Häusern. Sie fuhren einen Caravan, und da sie am Südufer des Eriesees wohnten, kauften sie 1953 ein Boot. Es war über dreißig Jahre alt, aber gut in Schuss und mit 4,11 Metern und seinem Kajütchen für die Manrys gerade groß genug als schwimmende Wochenend- und Ferienbleibe. Sie nannten es *Tinkerbelle*, nach Peter Pans Fee »Tinker Belle«.

Bob Manry hatte also alles erreicht, was ein Amerikaner seines Alters erreicht haben sollte. Dazu gehörte auch, dass er sich als verantwortungsvoller Familienvater versagt hatte, allzu genau über seinen geheimen Traum nachzudenken: eine Atlantiküberquerung im Segelboot.

In diesem Alter befällt so manchen Mann die Sinnkrise der mittleren Jahre: Soll das alles gewesen sein? Büro, Familie und Pflichten, Alltagstrott und Alltagszwänge? Vielleicht war es das, woran er dachte, als ein Bekannter ihm Anfang 1964 anbot, mit ihm in einem schönen großen Segelboot über den Atlantik zu segeln. Als der Bekannte einen Rückzieher machte, war Manrys Traum schon aus der Schachtel gesprungen und ließ sich nicht mehr wegschieben. Manry würde über den Atlantik segeln. Jetzt und allein, bald könnte es zu spät sein. Eine Floskel, die man alle Tage sagt. Dass er recht hatte, konnte er nicht wissen.

Er war mit einer bemerkenswerten Ehefrau gesegnet. Virginia gestand ihm die Zeit und das Geld zu, die er zur Verwirklichung seines Traums brauchte. Sie ertrug, dass er über ein Jahr lang mit den Gedanken woanders war, dass Freunde, Nachbarn und Familienangehörige sie wegen ihres verrückten Mannes bemitleideten und verspotteten. Sie wusste, dass sie etwas unterstützte, was sie zur Witwe und ihre Kinder zu Waisen machen konnte, und hielt ihre Angst in Schach. Eine solche Großzügigkeit ist immer selten, in den Sechzigerjahren war sie sensationell. Ein Ehemann und Vater musste seine Familie versorgen und keinen unverantwortlichen Flausen nachjagen. Was heute als »Selbstverwirklichung« gilt, hieß damals Unreife und Egoismus. Niemand weiß, ob Virginia Manry wirklich an ihren Mann glaubte. Sie war jedenfalls klug genug, ihn nicht von etwas zurückhalten zu wollen, woran sein Herz hing. Hinter vielen »Kleinboothelden« stehen solche Ehefrauen, deren Loblied niemand singt.

Für ein neues Segelboot war kein Geld da, aber er hatte ja die *Tinkerbelle*. Die war nun nicht gerade eine Hochseejacht, er musste sie also umbauen.

Anfang 1964 wurde die Garage zur Werft, indem er den Familien-Caravan hinausfuhr und das Familien-Boot hineinschob – es war mit 4,11 Meter Länge und 1,60 Meter Breite deutlich kleiner als das Auto.

Das schreckte ihn nicht: »Ein kleines Boot ist leicht und schwimmt gut, es wird vor den Wellen eher zurückweichen und auf ihnen reiten, während ein großes Schiff ihnen einen ungeheuren Widerstand bietet.« Ein großes Schiff hat Stabilität, ein kleines Wendigkeit.

Er war ja nicht der Erste, der sich mit einem absurd kleinen Boot auf eine große Tour wagte. 1901 segelte John Voss, ein nach Kanada emigrierter Schleswig-Holsteiner, in einem traditionellen Indianer-Einbaum, also einem ausgehöhlten Baumstamm, von Kanada westwärts über den Pazifik und Indischen Ozean bis England. 1955 hatte der deutsche Arzt Hannes Lindemann in einem Einbaum den Atlantik überquert, 1956 wiederholte er das in einem Faltboot (siehe Kapitel 8). Da waren Seefahrerlegenden wie Joshua Slocum, Frank Samuelsen und George Harbo, Thomas Crapo, Alain Bombard und Ben Carlin. Jeder hatte auf seine Weise etwas Besonderes, zuvor Undenkbares geleistet. Manry kannte ihre Bücher, sie waren seine Vorbilder.

Und doch war er mit diesem kleinen Kajütsegelboot ein Pionier, er konnte sich bei niemandem Rat holen. Wo, wie und wie sehr mussten Rumpf und Segel der *Tinkerbelle* gestärkt werden, damit sie dem stürmischen Nordatlantik standhielten? Ein Schiff auf See muss autark sein, der fehlende Schraubenzieher in der richtigen Größe konnte bedrohliche Folgen haben. Welche Werkzeuge und Ersatzteile waren unverzichtbar, wie konnte man sie vor dem Salzwasser und der aggressiven Seeluft schützen? Es war nicht nur ihm ein Rätsel, wo er auf 6,60 Quadratmetern sich selbst und die zahllosen Dinge unterbringen sollte, die für acht bis zehn Wochen auf See unverzichtbar waren.

Acht bis zehn Wochen? Wie lange würde die Überfahrt dauern, wie viel Trinkwasser und Lebensmittel musste er mitnehmen? Musste er längere Flauten einrechnen? Wenn er sich grob verschätzte, könnte er verdursten oder verhungern.

Wie Seeleute sich ernähren können, hängt auch von der Größe ihres Fahrzeugs ab. Wie viel Stauraum hat es, wie problemlos kann man etwas aufwärmen oder kochen? Weltumsegler auf großen Booten führen mitunter gewaltige Vorratsmengen mit, manche schlemmen geradezu. Als Nigel Tetley beispielsweise 1968 um die Welt wollte, hatte er Konserven mit Gänse-, Enten- und Fasanenbraten, Wild, Regenbogenforellen, Truthahn und viel Köstliches mehr dabei. Seine Konkurrenten Robin Knox-Johnston und Chay Blyth aßen erheblich schlechter (Dubios-Nahrhaftes wie Corned Beef, gebackene Bohnen, Dosenwürstchen und Spaghetti-in-Tomatensoße-Konserven), tranken aber viel:

Der eine hatte 24, der andere 18 Flaschen Whisky, Gin, Brandy und ähnlich Aufbauendes dabei, dazu recht viel Bier und Wein (siehe Kapitel 9). Das alles will irgendwo gebunkert werden. Das andere Extrem in Bezug auf die Kapazität bilden Miniboote wie die von Hugo Vihlen und Tom McNally – wer die beiden sind, wie unglaublich mini ihre *Minis* waren und wie sie das Problem der Ernährung lösten, lesen Sie später in diesem Kapitel.

Manrys größte Sorge galt seiner Sicherheit. Er hatte sich und Virginia geschworen, beim geringsten Zweifel an einem guten Ausgang sofort aufzugeben: »Mit Rücksicht auf meine Familie und mich selbst würde ich mich nicht um Gesichtsverlust scheren; ich war viel lieber ein lebender Feigling als ein toter Held.«

Er hielt sein wahres Vorhaben lange geheim und rückte erst kurz vor der Abreise bei seinem Arbeitgeber mit der Wahrheit heraus. Immerhin musste er um einen ungewöhnlich langen Urlaub bitten, außerdem bot er den Kollegen seine »Story« an, weil er hoffte, vom *Cleveland Plain Dealer* unterstützt zu werden.

Seit dem 19. Jahrhundert suchen kühne Männer Geldgeber für ihre Abenteuer, infrage kamen damals wie heute neben Firmen vor allem Zeitungen, die mit Rekorden und Rekordversuchen große Auflagen mach(t)en. Manrys Chefs begriffen nicht, dass ihr Angestellter ihnen einen Coup anbot: Wie immer das ausgehen mochte, seine Soloüberquerung würde Schlagzeilen machen. Schuld an dieser Begriffsstutzigkeit war Manry selbst. Ihm war offenbar wirklich nicht klar, dass er im Begriff stand, den »Im-kleinsten-Boot-allein-über-den-Atlantik-Rekord« zu brechen. Das *Guinness-Buch der Rekorde* war keine Hilfe, es war 1955 zum ersten Mal erschienen und dümpelte noch ziemlich unbeachtet vor sich hin.

Er hatte also nicht erwähnt, wie klein sein Schiff war. Später sagte er entschuldigend, er habe das nicht wichtig gefunden. Das ist eigenartig. Er war Zeitungsmann und kannte alle früheren Sensationsgeschichten rund um kleine Boote. Dass er so naiv war, die Tragweite dessen, was er zu tun beabsichtigte, nicht zu erkennen, sagt viel über die damalige Zeit und unsere medial befeuerte Rekordverliebtheit aus. Es ist heute schwer vorstellbar, dass jemand ein solches Projekt so privat und so still angehen würde.

Jedenfalls suchte Manry keinen anderen Sponsor. Er wollte offenbar wirklich nur tun, was er zu tun beabsichtigte, und dann weiterleben wie zuvor. Darum legte er an seinem letzten Arbeitstag seinem Chef folgende Notiz hin: »Bin am 29. August, 17 Uhr zurück.« Darauf legten seine Vorgesetzten keinen Wert. Kaum war er fort, warfen sie ihn raus. Beides – sein Angebot nicht angenommen und ihn überdies rausgeworfen zu haben – sollte ihnen bald leidtun.

Mit der *Tinkerbelle* auf einem Anhänger fuhr Manry durch die halben USA nach Falmouth in Massachusetts. Am 1. Juni 1965 – dem Tag vor Manrys 47. Geburtstag – glitt das Boot ins Salzwasser. Anders als viele Abenteurer vor und nach ihm begann Manry seine Reise ohne Medien-Tamtam und ohne Zuschauer. Sein Ziel war Falmouth an Englands Südwestküste.

Er hatte das Boot bei Wind und Wetter auf dem Eriesee getestet, aber jetzt war er zum ersten Mal auf dem Atlantik – zum ersten Mal überhaupt auf dem offenen Meer! Und schon nach wenigen Stunden war er dem Nerven-zusammenbruch nahe. Es herrschte dichter Nebel. Er konnte Schiffe in un-mittelbarer Nähe also hören, aber nicht sehen. Das machte ihm Angst. Die war berechtigt, selbst sehr erfahrene Segler finden nichts unangenehmer, als mitten in einer befahrenen Route im Nebel zu stecken. Am nächsten Tag geriet er in ein Gewitter, er konnte die *Tinkerbelle* kaum unter Kontrolle halten, von Schlaf konnte keine Rede sein. Als er zufällig feststellte, dass er keineswegs da war, wo er berechnet hatte, kamen ihm (zu Recht) schwerste Zweifel an seinen Talenten als Navigator. Schon am 6. Juni tat er sich ziemlich leid: Alles war feucht, der Hintern tat ihm so weh, dass er auf einem Kissen sitzen musste.

Kleidersäcke waren sein »Bett«, an Ausstrecken war in dem vollgepackten Innenraum nicht zu denken, er schlief halb im Sitzen. Dennoch war er für »Tink's gemütliche, windgeschützte Kabine« zutiefst dankbar. Er fand es unvorstellbar, dass jemand wie Hannes Lindemann (siehe Kapitel 8) völlig ohne einen solchen Schutz zurechtgekommen war.

Eine jammervolle Woche später traf ein Brecher die *Tinkerbelle*. Sie kippte, bis der Mast fast waagerecht zum Wasser lag, Manry flog über Bord. »Mir schoss der grauenerregende Gedanke an Haie durch den Kopf, mich packte das furchtbare Gefühl, über einem Abgrund zu schweben, ich hatte gerade ausgerechnet, dass das Meer an dieser Stelle etwa fünf Kilometer tief war. Den Versuch, mich auf den Grund sinken zu lassen und dann nach oben abzustoßen, konnte ich mir sparen.«

Er tauchte, auch ohne sich abzustoßen, wieder auf, und das Boot war nicht gekentert. Er war mit einer Rettungsleine am Mast befestigt, die Segler immer tragen (sollten), damit das Boot nicht ohne sie abzieht, falls sie über Bord gehen. (Die Angst davor, schreibt Segelautor Peter Nichols beschwörend, könne gar nicht groß genug sein.) Mit Mühe kletterte Manry in die *Tinkerbelle* zurück, landete an diesem Tag aber noch weitere drei Mal »im Bach«. Das dürfte für Manry das Ende der Illusion bedeutet haben, die jeder Seemann hegt: dass sein Schiff ein sicherer Ort sei.

Insgesamt ging er gar um die zehn Mal über Bord. Einmal riss es ihn ungesichert ins Meer, er bekam gerade noch die Bordwand zu fassen. Er hatte diese Reise außerordentlich sorgfältig vorbereitet, und doch überlebte er mehr als einmal nur durch schieres Glück.

Meerwassergetränkten Stoff trocknen zu wollen ist ein mühevolles Geschäft. Er trocknet schlecht, weil Salz, wie man in jedem Salzstreuer beobachten kann, Wasser bindet, und daran mangelt es auf einem und um ein Boot bekanntlich nie. Beim ersten Sonnenstrahl und halbwegs ruhiger See legen und hängen Segler deshalb so viel wie möglich zum Trocknen an Deck. Aber Salz macht Textilien hart, und das schabt dann die Haut auf. Auch Manry litt unter Furunkeln und Salzwasserbeulen, Zehen und Finger schwollen an.

Er nahm Antibiotika, und er nahm Speed, also Wachmacher. Die gehörten ebenso selbstverständlich in die Bordapotheke wie Heftpflaster, denn wer einhand – allein – segelt, hat immer Dienst und muss oft *sehr* viele Stunden am Stück wach bleiben.* Die Kombination von Amphetaminen, Schlafmangel, Einsamkeit und schwerer körperlicher Erschöpfung führt oft zu Halluzinationen. Der Segler hört Stimmen oder sieht Menschen an Bord, sie sprechen mit ihm und geben ihm Befehle oder Ratschläge. Manry erhielt mehrmals Besuch von »Begleitern«, die ihn eine Insel suchen oder im Kreis segeln ließen. Einmal kam er nach einem solchen »Besuch« zu Sinnen, seine Kleider waren pitschnass, er war offenbar über Bord gespült worden. Erinnern konnte er sich nicht.

Als das Ruder und dann auch das Reserveruder kaputtgingen, stellte er fest, dass trotz seiner Umsicht beim Packen das gesamte Werkzeug verrostet war. Während er versuchte, die Ruder zusammenzuflicken, trieb er steuerlos und mit düstersten Befürchtungen nach Norden, aber die Reparatur gelang. Anderenfalls wäre er vielleicht nach Lissabon getrieben. Er hatte nämlich »aus Langeweile« eine Flaschenpost über Bord geworfen, die dem Finder fünf Dollar versprach. Im Herbst 1965 erhielt er tatsächlich Post von einem gewissen Franciso Maria Baleizao. Er hatte die Flasche »am 25. September um 15 Uhr in Praia Grande, Sintra, Portugal« gefunden und bat um Übersendung der versprochenen fünf Dollar.

Manry hatte ein Kurzwellenradio dabei. Er brauchte es für die Zeitsignale, aber die Musik und die Stimmen linderten auch seine Einsamkeit. Da er kein Funkgerät besaß, konnte er keinen Kontakt zu anderen Menschen aufnehmen. Um jemandem an Land ein Lebenszeichen zukommen zu lassen, gab es damals

---

* Der Ausdruck »einhand« bezieht sich auf das englische *hands* für die Besatzungsmitglieder eines Schiffs. »Alle Mann an Deck!« heißt auf Englisch *»All hands on deck!«*.

nur eine Möglichkeit: Man musste einem schnelleren Schiff Briefe mitgeben und konnte den Kapitän bitten, an eine Station an Land zu funken, wann und wo man gesichtet worden war.

Dazu muss (a) ein Segler ein Schiff sehen, das (b) ihn auch sieht und (c) beidreht. An Schiffen herrschte kein Mangel, Manry sah in 78 Tagen insgesamt 66 (!), es gehe zu wie auf dem Times Square, notierte er einmal. Es kamen aber nur wenige zu ihm, um sich zu erkundigen, ob er Hilfe benötige. Auf diese Weise konnte er mehrfach Briefe an Virginia übergeben, in denen er von seinen Erlebnissen erzählte.

An mühelosen Tagen schubste ein freundlicher Wind die *Tinkerbelle* bis zu fünfzig Seemeilen in die richtige Richtung, Manry lag dann auf seinem handtuchgroßen Sonnendeck und las. *Vom Winde verweht* beispielsweise. Wie die meisten Einhandsegler segelte er nachts und schlief bei Tag, weil tagsüber die Gefahr geringer ist, von einem größeren Schiff übersehen zu werden. Einmal riss ihn Höllengetöse aus dem Schlaf, panisch stürzte er ins Freie, bereit, sich mit einem Sprung ins Wasser zu retten, bevor ein Schiff ihn unterpflügte. Er erstarrte in der Bewegung. Wenige Meter neben der *Tinkerbelle* schaukelte gemütlich ein gewaltiges U-Boot, von oben sahen Männer amüsiert auf ihn herab. Der Kapitän hatte auf dem Winzling niemanden entdecken können und darum die Schiffssirene betätigt.

Bald stürmte es wieder, und Manry seufzte: »Ich wünschte, das Wetter würde sich benehmen.« Eine lustige Seefahrt, möchte man meinen, sieht anders aus. Aber haderte er damit, es nicht beim Träumen belassen zu haben? Keineswegs. Die Mitte zwischen dem amerikanischen und dem britischen Falmouth feierte er mit einem Plumpudding. Er war erleichtert, aber auch traurig. Bald war das große Vorhaben vollbracht, der Traum erfüllt. »Das bedeutete, dass die Reise jetzt im mittleren Alter war, sie schritt immer weiter fort in Richtung hohes Alter, und dann kam – der Tod.«

Nach etwa siebzig Tagen auf See schenkte ihm ein belgischer Tanker Obst, Bier und ein ofenfrisches Brathähnchen mit Kroketten. Er war selig, denn er hatte sich sehr nach etwas Frischem gesehnt. Der Kapitän behauptete, man suche mit Flugzeugen nach ihm, und gab die Position an die britische Küstenwache weiter. Manry war verwirrt.

Wenig später tauchte ein Flugzeug der Royal Air Force auf, der Pilot warf zwei Kanister ab. Darin waren Orangen, Bananen, Äpfel und die Nachricht: »Willkommen in britischen Gewässern. Sie machen Schlagzeilen!« Manrys Verwirrung wurde zu Beunruhigung, als er abends im US-Sender *Voice of America* eine Sendung hörte, die ausführlich über ihn und die *Tinkerbelle* berichtete.

Ab da ging es wirklich zu wie auf dem Times Square. Wenig später steuerte ein Fischkutter auf ihn zu. Jemand an Deck filmte mit einer großen Kamera, daneben lächelte ein Mann, der Manry bekannt vorkam – woher, wollte ihm auf dem Atlantik nicht gleich einfallen. Es handelte sich um einen der bekanntesten Fernsehjournalisten der USA, der samt Kameramann eingeflogen war und ein Boot gechartert hatte, um Manry zu interviewen.

Der fand das eigenartigerweise nicht so eigenartig, wie es war. Vielleicht lag es daran, dass er danach hungerte, mit jemandem zu reden. Während des Gesprächs, das erstaunliche dreieinhalb Stunden dauerte, fand der Fernsehmann allerdings nicht die Zeit, zu erwähnen, dass er Manry auf offener See abgefangen hatte, weil Falmouth vor Presseleuten wimmelte, die ihn erwarteten. Er verlor auch kein Wort darüber, dass Manrys Arbeitgeber – mit einiger Verspätung – in die »Manry-Story« eingestiegen war. Der *Cleveland Plain Dealer* hatte über die Heldentaten ihres flugs wieder eingestellten Mitarbeiters berichtet und alle Briefe gedruckt, die Virginia von ihrem Mann erhalten hatte. Während Robert Manry still auf dem Atlantik vor sich hin segelte, war er auf beiden Seiten des Atlantiks ein berühmter Mann geworden.

Ein weiteres Militärflugzeug warf einen Kanister ab. Der enthielt einen Brief von Virginia. Der *Cleveland Plain Dealer* hatte sie und die Kinder einfliegen lassen, es waren auch drei ehemalige Kollegen vor Ort. Sie schickten ihm ein T-Shirt und eine Baseballkappe mit dem *Plain Dealer*-Logo und forderten ihn auf, die Sachen beim Einlaufen in Falmouth zu tragen. Manry war empört. »Ich weigere mich, meine Überfahrt zu einer billigen PD-Werbung zu machen. Es ist nett, dass sie meine Familie hergebracht haben, aber das gibt ihnen nicht das Recht, aus mir ein PD-Plakat zu machen.«

Kurz vor Falmouth geriet er in eine starke Strömung, die ihn tagelang abtrieb, an Land befürchtete man das Schlimmste. Irgendwann kam ein Schiff auf ihn zu, er sah Virginia. In diesem Moment war Manry ein so wunschlos glücklicher Mann, dass es selbst Zyniker rührt.

Gleichzeitig mit Virginia kamen weitere Boote mit weiteren Journalisten. Manry hatte sich mit wenig Tamtam seinen Traum erfüllen wollen. Als er begriff, wie viel Tamtam ihn in Falmouth erwartete, dachte er kurz daran, einen anderen Hafen anzulaufen, um dem zu entgehen. Wer nach so vielen Wochen völliger Abgeschiedenheit unter Menschen zurückkehrt, mag sich nach ihnen sehnen, aber er fürchtet sie auch. Als der Einhandsegler Wilfried Erdmann 1968 nach seiner ersten Nonstop-Weltumrundung nach Hause kam, hielt er in der letzten Minute noch einmal inne: »Für wenige Augenblicke sauge ich meine 271-Tage-Welt noch mal ein. Noch gehört sie mir: Unangetastet. Unverdorben.« 1970 verzichtete Bernard Moitessier auf einen sensationellen Regattasieg, um seine euphorischen Erlebnisse von niemandem antasten und verderben zu lassen und um dem – allerdings noch viel größeren – Rummel zu entgehen (siehe Kapitel 9).

Manry wollte niemanden enttäuschen, und er war, anders als Moitessier, überhaupt keine Einsiedlernatur. So kam er am 17. August 1965 nach Falmouth. Die Schiffssirenen heulten, der Bürgermeister stand in Talar und Amtskette am Kai, eine Kapelle spielte die amerikanische Nationalhymne, eine Royal-Air-Force-Maschine flog mit wippenden Flügeln über den Hafen. Diese wunderbaren, wunderbar meeresverrückten Engländer! Oder können Sie sich vorstellen, dass die deutsche Luftwaffe jemals eine Maschine abgestellt hätte, um einen amerikanischen Niemand zu ehren?

50.000 Menschen und 300 Boote sollen ihn empfangen haben. Wer weiß, ob das stimmt, Bilder zeigen jedenfalls einen Hafen, der schwarz ist von Menschen und so vielen Booten, dass Manrys Nussschälchen nicht auszumachen ist. Als er unter den Augen all dieser Menschen und der *BBC*-Kameras nach 78 Tagen seine *Tinkerbelle* verließ, verlor er fast das Gleichgewicht. Nachdem er sich gefangen hatte, kniete er nieder und küsste dankbar die Steine des Kais. Sie sehen: das volle Programm.

»Es gab Momente, in denen ich Angst hatte, Momente tiefer Einsamkeit und Momente der Niedergeschlagenheit, alles in allem aber war diese Überfahrt ein grandioses, großartiges, glückliches Abenteuer.« So endet Manrys Logbuch, aber es ist nicht das Ende seiner Geschichte.

Die *Tinkerbelle* war zu diesem Zeitpunkt das kleinste Boot, das jemals den Atlantik überquert hatte, da absolvierten auch die Medien das volle Programm. Der englische *Daily Mirror* feierte, seine Atlantiküberquerung sei »eines der größten Ereignisse aller Zeiten auf See«, Manry sei »in die Geschichte eingegangen«. Für William Longyard, den gewissenhaften Chronisten der Kleinbootsegler, ist Manry »ohne Zweifel der einflussreichste Kleinbootsegler nach Alfred ›Centennial‹ Johnson«.[*] Manry blieb nüchtern und sagte, er gehöre vermutlich auf die Couch eines Psychoanalytikers, und auch Ehefrau Virginia hob nicht ab: »Bob hoffte auch, seinen Speck loszuwerden.«

---

[*]Alfred »Centennial« Johnson machte 1876 die erste bekannte Einhandüberquerung des Atlantiks in einem Segelboot. 1846 in Dänemark geboren, war er in die USA emigriert und arbeitete als Fischer in Massachusetts. Sein Boot war ein 6,10 Meter großes Ruderboot, das er zu einem Segelboot umgebaut hatte. Der Beiname »Centennial« verdankt sich dem Umstand, dass er mit dieser besonderen Tat das einhundertjährige Bestehen der Vereinigten Staaten von Amerika feiern wollte. Nach der Reise sagte er, nichts auf der Welt, nicht einmal eine Million Dollar, könnten ihn dazu bringen, das zu wiederholen. Mit 81 Jahren antwortete er auf die Frage nach dem Warum: »Das haben mich viele gefragt, und ich habe immer versucht, ehrlich zu antworten. Ich habe diese Fahrt gemacht, weil ich ein verdammter Idiot war, genau wie sie es immer gesagt haben.« Er starb 1927.

Manry hatte sich ein Beispiel an seinen Vorgängern genommen, nun spornte sein Erfolg andere an, mit so wenig Aufhebens wie möglich zu tun, was sie schon lange tun wollten. Manch einer aber sah, was er getan hatte, wie er dafür gefeiert wurde, und dachte: Das kann ich auch. Das will ich auch.

Einer von ihnen war David Johnstone, der glaubte, über den Atlantik rudern zu müssen, und dabei umkam (siehe Kapitel 4). Ein anderer war der Amerikaner Hugo S. Vihlen. Er bewunderte den Japaner Kenichi Horie, der 1962 in einem 5,80 Meter langen Boot einhand von Japan nach San Francisco gesegelt war, nun erlebte er die Aufregung um Manry und sein 4-Meter-Boot. Vihlen wollte allerdings nicht nur, wie Manry und viele andere Ozeanüberquerer, drüben ankommen. Er wollte etwas – irgendetwas – tun, was seinen Namen in die Annalen der Seefahrtsgeschichte einschrieb.

Wie viele dieser maritimen Extremisten entsprach Vihlen überhaupt nicht dem stereotypen Bild eines Einzelgängers oder Sonderlings. Er war ein gut bezahlter Flugzeugpilot mit einem sehr bürgerlichen Leben. Doch er verzehrte sich nach dem Ruhm eines Atlantikrekordhalters und war, anders als die meisten, die Ähnliches träumen, gewillt, dafür nahezu alles aufzugeben, seine Familie ausgenommen. Dank seines Pilotengehalts musste er sein Schiff nicht in der Garage zusammennageln, sondern konnte mit professioneller Hilfe aus Spezialschaum, Bootsbausperrholz und Fiberglas eine Art Segelboot bauen. Eine »Art Segelboot«, denn während die *Tinkerbelle* ein »echtes«, etwas modifiziertes Boot war, das einen Rekord ersegelt hatte, war Vihlens Boot eine geschlossene Kapsel, die allein zum Zwecke eines Rekords entworfen und gebaut worden war.

Den wollte er nicht nur erringen, sondern offenbar lange behalten, denn das selbstironisch *April Fool* (Aprilscherz) getaufte Boot war mit 1,80 Metern nicht einmal halb so lang wie die *Tinkerbelle*: »Stellen Sie sich einfach vor«, meinte er, »Sie überqueren den Atlantik in Ihrer Badewanne mit einem Mast und einem 3-PS-Außenbordmotor.« Auf Fotos sticht das Missverhältnis zwischen Mann und Untersatz eklatant, ja absurd ins Auge. Es scheint nur eine Erklärung zu geben: Da probiert einer das Spielzeug seiner Kinder aus, und wenn er nicht aufpasst, säuft er fünf Meter vom Ufer entfernt ab.

Doch das war weder ein Scherz noch ein Kinderspielzeug. 1967 flog Vihlen – damals 35 Jahre alt – mit *April Fool* nach Marokko, um über die südliche Ost-West-Route nach Miami zu segeln (wo er wohnte). Die Route folgt den Passatwinden und gilt, zumindest im Vergleich zum ruppigen Nordatlantik, als verhältnismäßig »einfach«. Aber die *April Fool* war eine Fehlkonstruktion. Sie ließ sich weder vernünftig segeln noch auf Kurs halten, sie kam nicht gegen die Küstenwinde an und legte in vier Tagen 34 Meilen (gut sechzig Kilometer) zurück, was lachhaft wenig ist. Nach sieben Tagen gab Vihlen auf.

Ein Jahr später war er wieder da. Dieses Mal hatte er die Wind- und Strömungsverhältnisse vor Afrikas Küste studiert und der *April Fool* eben auch jenen 3-PS-Außenbordmotor spendiert. Ein auffallender Posten in seiner Proviantliste waren Unmengen der Armeeverpflegung »MRE«. Diese »*meals, ready to eat*« sind winzig zusammengepackte »verzehrfertige Mahlzeiten«, die Soldaten als Notverpflegung mitführen (bei der Bundeswehr heißen sie »EPa«: »Einmannpackung«). Ihr Inhalt soll essbar sein, genießbar ist er sicher nicht. Für den kulinarischen Genuss hatte Vihlen mehrere Kilo Smarties dabei.

Weil er im Vorjahr die marokkanische Hafenbehörde ziemlich anstrengend gefunden hatte, tuckerte er heimlich los. Er erreichte in 16 Tagen die Kanarischen Inseln, in weiteren 29 Tagen Miami. Als er am 21. Juni 1968 in Florida ankam, hatte er knapp drei Monate allein in seiner überdachten Badewanne zugebracht und 4.480 Seemeilen zurückgelegt. Das Abenteuer hatte ihn finanziell, körperlich und emotional nahezu ruiniert, aber er hatte endlich seinen Rekord, und irgendwie berühmt war er auch. Präsident Lyndon B. Johnson gratulierte ihm, und ein Fan hatte die charmante Idee, einen Killerwal nach ihm zu benennen. Sein Arbeitgeber *Delta Airlines* hatte ihm wegen Überziehung des Urlaubs gekündigt, die Kündigung aber blitzschnell zurückgezogen, als den Managern aufging, dass sie gerade einen nationalen Helden gefeuert hatten.

Am 2. Mai 1968, also im selben Jahr und fast am selben Tag, war William Willis in die entgegengesetzte Richtung aufgebrochen. Willis balgte sich nicht um Rekorde, ihm ging es um die spirituelle Dimension des Meeres.

TÖRN

William Willis hatte als 15-Jähriger mit einem Viermaster Kap Hoorn umrundet und danach ein eher durchschnittliches, das heißt knochenhartes, Seemannsleben geführt. Erst im Rentenalter wurde er zum wilden Abenteurer der Meere – und er wurde sehr wild. 1954 segelte er mit 61 Jahren – allein! – auf dem Floß *Seven Little Sisters* in vier Monaten von Peru nach Samoa über den Pazifik. Die »sieben kleinen Schwestern« waren die sieben Balsaholzstämme seines Floßes, die übrigens aus demselben Balsawald in Ecuador kamen, wo Thor Heyerdahl 1947 die Stämme für sein legendäres Floß *Kon-Tiki* geschlagen hatte. Willis legte in 115 Tagen 12.400 Kilometer zurück, etwa 4400 Kilometer mehr, als die sechsköpfige *Kon-Tiki*-Besatzung bewältigt hatte.

Ganz allein war Willis indes nicht gewesen, er reiste mit einem Papagei und einer Katze, die vom ersten Moment an scharf auf den Vogel war, den Willis aber nicht als Katzenfutter mitgenommen hatte. Diese Begleitung versprach Abwechslung und bestätigt, was man von dem Seemann auch sonst hört: Er wählte gern den Weg des größten Widerstands. Der Papagei war eines Tages verschwunden, nach Indizienlage war nicht zu entscheiden, ob das Meer oder die Katze ihn geholt hatte.

Zehn Jahre später segelte der inzwischen 71-Jährige mit einem neuen Floß von Peru nach Australien. Das waren 11.000 Meilen in 204 Tagen, danach war er mit Flößen und Pazifik durch, er wandte sich Segelbooten und dem Atlantik zu. Der erste Überquerungsversuch in einem 3,35 Meter langen Boot namens *Little One* scheiterte, weil der Mast Willis' Gewicht nicht tragen konnte. Willis litt nämlich seit geraumer Zeit an Leistenbrüchen. Wenn die ihn bei den Pazifiküberquerungen heimsuchten, musste er, wenn er nicht verrecken wollte, das Problem irgendwie allein in den Griff bekommen. Er zurrte sich ein Tau um die Füße, zog sich selbst am Mast hoch und blieb kopfüber so lange hängen, bis sich seine Eingeweide auf befriedigende Weise neu sortiert hatten. Wie es sich für einen Exzentriker gehört, ging er deswegen nie zum Arzt. Als er diese Kur Jahre später am Mast der *Little One* versuchte, wäre der fast abgeknickt. Willis musste sich retten lassen. Gut, dass gerade ein Schiff vorbeikam …

Der zweite Versuch endete damit, dass ein russisches Schiff das Bötchen mit einem leblosen Willis fand und an Bord holte. Willis war aber weder bewusstlos noch gar tot, er praktizierte Yoga und fiel gelegentlich in so tiefe Trancen, dass er bis zu zwei Tagen kataleptisch wurde. Dass er damit auf dem offenen Meer länger als ein paar Tage überlebt haben soll, verblüfft.

Mast hin, Trance her, Willis war ein harter Knochen, also brach er 1968 – inzwischen 75 Jahre alt – ein drittes Mal auf. Von dieser Reise kehrte er nicht zurück. Die *Little One* wurde 400 Meilen vor der irischen Küste gefunden, Ruder und Mast waren zerbrochen, von Willis fehlte jede Spur. Sein Logbuch war noch an Bord, der letzte Eintrag trug das Datum 17. Juli 1968. An diesem 17. Juli wurde in London der Beatles-Film *Yellow Submarine* uraufgeführt.

Der Durchschnittsmann Manry, der Rekordjäger Vihlen, der Exzentriker Willis. Der Vierte im Bund der Kleinsegler ist der exzentrische, rekordbesessene Durchschnittsmann Tom McNally.* Er war und ist Minibooten ebenso verfallen wie Vihlen. Beide kämpfen seit Jahren darum, wer von ihnen im aller-, aller-, allerkleinsten Boot den Atlantik überquert.

Der in Liverpool geborene McNally stammt aus einer Arbeiterfamilie und war Lehrer, bis der Ruf des Meeres zu stark wurde. Sein erstes Boot, für das er als junger Mann sein letztes Geld zusammenkratzte, war 5,50 Meter lang. Ohne die geringste Segelerfahrung brach er damit zu den Westindischen Inseln auf und kam im brasilianischen Recife an. Man kann sagen, dass er auf dieser Reise viel gelernt hatte.

Nach weiteren Atlantiküberquerungen konnte er ziemlich gut segeln und navigieren, 1983 hatte er seine »Spezialität« entdeckt: Kleinstboote. Er war mit der 2,07 Meter langen BIG C (»big sea« bedeutet weites oder auch bewegtes Meer) zwei Monate unterwegs, als bei hohen Wellen und Windgeschwindigkeiten von 35 Knoten ein russischer Trawler längsseits ging. Die Mannschaft wollte wohl sichergehen, dass mit diesem komischen Ding alles in Ordnung war, vielleicht wollte sie es sich auch nur aus der Nähe ansehen. Binnen Sekunden wurde die BIG C unter das steile Heck des Trawlers und in Richtung der riesigen Propeller gedrückt, die dann prompt ihren Rumpf aufschlitzten. Die Russen warfen McNally Taue zu, die er, in der aufgewühlten See tauchend, um sein Boot legte.

Dann schwang der Kran des Schiffs außenbords und hievte die BIG C aus dem Ozean. Beim ersten Ruck glitt McNally ins Wasser, er war aber zum Glück mit einer Rettungsleine am Mast der BIG C befestigt. Der Trawler stampfte in sieben bis acht Meter hohen Wellen, McNallys Leben hing an einem dicken Tau. Er pendelte in 5-Meter-Kreisen unter seinem Bötchen und drohte an den Rumpf des Trawlers zu knallen. Als er schließlich unterkühlt und mit gebrochenen Rippen an Deck war, wollte er umgehend die BIG C reparieren und weiterfahren. Es zeichnet sich ab, warum seine Freunde ihn »indestructible« nennen.

McNally bewunderte Hugo Vihlen, irgendwann kippte die Bewunderung in Konkurrenz. Er wollte ihn unterbieten. Man mag sich fragen, wie er sich das vorstellte; die April Fool war mit 1,82 Metern exakt so kurz, wie McNally lang war.

Um 1990 begann er, ein 1,64 Meter langes Boot zu bauen. Es war aus nachvollziehbaren Gründen höher, als es lang war, irgendwo musste McNally sich unterbringen, auch wenn das bedeutete, den monatelangen Törn halb stehend zu absolvieren. Das Schicksal hatte Tom McNally allerdings mehr als

---

* Das Folgende basiert auf Bill Butlers und Hugo Vihlens Erzählungen, beide Freunde von McNally. Der Amerikaner Bill Butler weiß viel über die grausamen Seiten des Meeres. Er und seine Frau segelten 1989 im Pazifik, als ein Wal ihr Boot leckschlug. Nach 66 Tagen auf einer vier Quadratmeter großen aufblasbaren Rettungsinsel wurden sie von einem Fischerboot gerettet.

Hugo Vihlen und sein Miniboot *April Fool* machen auf
dem Atlantik Bekanntschaft mit einem U-Boot.

seinen gerechten Anteil an Widrigkeiten zugeteilt: 1992 fehlte nur noch der Kiel, als das Haus abbrannte, in dem das Boot stand.

»Der Unzerstörbare« hatte nie Geld, aber viele gute Ideen. Für ein neues Boot umgab er einen Sperrmüllschrank mit Schaum, formte sein Boot und härtete den Schaum mit Fiberglas. Dann kratzte er den Schaum zwischen Überzug und Schrank heraus und nutzte den entstandenen Hohlraum als Stauraum. Als Bullauge setzte er die Glastür einer großen Waschmaschine ein. Der Name dieses Boots bestand aus den Vornamen seiner Eltern: *Vera Hugh*.

Zur gleichen Zeit plante auch Vihlen eine neue Reise. 61 Jahre alt und im Ruhestand, blätterte er für ein winziges Boot 60.000 Dollar aus eigener Tasche hin. Er wollte seinen persönlichen Rekord unterbieten und für alle Zeiten sichern. »Meine Atlantiküberquerungen hatten wenig mit einem Wunsch nach einem neuen Segelrekord zu tun. Es ging immer nur um den Traum eines Weltrekords.« Es ist völlig unerklärlich, wie ihm hatte entgehen können, dass er seinen Rekord schon 1983 an Eric Peters verloren hatte. Eric Peters, über den sonst nichts bekannt ist, hatte Vihlen mit einem Boot geschlagen, das etwa einen Zentimeter kürzer war als die *April Fool*.

Vihlens Neue maß 1,67 Meter und war knallrot, damit andere Schiffe leichter auf sie aufmerksam wurden. Der Gedanke hat etwas Rührendes, denn das Plastikschüsselchen war so klein, dass es von keinem Radar erfasst werden konnte. Vihlen nannte sie *Father's Day*, weil man »am Vatertag machen darf, was man will, da macht man sein eigenes Ding. Das war mein Ding, und an Bord von ›Father's Day‹ konnte ich es tun.«

Was immer er dort zu tun gedachte, es würde klein ausfallen müssen. Seine »Kajüte« war 1,50 Meter lang und 80 Zentimeter breit, an der höchsten Stelle maß sie 70 Zentimeter – dorthinein musste nicht nur Vihlen mit seinen 1,74 Metern und 80 Kilo passen, sondern auch alles, was er und das Boot brauchten. Wie er das schaffte, bleibt nicht nur all jenen ein Rätsel, die für eine dreitägige Städtetour zwei Koffer packen. Obendrein besaß er mehr Ausrüstung als 1968. Damals hatte er einen Sextanten zum Navigieren und ein Funkgerät, *Father's Day* verfügte nicht nur über GPS und einen Notrufsender, sondern auch über einen UKW-Sender und ein Amateurfunkgerät. Es waren sogar Solarpaneele für die Wasserentsalzung installiert. Die hätte er sich übrigens sparen können, die Sonne schien zu selten.

Dieses Mal wählte er nämlich die Nordatlantikroute in West-Ost-Richtung. Sie ist viel kürzer als die Südatlantikroute von den Kanarischen Inseln in die Karibik, aber sie ist auch kälter, stürmischer, unberechenbarer, kurz: härter. Der Nordatlantik schenkt keinem etwas. Bei dieser Entscheidung fragt man sich, ob Vihlen lieber ein toter Held als ein lebender Feigling sein wollte, lieber beweint als ausgelacht.

Die Beamten der US-Küstenwache verboten ihm kategorisch, mit diesem Scherzartikel auszulaufen, der für eine Transatlantikfahrt »ganz offenkundig nicht sicher genug« war. Er versuchte mehrfach, heimlich auszulaufen, sie holten ihn jedes Mal zurück. Also fuhr er ins kanadische St. John's. Die dortige Küstenwache war verständnisvoller, vielleicht auch nur weniger aufmerksam.

Als er nach einigen Erledigungen zur *Father's Day* zurückkam, sprach ihn ein bärtiger Mann an. Wofür das »S« stehe? Das »S«? Vihlen verstand nicht. Nun, das »S« in »Hugo S. Vihlen«. »Sigfried«, antwortete er misstrauisch. Woher kannte dieser Fremde ihn? Wer war das? Es war Tom McNally.

Das war einer dieser bizarren Zufälle, über die man in einem Roman den Kopf schüttelt: Ohne voneinander zu wissen, waren die Konkurrenten am selben Tag am selben Hafen, um das Gleiche zu tun. Als McNally die *Father's Day* sah, hatte er sofort begriffen, was das war. Vergnügt zeigte er dem Amerikaner, was er mitgebracht hatte. Wenige Hundert Meter entfernt lag die *Vera Hugh*, und das Boot war, wie Vihlen entsetzt konstatierte, »ganze anderthalb Inch kürzer als meins«. Hugo und Tom wurden schnell enge Freunde, aber was ihre Boote anging, blieben sie die härtesten Konkurrenten.

Vihlen rechnete sich dennoch Chancen aus, weil er das bessere Boot, die bessere Ausrüstung, die bessere Verpflegung hatte. Beide liefen aus, beide mussten umkehren, weil Ostwind sie an die Küste zurückdrückte. Vihlen fuhr heim, um die Sache grundsätzlich neu anzugehen, McNally entschied sich für die Ost-West-Passatroute ab Portugal. Er verschiffte die *Vera Hugh* nach Lissabon. Als er dort ankam und aus dem Bus stieg, sah er jenseits einer achtspurigen Schnellstraße und einiger Eisenbahngleise das Hafenbecken. Vor dem Überqueren der Fahrbahn blickte er als Engländer nicht nach links, sondern nach rechts und wurde von einem Lastwagen angefahren. Der Fahrer überzeugte sich kurz, dass der blutende Verletzte noch lebte, und fuhr davon.

Sobald er wieder auf den Beinen war, reiste McNally ins südportugiesische Sagres, wo er das Boot belud, als zwei Männer auf den Anlegesteg spazierten. Die *Vera Hugh* und der *crazy sailor* hatten es zu lokaler Berühmtheit gebracht, jeder war neugierig auf das Bötchen und den Durchgeknallten, der damit aufs Meer wollte. Als McNally nicht hinsah, kletterte einer der Männer durch die Luke ins Boot. Der andere sprang auf das Boot, umklammerte den Mast und stimmte ein portugiesisches Lied an. Die *Vera Hugh* kippte, binnen Sekunden lief Wasser in den Innenraum, sie begann zu sinken. Der unerbetene Besucher war in der Kajüte gefangen. Der herzensgute McNally sah ihm nicht mit Genugtuung beim Ertrinken zu, sondern sprang ins Wasser und rettete ihn. Das Boot landete auf dem Boden des Hafenbeckens, die komplette elektrische Ausrüstung und alle Vorräte waren durch Salzwasser ruiniert. Auch das richtete er wieder.

Inzwischen war Dezember 1992, McNally wollte vor Jahresende lossegeln, um an Kolumbus' Atlantiküberquerung im Jahr 1492 zu erinnern. Aber die Gegend wurde von ungewöhnlich schweren Stürmen heimgesucht, überdies verlangte die portugiesische Guardia Fiscal eine Besitzurkunde, die in England für Boote dieser Größe gar nicht ausgestellt wurde. Im Grunde war das mit der Urkunde aber egal, die Hafenbehörden wollten ihn mit diesem dubiosen Gefährt nicht auslaufen lassen.

Am 27. Dezember drehte der Wind auf Ost. McNally hievte zwei Säcke auf den Anlegesteg und bat den Polizisten, der sein Boot bewachte, auf diese wichtigen Gegenstände aufzupassen. Er müsse eine kurze Probefahrt machen. Der Polizist ließ ihn ziehen, sah die *Vera Hugh* am Horizont verschwinden und wartete natürlich vergebens auf ihre Rückkehr. In dem Sack waren Steine.

Zwei Tage später rammte eine Fähre (ohne es zu merken) das Miniboot und schlug es leck. Die folgenden zwei Wochen musste McNally Wasser aus dem Boot schöpfen, und wegen heftigster Stürme endete diese Fahrt nicht wie geplant auf den Kanarischen Inseln, sondern auf Madeira. Er erreichte die Insel am 2. Februar 1993. Lebend, was keineswegs selbstverständlich war.

Wieder flickte er sein Boot, wieder segelte er los. Nach 113 Tagen auf See erreichte er halb tot und kurz vor einem Nierenversagen endlich Puerto Rico. Er hatte Hugo Vihlen besiegt.

Als die *Vera Hugh* in der San Juan Bay Marina aus dem Wasser gehoben wurde, stand der Amerikaner Bill Butler neben McNally. »Tom betrachtete sie liebevoll, dann sagte er zu mir: ›Weißt du, eigentlich könnte ich sie zwanzig Zentimeter kürzer machen …‹« Kein Wunder, dass er in seiner Heimatstadt Liverpool *the crazy sailor* genannt wird!

Aber der nächste Verrückte, der an seinem Boot herumhobelte, war natürlich Hugo Vihlen. Nach dem Schock von St. John's grimmig nach Florida zurückgekehrt, machte er *Father's Day* einen halben Inch – 1,27 Zentimeter! – kürzer als McNallys *Vera Hugh*. Am 14. Juni 1993 segelte er *mit* und *in* diesen ein Meter zweiundsechzigeinhalb los. Der Wind war von Anfang an schärfer und die See rauer als erwartet, er war in einem Hightech-Zylinder von der Größe eines Schrankkoffers eingesperrt. Wenn er bei schlechtem Wetter die Luke schließen musste, wurde die Luft knapp, und er drohte sich selbst zu vergiften. Öffnete er sie, schwappte eiskaltes Wasser hinein, das gab dem Wort »Nasszelle« einen neuen Sinn. Am 12. Tag – erst am 12. Tag! – bedrängten ihn Klaustrophobieanfälle.

Er stand permanent unter Anspannung. Bei heftigem Seegang tropfte ihm Wasser auf den Kopf, er torkelte in seiner Kiste »wie in einer Waschmaschinentrommel beim Schleudergang«, bekam Blutergüsse, Abschürfungen, blaue Flecke. Es war immer kalt, die Finger waren klamm, er fror trotz vieler Kleiderschichten; einmal bemerkte er, er habe »zu viel Kleidung zum Wechseln« dabei, verrät aber nicht, wo sie verstaut war. Bei Neufundland, wo die See von Fischereifahrzeugen damals noch stärker befahren war, wäre er fast in einem Schleppnetz gelandet. Er hatte Angst vor Treibgut, Angst, von Walen gerammt oder in die Luft gewirbelt zu werden. Die bizarre Gefahr, mit einem auftauchenden U-Boot zu kollidieren, scheint ihm ebenso wenig in den Sinn gekommen zu sein wie der Horror, den der Russe Jewgeni Gwosdjow (siehe Kapitel 10) erlebte: Ein Wal tauchte unter sein sehr kleines Segelboot, nahm es auf den Rücken und hob es hoch. Einen Moment lang standen Gwosdjow und das Boot mitten im Ozean auf dem Trocknen, dann glitt der Wal sachte davon.

Wenn es das Wetter erlaubte, erledigte Vihlen seine Toilettengänge angeleint über Bord hockend; war es zu stürmisch, musste ein Plastikkrug herhalten, der rasch durch die Luke geleert wurde. Wenn er sich aus dieser Luke herauslehnte, um beispielsweise etwas am Segel zu richten, und in diesem Moment von einer Welle überrascht wurde, steckte er hüfthoch im Ozean. Nur sein eigener Körper hinderte das Wasser daran, den Innenraum zu überfluten und das Boot zu versenken.

Aus Platz- und Sicherheitsgründen konnte er nichts kochen, die »MRE«-Mahlzeiten waren allerdings seit seiner letzten Ozeanüberquerung von den Chemikern der US-Armee weiterentwickelt worden und besaßen jetzt einen raffinierten eingebauten Aufwärmmechanismus. Der aber war bei Sturm nicht praktikabel, und Vihlen war oft zu hungrig, um die nötigen zehn oder fünfzehn Minuten abzuwarten.[*] Er kam langsamer als geplant voran, darum musste er ab dem 41. Tag die Rationen halbieren. Einsamkeit und Schlafmangel machten ihm viel mehr zu schaffen als 25 Jahre davor. Er war alles andere als ein naiver Anfänger, schließlich hatte er schon eine extreme Überquerung hinter sich, doch die Härten dieser Reise übertrafen seine schlimmsten Befürchtungen. Er sprach von seinem »schwimmenden Gefängnis«.

Auch der Weltumsegler Robin Knox-Johnston (siehe Kapitel 8) verglich sein Leben an Bord mit dem Leben der Gefangenen von Dartmoor, dem berüch-

---

[*] Eine weitere revolutionäre Neuerung war, dass die Soldaten (oder eben Vihlen) ihr »Huhn mit Reis«-Mittagessen im Falle von Wassermangel notfalls mit Urin zubereiten konnten.

tigten englischen Gefängnis. »Ich frage mich, wie sich die Kriminalitätsrate entwickeln würde, wenn die Verbrecher verurteilt würden, allein um die Welt zu segeln, statt ins Gefängnis zu gehen. Es sind zehn Monate Einzelhaft bei harter Zwangsarbeit…« In der Zeitschrift *mare* spöttelte ein Kolumnist, ein Schiff sei ein Gefängnis mit Mauern aus Wasser und skandalös wenig Platz für den Hofgang.

In Vihlens Fall handelte es sich ebenfalls um Einzelhaft, aber der Hofgang war gestrichen. Zudem wusste er nichts Genaues über die Dauer der Haft, ganz zu schweigen davon, ob er lebend entlassen werden würde. Es bewahrheitete sich die Erkenntnis, dass Abenteuer selten Spaß machen, während sie passieren.

Viele Einhandsegler sehnen sich danach, einmal etwas anderes zu sehen als Himmel und Meer, deren Eintönigkeit durch andere Formen und Farben zu durchbrechen. Vorbeitreibendes, sogar Banales wie eine Glühbirne oder eine leere Flasche, wird interessiert begutachtet und kommentiert; viel ergiebiger als Phantasiefutter ist allerdings ein rosa Seidenpantöffelchen mit Pompon, das der Argentinier Vito Dumas auf dem Pazifik schwimmen sah.

Alle diese Seeleute haben Begegnungen mit anderen Lebewesen oder hätten sie gern. Sie freuen sich über die Gesellschaft von Seevögeln und Fischen. Besonders schön ist es, wenn ein Fisch – das kann auch ein Hai sein – das Boot tage- oder wochenlang begleitet. Sie geben diesem besonderen Tier einen Namen und trauern, wenn es verschwindet. Sie unterhalten durchaus herzliche Beziehungen zu Spinnen oder Ratten, die unvermutet an Bord auftauchen. Vihlens komisch anmutender Seufzer »So, wie es jetzt läuft, wäre mir die Gesellschaft einer netten Kakerlake sehr recht« liegt also völlig im Normbereich.

Aber es gab nichts als das Meer, den Wind, das Boot, manchmal war ihm, als werde es nie mehr etwas anderes geben. Er sehnte sich unerträglich stark nach seiner Frau und dachte oft an den Tod. »Ich habe da draußen auf dem Meer viel mehr geweint als gelacht.« Worüber er lachte, verriet er nicht. Dieser Satz wirft natürlich Fragen auf: Lacht ein Einhandsegler? Worüber?

Sein Überlebenswille war stärker als die Mutlosigkeit, und er erlebte immer wieder tiefe Glücksmomente, in denen er sich frei, wagemutig, ganz und gar außergewöhnlich fühlte, in denen er es als Privileg empfand, etwas so Einzigartiges erleben zu dürfen, mit Ozean und Himmel allein zu sein. Trotz aller Härten befiel ihn einhundert Meilen vor Falmouth Traurigkeit. Wichtiger, als das Glück zu finden, meint der Psychologe und Kommunikationsforscher Paul Watzlawick, ist es, das Glück zu suchen. »Wir brauchen es als Ziel vor uns. Am Glück anzukommen ist immer etwas problematisch.« So ist es auch mit der Ankunft im Zielhafen als Ende eines Traums vom maritimen Glück.

Darin liegt eine Endgültigkeit, die viele Langzeitsegler kurz vor dem Abschluss ihrer Fahrt schwermütig werden lässt.

Als Pilot war Vihlen in wenigen Stunden *über* den Atlantik geflogen, *auf* dem Atlantik benötigte er mit der *Father's Day* 105 Tage – 2.520 Stunden. Er hatte am 6. August im südenglischen Falmouth ankommen wollen, am 25. September sichtete er Europas Westspitze Bishop Rock, 98 Seemeilen von Falmouth entfernt. Danach hatte er sich gesehnt, und doch graute es ihm plötzlich auch vor dem Trubel, den vielen Leuten, dem Lärm: »Ich musste McNally finden. Er war der Einzige, der wirklich ermessen konnte, was ich durchgemacht hatte. Bei ihm würde ich mich zu Hause fühlen. Vermutlich nur dort.«

Zu Tode erschöpft, ließ er sich die letzten Meilen von einem Fischtrawler mitnehmen, aber als Falmouth in Sicht kam, kehrte er in sein Boot zurück. Die letzte Meile in den Hafen wollte er allein zurücklegen: »Ich hatte zu viel geopfert, um mir auch nur ein einziges Detail der triumphalen Ankunft zu versagen.«

An Land fühlte er sich mit seinen Erlebnissen auf See isoliert und einsam. Wie gut, dass gleich am ersten Tag Tom McNally zum Abendessen kam.

Die Atlantiküberquerung im kleinsten Boot. Im *Guinness-Buch der Rekorde* steht an dieser Stelle wieder Hugo Vihlens Name, dieser Rekord gehört ihm. Das war ihm alle Opfer wert. Übrigens wurden bisher auch seine 84 Tage von Casablanca nach Florida noch nicht unterboten, er hält mit *April Fool* damit außerdem den »Rekord der schnellsten Atlantiküberquerung in einem Boot unter drei Meter Länge«.

Auch die drei Monate in *Father's Day* hatten ihn wieder »körperlich und seelisch fast zerstört«, er war knapp dem Tod entronnen. Und doch sehnte er sich, wie viele Extremsportler, bald nach ebendiesem körperlichen und seelischen Leid zurück, danach, die Gefahr zu wiederholen und zu steigern. Aber seine Ehefrau intervenierte. Genug war genug, es würde keine weiteren Fahrten dieser Art geben. Vielleicht war er darüber nicht nur traurig. Als er keine Mini-*Father's Day* mehr segeln durfte, kaufte er eine andere *Father's Day*, um »sein Ding zu machen«. Das kann etwas größer ausfallen, denn die Motorjacht misst gediegene 18,50 Meter.

Und der unzerstörbare Tom McNally? Er wollte sich natürlich nicht damit abfinden, dass Vihlen »seinen« Rekord hatte. Man würde gern hören, was die Beamten der US-Küstenwache, die schon *April Fool*, *Vera Hugh* und *Father's Day* unverantwortlich fanden, zu *Vera Hugh II* sagen würden: Die schwimmende Hightech-Boje war 1,19 Meter lang, etwa so groß wie ein Erstklässler.

Ein offenbar glücklicher Robert Manry
nach 78 Tagen allein auf See.

Damit segelte McNally 1998 tatsächlich in drei Wochen von Tangier nach Las Palmas und stellte mit zwanzig Tagen und 1.300 Kilometern einen neuen Rekord für Mikroboote auf. In Las Palmas musste er allerdings wegen technischer Probleme abbrechen, 2002 absolvierte er nochmals 800 Meilen von Gibraltar nach Gran Canaria, wo ihm im Hafen von Mogán das Boot und die gesamte Ausrüstung gestohlen wurden.

2006 hatte er – ohne Sponsorenhilfe – ein neues Boot fertig. Es war sogar noch ein Zentimeterchen kürzer als das gestohlene (»Ich konnte nicht wider-

ik und zurück zu fahren.

ß aufgestellt, um wieder

erung‹, herauszufinden,

Angst vor dem Sterben

en. Beste Grüße, Tom«

noch später an seinen

schrieb ein Buch, ging

r Familie in einer selbst

SA. 1969 kam Virginia

Jahre später an einem

einem Einkaufszentrum

s Museum in Newport

William Willis besitzt.

Museum im britischen

ch mit dem winzigsten

durch die »Stürmische

eb er für Hugo Vihlens

des Vorwort – er ist ja

he Reise bedeutet.

6
HAIFISCHZÄHNE FÜR MARY

John Caldwell und seine Reise ins Glück

Ich begreife ehrlich gesagt nicht,
wieso Segler sich für ihren Schiffbruch unbedingt
so haarsträubende Orte aussuchen müssen,
wie manche es tun, wenn es dafür doch
so nette Orte wie die Fidschis gibt.

JOHN CALDWELL

I am sailing, I am sailing
Home again 'cross the sea
I am sailing stormy waters
To be near you, to be free.

ROD STEWART

John Caldwell mit einem Sextanten, 1968

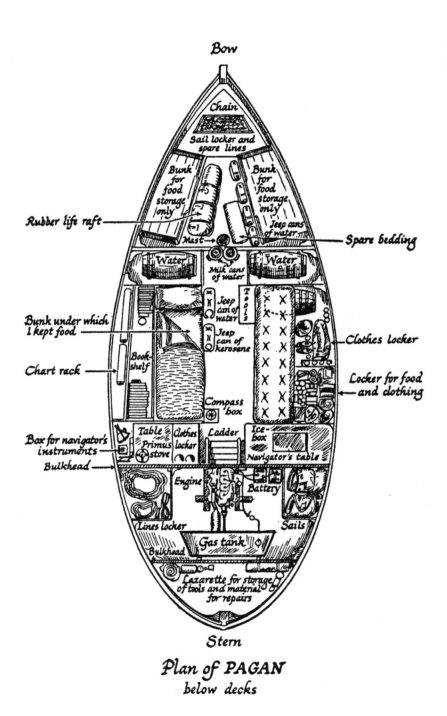

Plan of PAGAN
below decks

Plan der *Pagan* aus John Caldwells Buch *Desperate Voyage*.

John Caldwell war ein Mensch mit Fernweh. Darum meldete sich der Amerikaner 1942 zur Handelsmarine, aber nachdem er in zwei Jahren zweimal um die Welt gefahren war, hatte das Matrosenleben an Glanz verloren. Daher ging er im Januar 1944 in Sydney von Bord, und weil er vom Fliegen träumte, wurde er Soldat bei der Royal Australian Air Force.

Doch dann nahm sein Leben Fahrt auf. Als er wegen einer »kleineren Regelverletzung« zu sechs Tagen Strafdienst in der Kaserne verdonnert wurde, begegnete er *ihr*, der Frau, wegen der er Wahnsinniges wagen, dem Tod ins Auge sehen und schließlich sogar ein bisschen berühmt werden sollte: der 18-jährigen Mary, die ebenfalls für die Air Force arbeitete. Vier Monate später waren sie verheiratet, nach Flitterwochen von kargen drei Tagen Dauer war der 25-jährige Ehemann im Mai 1945 wieder Matrose auf einem Frachtschiff der US-amerikanischen Handelsmarine. Zum einen musste er Geld verdienen, zum anderen herrschte im Pazifik noch Krieg, da wurden erfahrene Seeleute gebraucht. Sein Schiff sollte im Sechs-Wochen-Rhythmus zwischen Brisbane und Borneo pendeln, sie würden also sechs lange Wochen, aber keine Jahre getrennt sein, wie es bei Seeleuten durchaus üblich ist.

Schon die erste Tour ging gründlich schief. Erst rammte sich der Bug des Schiffs in den Urwald von Neuguinea, nach weiteren unschönen Zwischenfällen erreichte es mit knapper Not Los Angeles. Dort ging John von Bord, er wollte dringend zu Mary. Zwei Wochen später verließ er die USA an Bord eines Tankers mit Ziel Melbourne. Dessen Fahrt wurde zu einer modernen Variante des Fliegenden Holländers, der dazu verdammt war, für immer auf den Weltmeeren zu kreuzen. Wegen des Kriegs erhielt das Schiff ständig neue Order. Es steuerte erst Manila an, dann die Niederländischen Antillen, Honolulu, Yokohama, Schanghai, schließlich fuhr es durch den Panamakanal und über den Atlantik nach England. Damit waren John und Mary etwa so weit voneinander entfernt, wie zwei Menschen es auf unserem Globus sein können.

Zwei Wochen später waren Schiff und Caldwell in New York. Wieder ging er von Bord, er wollte mehr Mitspracherecht bei der Reiseplanung. Da er kein Schiff nach Australien finden konnte, fuhr er per Anhalter nach Kalifornien. Auch dort gab es kein passendes Schiff. Dass er nichts unversucht ließ, erkennt man daran, dass er schließlich in Panama landete. Mit dem Mut (und der Dummheit) der Verzweiflung versteckte er sich in einem Schiff mit Ziel Indonesien. Es war »reines Pech«, dass er noch im Hafen entdeckt wurde. Die panamaische Strafe für ertappte blinde Passagiere war hart: Sie blieben so lange im Gefängnis, bis irgendeinem vorbeikommenden Schiff ein Mann fehlte. Dessen Kapitän suchte sich dann einen Gefangenen aus und nahm ihn mit.

Diese Zukunftsperspektive gefiel weder John noch seinem Zellengenossen George, ein Australier, der im Gefängnis auf seine Auslieferung an England wartete. Er war der Meinung, man solle sich ein Boot besorgen und »das verdammte Ding rübersegeln«. Der Gedanke begeisterte John.

Es sagt viel über seine Sehnsucht, Findigkeit und seinen Mut und einiges über die panamaischen Haftbedingungen aus, dass er durch den Zaun klettern und draußen ein 8,80 Meter langes Boot kaufen konnte. Unbesehen. Für eine Besichtigung reichte die Zeit des selbst gewährten Hafturlaubs nicht. Ob ihn das klüger gemacht hätte, ist fraglich, John verstand nicht viel von Booten. Aber es stimmte die Behörden milde, dass ihre Gefangenen jetzt Schiffsbesitzer waren, sie ließen sie gehen. Als sie zu ihrem Boot kamen, erbleichte George – 8,80 Meter schienen ihm recht wenig für eine Pazifiküberquerung, eigentlich war eine Auslieferung an England gar nicht so schlimm, er kehrte ins Gefängnis zurück.

Nicht so John Caldwell. Er hatte früh gelernt zu kämpfen. Als Kind litt er an Tuberkulose, doch bereits als 10-Jähriger hatte er mit Gelegenheitsjobs seine Mutter und seine fünf jüngeren Geschwister unterstützen müssen, sein Vater war Alkoholiker. Und obwohl er nach acht Jahren von der Schule abgehen musste, studierte er bei Kriegsbeginn an der Universität im kalifornischen Santa Barbara. Er wusste also, wie man ein Ziel im Auge behält. Nun war sein Ziel Mary, und er hatte ein Boot, das ihn dorthin bringen konnte.

Da in kurzer Zeit viel zu erledigen war, blieb ihm keine Zeit, sich mit dem Boot vertraut zu machen. Das wäre keine schlechte Idee gewesen, da er ja, wie erwähnt, von Booten nicht viel verstand. Genauer gesagt war er erst ein Mal auf einem kleinen Segelboot gewesen. Seine Versuche, einen – irgendeinen – segelkundigen Mitreisenden zu finden, scheiterten. Nun, das bisschen Segeln würde man lernen. Er besaß ein Handbuch *How to Sail*, einige Bücher über Navigation, und Zeit zum Lernen würde er mehr als genug haben. Vor ihm lag ja eine lange, ereignislose Reise. Der Pazifik hat zwei weitere Namen: »der Große Ozean« und »der Stille Ozean«. Jeder Seemann weiß, dass er den ersten zu Recht und den zweiten völlig zu Unrecht trägt. John war (noch) kein Seemann.

Am 25. Mai 1946 – er und Mary waren schon ein ganzes Jahr getrennt – hatte er alles an Bord seines Bootes, der *Pagan*, was er für die Überfahrt brauchte, einschließlich zweier junger Katzen, die zwar nicht navigieren konnten, ihm aber, solange sie da waren, viel Freude machten. Er war in Eile, denn er musste in knapp vier Monaten in Australien sein, um nicht in die gefürchtete Hurrikansaison zu geraten.

Diese Reise war also Johns Jungfernfahrt als Segler. Um dieses Debüt nicht unter den Augen der am Kai herumlungernden Seebären absolvieren zu müssen, brach er morgens um sechs auf. Er beschloss, den Hafen unter Motor zu verlassen (sollten Sie nicht wissen, was Klüse, Traveller, Püttingeisen und dergleichen ist: Macht nichts. Unser Skipper wusste es damals auch nicht): »Ich zurrte die Pinne fest und lief zum Vordeck, um den Anker klarzumachen, falls ich ihn brauchen sollte. Er hatte sich in der Kette verheddert, die über dem Vordeck lag. Ich hob den Anker hoch, zog die Kette weg, um sie zu entwirren, und wollte gerade den Anker neben die Klüse legen, als sich das Deck etwas neigte. Ich stieß an den Traveller, kam ins Rutschen und ging, Rücken voran, alle viere in der Luft, über Bord. Binnen einer Sekunde war ich unter Wasser, vom Anker heruntergezogen. Ich ließ ihn los und beeilte mich, an die Oberfläche zu kommen. Als ich wieder sehen konnte, war die *Pagan* eine Länge von mir entfernt. Sie bewegte sich schnurstracks auf die vor Anker liegenden Jachten zu, während die Ankerkette durch die Klüse ratterte.«

Er versuchte, das Boot schwimmend zu erreichen, was ihm nicht gelang. Inzwischen hatte der Anker gefasst, das Boot fuhr im Kreis, immer knapp an den vor Anker liegenden Jachten vorbei. Dann kollidierte es mit einer Boje, »genauer gesagt prallte es an ihr ab, drehte und kam direkt auf mich zu. Ich warf mich zur Seite, [...] als die Püttingeisen vorbeikamen, klammerte ich mich daran und zog mich über die Reling an Bord. Ich schob das Ruder herum. Das Boot schwang klar weg und bewegte sich auf eine freie Stelle zu, wo ich es anhalten und mich einen Moment erholen wollte. In diesem Moment hatte es mit einem Ruck das Ende der Ankerkette erreicht, drehte und nahm wieder Kurs auf die Boote. Panisch würgte ich den Motor ab und wünschte sofort, ich hätte es nicht getan. Was ist mit dem Anker, fragte ich mich. Wird er halten? Die *Pagan* zog immer weiter nach hinten. Die Boote kamen bedrohlich näher. Ich dachte an den Motor und beschloss, nach unten zu gehen und ihn anzukurbeln. Wir glitten an einem Liegeplatz vorbei, dann an den ersten Booten. Da fielen mir die Segel ein.«

Er bekam die Segel hoch, dann lenkte er sein Boot in wildem Slalom an allen Jachten vorbei aus dem Hafen. Aber er hatte den Anker vergessen. Der stoppte das Boot erneut mit einem heftigen Ruck, dadurch schwang der Baum auf Caldwell zu, er konnte sich gerade noch ducken, sonst hätte er ihn möglicherweise k. o. geschlagen. Die unorthodoxe Kombination von gesetzten Segeln und nachschleifendem Anker steuerte ihn zu einer Sandbank, auf die die *Pagan* prompt auflief. Selbstredend in Sichtweite des Jachtclubs und bei ablaufender Flut. Zu Caldwells Erstaunen befreite er sich auch aus dieser Klemme und schaffte es aufs Meer hinaus, »wo es genug Platz für meine Experimente« gab.

Allerdings schien es ihm jetzt doch klüger, ein bisschen Segeln zu üben. Dafür legte er an einer nahen Insel eine Pause ein. Es wurden zehn ereignisreiche und lehrreiche Tage. Unter anderem setzte er die *Pagan* erneut auf Grund, und weil Segelboote keine Bremsen haben und das Vorsegel ihm gerade den Blick versperrte, versenkte er zwei kleine Fischerboote. Es kam niemand zu Schaden, aber die einheimischen Fischer forderten »zehn Dollar pro Boot, das war wie hundert Dollar für einen zerrissenen Schnürsenkel«. Er gab ihnen fünf für beide Boote und außerdem seinen »kleinen Klinkerdinghi« (das Rettungsboot). Sie holten sich nachts seinen Anker.

Als er sein *How to Sail*-Buch zu dem Problem konsultieren wollte, was »Segel reffen« bedeutet und wann man das wie zu tun hat, suchte er vergebens. Es war ein Handbuch für Hafensegler und jene, die geschützte Gewässer bevorzugen, zu Fragen des Hochseesegelns hatte es nichts beizutragen. Dann musste es eben so gehen. Es war schon Mitte Juni, die Hurrikansaison rückte näher. Höchste Zeit, dass er das »verdammte Ding« rübersegelte. Also Anker auf und los Richtung Seymour Island!

Anker auf und los – direkt in seinen ersten pazifischen Sturm. Er war »vernünftig genug, Angst zu haben – große Angst«. Er machte jede Menge Fehler und schlug sich doch recht tapfer – trotz furchtbarster Seekrankheit. Der Sturm raste noch, als das Boot plötzlich so stark rumpelte, dass er befürchtete, es werde auch noch von Walen herumgeschubst. Diese Art unerwünschte Aufmerksamkeit von unten ist sehr gefährlich. Einige Jahre später schlugen Wale im Pazifik zwei Jachten so leck, dass sie sanken. Die Schiffbrüchigen, beide Male war es ein Ehepaar, trieben 117 bzw. 66 Tage über das Meer, bevor sie gerettet wurden. Das will man nicht erleben.

Caldwells Malheur aber war so bizarr, dass ihm allein dafür ein Platz in den Annalen des Segelns gebührt: Die *Pagan* saß in der Krone eines gewaltigen Baumes fest, der im Wasser trieb. John kämpfte sich wieder einmal frei, aber der Stamm hatte ein Loch in den Rumpf geschlagen. Wasser strömte ins Boot, die *Pagan* begann zu sinken. Land war nicht weit entfernt, aber bis er, unablässig Wasser schöpfend, zu den Perleninseln im Golf von Panama kam, war die Kabine überflutet und der Motor hin. In Sichtweite einer unbewohnten Insel band er seinen Katzen Kork an die Beine, damit sie nicht absoffen, und rettete sich mit seiner vierbeinigen Mannschaft an den Strand. Von dort sahen sie die *Pagan* kippen und sinken, bis nur noch der Mast und eine Reling herausragten. Sechzig Seemeilen hatte er seit Panama zurückgelegt – 8.440 lagen vor ihm.

John Caldwell mag eine Spur zu sorglos ans Leben herangegangen sein, aber er konnte es sich offenbar leisten. Das Glück ist mit den Tüchtigen, und er war ein tüchtiger Mann mit erstaunlich vielen Talenten. Das (überlebens)-

wichtigste dieser Talente war seine Inkompetenzkompensierungskompetenz: Was ihm an Kompetenz fehlte, machte er mit der Findigkeit wett, jedes Problem auf Umwegen, durch Ausprobieren und Provisorien, zu einem guten Ende zu bringen. Binnen zehn Tagen hatte er es allein geschafft, sein Boot zu heben, zu reparieren und wieder seetüchtig zu machen. Und es gefiel ihm auch noch: »Was ich tat, machte mir Spaß, es war aufregend. Trotz aller Gefahren fand ich es großartig. Es hatte einen Reiz, für den jeder Mann empfänglich ist – den Reiz des Abenteuers. Außerdem brachte es mich zu dem wunderbarsten Mädchen der Welt.«

Vieles nahm er mit Humor. Er reagierte beispielsweise sehr sportlich darauf, dass das Wasser die Etiketten aller Konservendosen abgelöst hatte: »An den Mahlzeiten gefielen mir besonders die Überraschungen, die ich erlebte, wenn ich die etikettenlosen Dosen öffnete.« Er war intelligent, geschickt, findig, couragiert, zudem hatte er einen bemerkenswert vorausschauenden Schutzengel. Der musste häufig Einsatz fliegen, zum Beispiel als John bei Sturm in mondloser Nacht auf den Bugspriet hinausmusste – das ist die lange Stange, die vorn über den Bug des Segelschiffs hinausragt. Er wurde ins Wasser gefegt, seine Rettung wurde eine Hose, die er »zum Waschen hinter dem Boot herzog«. Er bekam sie zu fassen, bevor das Boot ohne ihn abhaute. Als Lehre aus diesem diskreten Hinweis des Schicksals ließ er ein Tau nachschleppen. An dessen Ende befestigte er einen gewaltigen Haihaken, an dem sich hin und wieder auch mal ein Fisch aufspießte.

Wenig später landete Caldwell durch einen Sturm erneut im Bach, im Arm sein letztes Segel. Als er das Rettungstau zu fassen bekam, war es zu glitschig geworden, vor allem aber hatte Caldwell einen Heidenrespekt vor dem Haihaken. Er konnte sich ohne Hilfe des Taus ins Boot retten, musste aber das Segel loslassen. Misslich, denn Segelboote ohne Segel haben sich bei Ozeanüberquerungen nicht bewährt. Während John über die Schiffskante in Sicherheit kraxelte, hielt der Schutzengel den Haken so hin, dass das Segel darin hängen blieb.

Beim ersten Hai, der neben seinem Boot auftauchte, konnte Caldwell sich davon überzeugen, dass ein Haifisch Zähne hat. »Unglaubliche Zähne, zwei Inch lang und dicker als ein Bleistift.« Er dachte wie immer an Mary: »Ich wollte ihr zeigen, was ich gesehen hatte. Sie sollte diesen vernichtenden Kieferknochen sehen, in der Hand halten.« Der Hai musste erlegt werden. Wurde schon erwähnt, dass Caldwell gelegentlich unüberlegt handelte?

Nach wüstem Zweikampf zog er das Tier an Bord. Es war fast so lang wie die *Pagan* und erwies sich als nicht so tot, wie Caldwell geglaubt hatte: Es bäumte sich auf, fegte als Erstes mit der Schwanzflosse das Steuer über

Bord, riss Caldwell um, zerschlug den Gastank, die Süll (das ist die Einfassung des Cockpits) und das Steckschott (die Tür sozusagen) zur Kajüte, das wiederum eins der Bullaugen durchbrach, die Trennwand von Motorraum und Cockpit ging ebenso zu Bruch wie der Cockpitboden, die Benzinkanister kippten in den Motorraum, der Kopf des Hais senkte sich auf den Motor und zerlegte ihn mit wilden Schlägen, der Körper drosch auf die Propellerwelle, bis sie völlig verbogen war. Der fassungslose Caldwell hieb mit der Axt auf das Tier ein und tat sein Möglichstes, dem Gegner nicht das Feld zu überlassen, indem er selbst über Bord ging. Er blieb letztlich siegreich, aber unter Deck standen literweise Benzin, Batteriesäure und stockendes Blut. Auch sonst sah das Boot nicht gut aus.

In wenigen Tagen auf See hatte Caldwell es geschafft, mehrfach auf Grund zu laufen, mehrfach über Bord zu gehen, schiffbrüchig zu werden und einem Hai die Möglichkeit zu geben, die *Pagan* so dramatisch zu beschädigen, dass er zwei Wochen brauchte, um das Boot halbwegs zu reparieren. Der Motor war nicht zu retten. Dennoch kehrte er nicht nach Panama zurück. Der Hurrikan kam, Mary wartete. Die Meeresgötter mögen Seeleute nicht, die ihren Zeitplan für wichtiger halten als Sicherheit, und sie strafen alle, die keinen Respekt vor ihnen haben.

Eine Lehre hatte Caldwell immerhin aus dem Desaster gezogen: »Keine Haie an Bord!« Aber als er eines Tages einen »monströsen« Teufelsrochen erblickte, wollte er ihm den Kieferknochen heraushacken, um ihn – genau! – Mary zu zeigen. Er würde gut zu den teuer erkämpften Haifischzähnen passen. Aber auch der Rochen wollte kein Mary-Souvenir werden. Einmal an der Angel, ließ er die *Pagan* »wie ein Ruderboot in schwerer See hüpfen« und drohte es in die Tiefe zu ziehen. Caldwell flog quer über Deck, krallte sich an der Leine fest, er hörte Holz splittern, als Halterungen ausbrachen. In einem Anfall von gesundem Menschenverstand kappte er das Tau, an dem der verwundete Rochen tobte. Angelhaken verloren, Boot und Leben gerettet.

Seinen ersten freiwilligen Landgang machte er am Post Office Bay der südlich von Galapagos gelegenen Insel Floreana, die unter Seefahrern einen legendären Ruf hat: Dort steht ein Fass, in das Seeleute seit Jahrhunderten ihre Post in die Heimat einwerfen. Ost- und westwärts segelnde Schiffe nehmen die Briefe mit. Dort wollte, nein, *musste* er einen 60-seitigen Brief an Mary einstecken. Und was dachte unser junger Held, als er Floreana verließ? Er dachte: »Nun begann ich die Überquerung des großen Ozeans zu Mary.«

Die nächste Station sollten die Marquesas-Inseln sein. Sie waren 3.000 Seemeilen (5.500 Kilometer) weit entfernt, über ein Achtel des Erdumfangs. Aber kaum hatte er Floreana verlassen, stellte er fest, dass die meisten

Mary und John waren fünfzig Jahre zusammen.

der verbliebenen etikettenlosen 86 Konservendosen verrostet waren.[*] Unerfreulich, aber nicht wirklich schlimm. Er würde einfach schneller segeln, weniger essen, weniger trinken und recht bald irgendwo an Land gehen, um sich mit Kokosnüssen einzudecken.

Vom Ufer eines Inselchens des Caroline-Atolls winkten verheißungsvolle Palmen. Als er keinen Weg durch das Korallenriff fand, kamen ihm Inselbewohner im Einbaum zu Hilfe. Sie waren alle so nett und die Atmosphäre so herzlich, dass er ihnen eine Mahlzeit aus neun der ihm verbliebenen Konservendosen servierte, dann verschenkte er Kleidung, Werkzeuge, Angelhaken, Reservekanister und anderes mehr, sogar Kosmetika, die er für Mary gekauft, und Tischtücher, die seine Großmutter für Mary gehäkelt hatte. Schließlich

---

[*] Segelprofis entfernen vor der Reise alle Etiketten, wachsen die Dosen ein und beschriften sie penibel.

und schweren Herzens reagierte er auf die sehnsüchtigen Blicke der Kinder und schenkte ihnen die beiden Katzen, was den Tieren das Leben gerettet haben wird. Mit Wasser, Früchten, zwei lebenden Ferkeln und zwei Hühnern als Gegengeschenk brach er wieder auf.

Am 5. September 1946 wurden die schlimmsten Ängste wahr, die *Pagan* geriet in einen Hurrikan. Caldwell wurde vom Sturm ins aufgewühlte Wasser gerissen, konnte das Boot nicht mehr erreichen und hörte schon »die Sirenen singen«. Wieder hatte er geradezu absurdes Glück. Das Boot kippte so stark zur Seite, dass eine Welle ihn an Deck zurückspülte.

Mit dieser letzten Slapstick-Rettung enden die kleineren Widrigkeiten und mittleren Katastrophen des Seglers John Caldwell. Einige hätten ihn zwar fast das Leben gekostet, aber sie hatten doch auch – zumindest in seiner selbstironischen Beschreibung – immer etwas von Buster-Keaton-Filmen und Donald-Duck-Expeditionen.

Nach zwei Hurrikantagen brach der Mast. Der 26 Jahre alte Holzrumpf der *Pagan* schlug leck, und das Wasser schoss mit solcher Wut in die Kajüte, dass Caldwell sich kaum auf den Füßen halten konnte. »Ich hatte einen ganzen Ozean zum Ertrinken, aber ich ertrank im Inneren meines Bootes.« Vor Verzweiflung und Todesangst völlig von Sinnen, schöpfte er nicht nur Wasser über Bord, sondern warf alles, was ihn dabei behinderte, aus dem Boot: seine Matratze, »Decken, Werkzeuge, Geschirr, Konservendosen, Kokosnüsse, Kleider, Wasserkanister, Segel«. Nach vier Tagen, am 9. September, war der Hurrikan vorbei. Caldwell lebte. In einem Boot ohne Mast, ohne Navigationsinstrumente, ohne Seekarten, nahezu ohne Lebensmittel. Mit 15 Liter Trinkwasser in einem Notkanister.

Es folgten sieben grausame Wochen. Er konnte einen Notmast errichten, bekam aber das Boot nicht dicht und musste alle paar Stunden mit einem Eimer lenzen. Er beruhigte sich damit, dass er nur noch 400 Seemeilen bis Samoa schaffen müsse, um Hilfe zu bekommen. Aber er war orientierungslos und verfehlte die Insel, es blieb also lediglich die Hoffnung, die Fidschi-Inseln zu finden. Die waren mindestens drei Segelwochen entfernt.

Erst aß er das wenige, was er noch an Essbarem hatte, dann ausnahmslos alles, was er an Organischem finden konnte: Vaseline, Borsäure, Zahnpulver, Ledergürtel. Er kochte Fetzen eines Fenstertuchs, würzte es mit Pfeffer, Zahnpuder, Rasierwasser und schwenkte es in Salzwasser und Maschinenöl. Fische und Seevögel fing er kaum, doch die wenigen Tiere, die er bekam, stopfte er komplett in sich hinein, noch bevor sie tot waren. Als Haie das Schiff begleiteten, feilte er stundenlang und mit letzter Kraft aus einem Stück Stahl einen

Dreizack. Er verwundete einen Hai und musste dann mit ansehen, wie sich die anderen Haie über ihren sterbenden Artgenossen hermachten.

Caldwell magerte so ab, dass ihm der Ehering vom Finger glitt, er war so entkräftet, dass er kaum noch das Wasser über Bord schöpfen und so das Boot am Sinken hindern konnte. Zu dem wenigen, was seinem Furor während des Hurrikans entgangen war, gehörte eine Bibel. Er begann, darin zu lesen, irgendwann in diesen Stunden und Tagen tiefster Verzweiflung sank er auf die Knie und betete zu »*Pagans* wahrem Kapitän«.

»Wenn die Not am größten, ist Gottes Hülfe am nächsten«, heißt es. Hier erschien sie in Gestalt einer Insel – die allerdings von einem offenbar lückenlosen Korallenriff umschlossen war. Caldwell begriff, dass die *Pagan* nun endgültig sein Sarg werden würde, wenn er sie nicht opferte. Gut, dass er inzwischen segeln gelernt hatte. Er steuerte das Boot direkt ins Riff. Beim Aufprall löste sich der gebrochene Mast von der Bootsseite, wo er seit dem Hurrikan befestigt gewesen war. Caldwell umklammerte ihn und trieb ans Ufer.

Der Strand war rundum von steilen Felsen begrenzt. Als er dort in Schulter-höhe eine Hochwassermarke erkannte, wusste er, dass er zu schlechter Letzt doch noch ertrinken würde, wenn er es nicht schaffte, diese Felsen zu er-klimmen. Er kam hinauf, wusste aber später nicht mehr, *wie*. Als er sich umsah, schien er diesen Kampf nur gewonnen zu haben, um nach 48 schrecklichen Tagen auf See mit Erde unter den Füßen zu sterben: Da war nur dichtes Gestrüpp. Keine Kokospalmen, keine Bananen, kein plätscherndes Süßwasser.

Drei Tage später wurde er von Kindern entdeckt, die am Strand aufgeregt das Treibgut der *Pagan* aufsammelten. Bis die herbeigerufenen Erwachsenen einen Weg fanden, den Schiffbrüchigen von seinem Felsen herunterzuholen, vergingen Stunden. Er begrüßte den Ersten, der zu ihm durchdrang, mit einem matten »Hello Joe«. Später sagte er, er habe niemals wirklich geglaubt, dass er sterben werde.

Caldwell befand sich auf Tuvutha, einem 14-Quadratkilometer-Flecken 180 See-meilen östlich der Hauptinsel Fidschi. Die Insulaner päppelten ihn liebevoll wieder auf, er zeigte ihnen »die Fotos von Mary, die ich in meine Hemdtaschen gestopft hatte, bevor ich meine Brieftasche aufgegessen hatte, und die weiße Stelle am Finger, wo der Ring gewesen war, bis ich so mager wurde, dass er abrutschte«. Nun, wo das Glück zu unserem Odysseus zurückgekehrt war, leistete es sich gleich eine Kapriole: Einheimische Taucherinnen erspähten am Boden der Lagune den Ehering und gaben ihn Caldwell zurück.

Nach nur einer Woche fühlte er sich stark genug, um seine Abreise zu planen. Es war der 4. November, er wollte keinesfalls auf das Versorgungsschiff warten, das die Insel turnusgemäß im nächsten Januar anlaufen würde. Seine Gedanken waren »bei Mary. War der lange Brief, den ich vor fast vier Monaten im Post Office Bay hinterlegt hatte, abgeholt worden? Und falls ja: Hatte sie ihn bekommen?« (Ja, sie hatte ihn bekommen, und zwar schon Anfang Oktober.)

Tatsächlich konnten Caldwell und seine Gastgeber, die ihn nicht, jedenfalls *noch* nicht gehen lassen wollten, durch Flaggen- und Rauchsignale einen vorüberfahrenden Frachter dazu bewegen, zur Insel zu kommen, und der Kapitän war bereit, Caldwell mitzunehmen. Die Minuten des Abschieds von den Menschen, die sein Leben gerettet und ihn so großzügig umsorgt hatten, seien die schlimmsten seines Lebens gewesen, schreibt er.

Nach einer weiteren, allerdings ungefährlichen Irrfahrt mit mehreren Schiffen, einem Bus und zwei Armeeflugzeugen landete er am 3. Dezember 1946 in Sydney. »Ich verließ als Erster die Maschine. Dann sah ich Mary. Ich erinnere mich, dass sie auf mich zukam – ich glaube, ich ging ihr entgegen. Eine Sekunde lang sah ich ihre unergründlichen blauen Augen ... Ich schloss sie in die Arme ... tausend Träume waren wahr geworden ...«

Uns brennt natürlich die Frage auf den Nägeln, die ein englischer Händler John Caldwell auf Fidschi stellte, nachdem der ihm seine Geschichte erzählt hatte: »Wie ist Ihre Frau? Ich würde wirklich zu gern die Frau sehen, für die ein Kerl über den Pazifik segelt.«

Und wie ging es weiter?

John Caldwell studierte Soziologie und schrieb *Desperate Voyage*. Diese Geschichte von Liebe, schlechter Seemannschaft und einem mehr als gnädigen Schicksal erschien 1949 und wird seither immer wieder neu aufgelegt.

Auf dem Weg zu Mary hatte er die Liebe zum Meer entdeckt und war ein echter Seemann geworden. Er und Mary segelten mit ihren Kindern um die Welt, in den Sechzigerjahren betrieben sie in der Karibik ein Charterboot. Caldwell hieß bald nur noch »Johnny Coconut«, weil er überall an Land ging und Kokospalmen pflanzte. So fand er Prune Island, ein unbewohntes und moskitoverseuchtes Fetzchen Land zwischen Grenada und St. Vincent.

Der Staat verpachtete solche Inseln für einen Dollar auf 99 Jahre, wenn der Pächter für ein Hotel und Arbeitsplätze sorgte. Caldwell verstand vom Sümpfetrockenlegen ebenso viel wie vom Bauen und Führen eines Hotels – nichts. Aber so hatte er auch das Segeln angefangen. Er und Mary gaben der Insel den tourismusfreundlichen Namen Palm Island und betrieben ab 1967 den *Palm Island Beach Club*. Nach Johns Tod 1998 verkaufte die Familie die

Insel. Das Ressort ist, davon kann sich jeder im Internet überzeugen, ein echter Karibik-Luxustraum.

John und Mary waren fünfzig Jahre zusammen, es scheint, als hätten sie ein etwas ungewöhnliches Leben geführt. In einem Nachruf auf ihn heißt es nämlich: »Er hinterlässt seine Frau Mary, seine Gefährtin Agatha Roberts, seine Söhne John Jr. und Roger ...«

7
RUNTER KOMMEN SIE IMMER
Die Eiloarts, die Mudies und ihr Höhenflug

Man muss einen sehr guten Stand haben,
um auf einem Boot,
das fünfundzwanzig Grad rollt, einen
5,40-Meter-Mast gerade halten zu können,
während man ihn anhebt
und in den Sockel senkt.
ARNOLD EILOART

Avanti, dilettanti!
PAROLE DER SPONTI-BEWEGUNG

Die *Small World* – ein »Ballongondelboot«

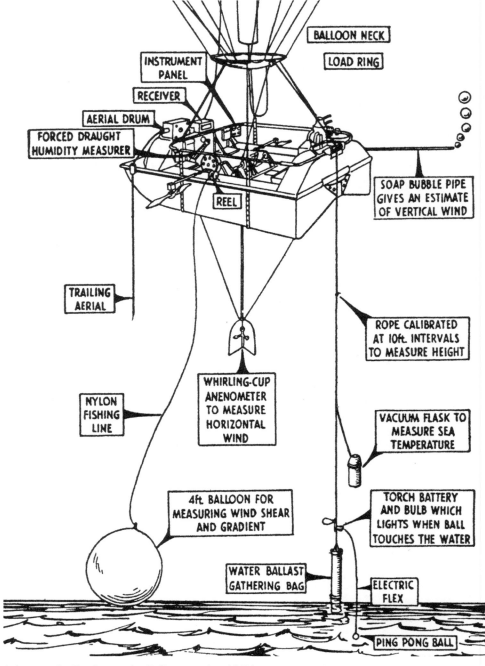

Schematische Zeichnung des Ballons aus Arnold Eiloarts
und Peter Elstobs Buch *The Flight of the Small World*

Treffen sich zwei Segler. Sagt der eine: »Woran hast du denn bei deiner letzten Atlantiküberquerung so gedacht?«

»Ach, alles Mögliche. Dass ich am liebsten immer weitersegeln würde, einmal um die Welt. Manchmal auch nur, dass ich gern schneller vorankäme.«

»Das kenne ich! Da unten kommste nicht vom Fleck, und oben ziehen die Wolken weiter. Da würde man sich am liebsten dranhängen.« Nein, das ist noch nicht die Pointe.

Es wäre bestimmt toll, sich im Freiballon mit den Passatwinden von Ost nach West treiben zu lassen, sagt der andere. Der Freund springt begeistert auf: »Herrschaftszeiten! Das ist eine verdammt brillante Idee!«

Dieses Gespräch hat an einem Winterabend des Jahres 1956 tatsächlich stattgefunden. Anwesend waren Arnold Eiloart, genannt Bushy, sowie das Ehepaar Colin und Rosemary Mudie, alle drei Segler. Eiloart, 51 Jahre alt, war mit der Erfindung einer Hefe-Gesichtsmaske zu Geld gekommen; Colin Mudie, 33, machte sich gerade als Schiffskonstrukteur einen Namen, er betrieb seine Firma zusammen mit Rosemary. Colin hatte seinem Drang nach Freiheit, Abenteuer und Gewagtem schon einmal nachgegeben, als er 1952 in einem 6-Meter-Boot über den Atlantik gesegelt war. Rosemary war eine wagemutige Frau, man könnte sagen, dass die Ballonidee mit ihr anfing, denn sie hatte ihrem Mann zu Weihnachten ein Buch über Ballonfahrer geschenkt. Am Ende des Abends jedenfalls hatten sich die drei in entzückte Rage geredet: Sie würden den Atlantik in einem Gasballon überqueren! Was für ein wunderbares Abenteuer! Das hatte noch nie jemand gemacht, sie würden einen Rekord aufstellen.

Und nun die Pointe: Keiner der drei hatte jemals in einem Ballonkorb gestanden, ganz zu schweigen davon, dass sie je mit einem Ballon gefahren wären. Und alle, die etwas von Gasballonen verstanden, hielten eine solche Überquerung für völlig ausgeschlossen.

Um das zu verstehen, müssen wir einen kurzen Blick auf die drei banalsten Probleme des Gasballonfahrens werfen:

1. Der Ballonführer kann entscheiden, bei welchem Wind er (oder sie) aufsteigt. Danach bestimmt der Wind, in welche Himmelsrichtung der Ballon fährt, und die Luftströmungen, wie hoch oder niedrig er das tut.
2. Fährt der Ballon zu niedrig, droht er auf den Boden aufzuschlagen. Dann muss Ballast (zum Beispiel Sand aus Säcken) abgeworfen werden.
3. Fährt er zu hoch, kann er im schlimmsten Fall platzen. Dann muss beizeiten Gas aus dem Ballon abgelassen werden.

Lange Fahrten sind also schwierig, da nur begrenzte Mengen Gas und Ballast mitgeführt werden können. Wenn diese Vorräte aufgebraucht sind, muss man landen, und das sollte an einem Ort geschehen, wo die Insassen die Gondel halbwegs sicher verlassen können.

Unter diesem Aspekt ist ein Ozean kein guter Landeplatz. Natürlich hatte das Mudie-Eiloart-Team nicht vor, auf dem Ozean zu landen, sie wollten ihn wie eine Wolke überqueren. Angesichts der objektiven Gegebenheiten und ihrer dürftigen Ballonerfahrung aber ließ sich eine vorzeitige Landung nicht ausschließen. Dann wäre es schön, etwas um sich herum zu haben, das besser schwamm als die traditionellen Ballonweidenkörbchen. Etwas wie ein Boot zum Beispiel. Das war die geniale Idee des Trios: Sie würden ein Luft-Wasser-Wesen bauen. So etwas wie einen Seevogel. Ein Ballongondelboot.

Nach jenem Abend hatten die drei einen neuen Zeitvertreib. Der Plan war, dass sie in den folgenden Monaten ihre Abende, Wochenenden, vielleicht sogar einen Teil der Ferien in ihr Projekt investieren würden, sie mussten irgendwo ein paar Hundert Pfund auftreiben, und dann konnte es losgehen. Eiloarts Geschäftspartner Peter Elstob erwog kurz, mitzufahren, aber dann war ihm die ganze Sache zu unheimlich. Er übernahm die Pressearbeit und schrieb später mit Bushy ein Buch über den Rekordversuch.

Als viertes Besatzungsmitglied holten sie statt Elstob Eiloarts Sohn Tim ins – pardon – Boot. Er war Student der Ingenieurwissenschaften und brachte eine Menge Talente und Wissen mit, die die Rekordanwärter dringend brauchten.

Was Bushy, Colin und Rosemary mitbrachten, war bemerkenswert viel Selbst- und Gottvertrauen. Besonders Bushy war ein Mann von großer Zielstrebigkeit. Zu seinen wichtigsten Talenten gehörte die Kunst, Menschen zu begeistern und zum (kostenlosen) Mitmachen zu bewegen. Er war der geborene Fundraiser.

Sie wollten ein »ganz und gar britisches Projekt«. Immerhin würden sie für Großbritannien nicht weniger als drei Rekorde erringen: den weitesten Ballonflug (den ein Russe hielt), den längsten Ballonflug (den ein Deutscher hielt) und natürlich die erste Atlantiküberquerung in einem Freiballon (den, wie gesagt, noch niemand hielt). Außerdem war es der allererste Versuch in Ost-West-Richtung.

Diese Idee kam der Liebe der Briten für Exzentriker und exzentrische Ideen entgegen. Der Chef des Transportunternehmens, das schließlich 44 Tonnen Ausrüstung und elf Personen von England nach Teneriffa bringen und dort die Lastwagen vom Hafen zum Startpunkt organisieren sollte, reagierte auf Bushys Bitte mit dem Satz: »Das ist genau die Art Projekt, die man in dieser langweiligen Welt ermuntern muss.« Schließlich förderten vierzig britische

Firmen den Ballontraum mit »Material, Arbeitskraft, Ratschlägen, technischer Hilfe, Beförderung oder auch einfach nur Ermutigung«.

Der holländische Ballonfahrer John Boesman, zu dem wir gleich noch kommen, fand es verdächtig, dass englische Wissenschaftler, Finanzleute, Militärs und Beamte dieses »unseriöse Unternehmen so umfassend und enthusiastisch unterstützten«. Vermutlich habe der Ballon »etwas Spezielles, Geheimes« an Bord, schrieb er: »Die Vorbereitungen zu diesem gewagten Flug waren in gewissen Punkten fast als Staatsgeheimnis behandelt worden. Und Kommandant Long, Sachverständiger des englischen Forschungs- und Entwicklungszentrums Cardington, sagte mir offen: ›Ja, wir haben experimentiert und Erfindungen gemacht. Aber es ist mir verboten, darüber etwas mitzuteilen.‹«

Solche Äußerungen nährten Gerüchte, dass Militär und Geheimdienst mitmischten. Das wäre in Zeiten des Kalten Kriegs nicht verwunderlich gewesen, zumal auch sehr bekannte Firmen unter strenger Geheimhaltung an der Konstruktion des Ballons mitwirkten. (Da der Anstand und möglicherweise auch Verträge es verlangten, alle namentlich aufzuführen, haben einige Passagen des späteren Buchs über diese Unternehmung den Charme eines Branchenverzeichnisses.) Mit der Zeit nahm das Ganze staatstragende Züge an: Prinz Philip wurde Schutzherr, das Versorgungsministerium, zuständig für zivile Luftfahrtangelegenheiten, fegte ein Hindernis nach dem anderen aus dem Weg. Davon gab es viele. Die Rekordaspiranten brauchten »eine Ballonführerlizenz, eine Verkehrszulassung, ein Lufttüchtigkeitszeugnis, eine Funkerlizenz, eine Sendegenehmigung, ein Sprechfunkzeugnis für den Flugfunkdienst, die Bestätigung einer Frequenzzuteilung und dann noch diese und jene Versicherung«.

Und sie brauchten einen Ballon. Seine Herstellung wurde ein endloser Hindernislauf und gelang schließlich mit den vereinten Kräften der Initiatoren, der britischen Industrie und dieser und jener Behörde. Das Ergebnis erinnerte sehr an den Ballon, mit dem Mark Twain seinen Tom Sawyer nach Afrika schickte: »Es war ein großer, stattlicher Ballon, und er hatte Propeller und Schwingen und was sonst noch alles, und er war überhaupt nicht wie Ballone, die man von Bildern kennt.«

Ob wirklich »etwas Spezielles, Geheimes« an Bord war, wurde nie bestätigt, ganz ohne Zweifel aber war die *Small World*, wie das Gasballonboot bald hieß, »überhaupt nicht wie Ballonen, die man von Bildern kennt«. Sie *musste* anders sein. Hätte es bei den bisherigen Ballonen nicht zahllose ungelöste Probleme gegeben, wäre diese Atlantiküberquerung schon längst gemacht worden. Nun wurden Lösungen erdacht, entworfen, verworfen, neu zusammengetüftelt und umgesetzt. Vor allem musste das Team die Sache mit dem Ballast in den Griff bekommen. Sie wollten sehr weit fahren, mussten also Gewicht an Bord haben, um bei Bedarf sinken zu können. Sie mussten dieses Gewicht loswerden können, um zu steigen, brauchten es aber wieder, wenn der Ballon zu hoch war …

Die konventionelle Lösung für Freiballone ist, die Höhe auch über ein Schlepptau zu kontrollieren, das aus der Gondel hängt und im Wasser schleift. Je höher der Ballon steigt, umso weiter kommt das Tau aus dem Wasser und umso schwerer hängt es an der Gondel, und umgekehrt. Erst wenn der Ballon so hoch ist, dass das Tau völlig aus dem Wasser kommt, muss Gas abgelassen werden.

Die Kunststoffhülle – mit einem Volumen von 1.500 Kubikmetern, falls Ihnen das etwas sagen sollte – war mit Wasserstoffgas gefüllt, ein Gasgenerator konnte darüber hinaus Gas für maximal 24 zusätzliche Flugstunden erzeugen. All das war noch nicht weiter aufregend, all das war für die geplante Reise auch nicht ausreichend. Ziemlich genial war da der Einfall der Kleinweltler, den im Wortsinn unerschöpflichen Ballastvorrat zu ihren Füßen zu nutzen: das Meer! An einem 900 Meter (!) langen Tau würden sie einen Sack hinablassen und damit zwölf Kilo Meerwasser an Bord ziehen. Das Wasser wurde in eine Wanne in der Gondelmitte hinein- und bei Bedarf wieder hinausgeschüttet. Zusätzlich würden sie die Fahrthöhe durch seitliche Propeller beeinflussen. Die Winde für das Tau und die Propeller wurden durch Pedale angetrieben, die ihrerseits von den vier Besatzungsmitgliedern betrieben wurden. Dafür waren mitten in der Gondel Sitze mit Pedalen angebracht, man kennt das von Tretbooten auf der Alster. Hier vielleicht eher vom Hyde Park.

Der Dreifachrekord für Großbritannien sollte also in einer Reisehöhe von sechzig bis neunzig Metern über dem Meer – wenn nötig – erstrampelt werden. Das war für ein angeblich geheimes Regierungsprojekt erstaunlich schlicht, und auch andere Lösungen waren eher *low-tech*: Die Windrichtung wurde unter der Gondel mit einer über den Rand wehenden Rolle Toilettenpapier und die relative Windgeschwindigkeit mit einer Seifenblasenmaschine bestimmt.

Die fraglos wichtigste Idee aber war Colin Mudies Gondel-Boot-Kombination. Der 1,70 Meter mal 3 Meter große »Korpus« bestand aus einem (damals) hochmodernen Schaumstoff mit einer speziell entwickelten Terylen-Beschichtung. Die Gondel musste leicht sein, aber schwer genug, um als robustes und seetüchtiges Boot zu funktionieren. Sie musste einen Aufschlag aufs Wasser aus großer Höhe überstehen, nicht umschlagen, sich blitzschnell umbauen lassen und sofort schwimmen. Dazu wurde der Ballon entkoppelt,

Mast und Ruder wurden in die vorgesehenen Halterungen montiert, das Segel gesetzt – fertig! Material und Konstruktion wurden unter den unterschiedlichsten Bedingungen getestet, zum Schluss warfen die Mudies – zum Erstaunen von Passanten – ein Modell in halber Originalgröße von einer Brücke in der Londoner Innenstadt in die Themse. Man kann nicht ganz von der Möglichkeit absehen, dass Colin Mudie sich von Mark Twain inspirieren ließ. Die Gondel von Sawyers »großem, stattlichem Ballon« sah nämlich aus »wie ein Boot, groß und geräumig. An den Innenseiten waren wasserdichte Kästen, um alles Mögliche darin aufzubewahren, auf denen konnte jemand sitzen, und man konnte auch Betten darauf machen.«

Bei den Vorbereitungen bestätigte sich wieder einmal die ewige Wahrheit des Hofstadter'schen Gesetzes: »Alles dauert länger, als man glaubt, auch wenn man das Hofstadter'sche Gesetz bedenkt.« Statt der anvisierten »paar Monate« zog sich die Vorbereitungszeit für »*The British Transatlantic Balloon Flight*« über zwei Jahre hin. Die Besatzung *in spe* hatte alle Hände voll zu tun, das Hobby wurde zur Rund-um-die-Uhr-Beschäftigung. Tim Eiloart war, halb freiwillig, halb von den anderen genötigt, so eingespannt, dass er seinen Studienplatz in Cambridge verlor.

Eines stand interessanterweise zunächst nicht auf den langen To-do-Listen der Crewmitglieder: Unterricht im Ballonfahren. Für den Start in Teneriffa hatten sie einen Profi, der alles leiten würde, und sobald sie in der Luft waren, mussten sie nur in der Gondel sitzen und sich vom Wind nach Barbados pusten lassen. Irgendwann dämmerte ihnen, dass ein bisschen praktische Erfahrung nicht schaden würde. Vielleicht mussten sie auch nur einsehen, dass sogar die Macht der beflissenen Herren vom Versorgungsministerium Grenzen hatte: Ohne eine gültige Lizenz würde die spanische Luftfahrtbehörde sie auf Teneriffa nicht starten lassen. Ein Flugschein musste her, und zwar sofort.

Nun gab es 1957 in England keinen einzigen aktiven Ballonfahrer und schon gar keinen lizenzierten Fluglehrer. Bushy, der zum Ballonkommandanten ausersehen worden war, reiste ins holländische Haarlem, um beim Ehepaar Boesman Unterricht zu nehmen. Im Frühling 1957 kletterte er zum ersten Mal in seinem Leben in die Gondel eines Freiballons und machte auch gleich richtig mit. Als Nini Boesman nämlich »das Landemanöver einleitete, um den Ballon sanft auf eine Wiese zu setzen, zog der Passagier hinter ihrem Rücken übermütig an der Ventil-Leine. Die Anordnung der Kommandantin, das unstatthafte Hantieren mit den Ballon-Einrichtungen zu unterlassen, quittierte der Passagier mit vergnügtem Gelächter. Der Gatte der Kommandantin, der holländische Ballonfahrer John Boesman, Präsident des ›Haager Ballonclubs‹,

Die Besatzung der *Small World* (v. l. n. r.):
Colin und Rosemary Mudie, Tim und Arnold Eiloart

berichtete später: ›Nini schlug ihm auf die Hand, er ließ los, aber … es war schon zu spät. Wegen des starken Gasverlustes landete der Ballon mit einem derben Stoß in einem Graben.‹«

Eiloart brauchte den Schein, für lästige Umwege über Unterricht und Flugstunden hatte er weder Zeit noch Geld. Als er die Boesmans bat, bei der Kommandantenprüfung ein Auge zuzudrücken, um den Erfolg des Projektes nicht zu gefährden, waren sie über dieses unmoralische Ansinnen entrüstet. Aber es gab ja das britische Versorgungsministerium. Die Entscheidungsbefugten studierten den Gesetzestext so lange, bis eindeutig daraus hervorging, dass der dort erwähnte Lehrer erstens keine Lizenz brauchte, um ein Lehrer zu sein, und dass dieser Lehrer auch dann unterrichten, prüfen und den Prüfling bestehen lassen konnte, wenn er, der Lehrer, bei den Übungs- und Prüfungsfahrten nicht im Ballon war.

Bushy bestand erst die theoretische und dann »die andere« Prüfung, wie Peter Elstob (untypisch knapp) schreibt. Tatsächlich soll der Prüfer der britischen Luftfahrtbehörde während der Prüfungsfahrt unter dem Ballon hergeradelt sein. Am 7. Oktober 1958 war Arnold Eiloart der einzige Mensch in England mit einer Ballonführerlizenz.

Die vergnügte Idee, sich an die Wolken zu hängen und über den Atlantik zu schweben, war »ein Monster geworden, das alle vier versklavte«. Sie hatten bei null angefangen, sie hatten ein völlig neuartiges Gefährt konstruiert, sie hatten es finanziert, sie hatten alles gelernt, was sie lernen mussten, oder jedenfalls so viel, wie sie in der Kürze der Zeit lernen konnten. Zahllose Menschen und Firmen hatten ein Vermögen an Materialien, Leistungen und Arbeitsstunden investiert. Aus der Schnapsidee unter Freunden war ein so gewaltiges und teures Projekt nationalen Ausmaßes geworden, dass sie starten *mussten*. Sie standen unter immensem Erfolgsdruck.

Anfang Dezember 1958 war das *Small World*-Quartett mit Bergen von Ausrüstung, Helfern und Presseleuten in Médano an Teneriffas Südküste angekommen. Die spanischen Behörden waren mehr als zuvorkommend. Einwanderungsbehörde und Zoll winkten die Mannschaft, Hilfspersonen und Hunderte von Gepäckstücken in 15 Minuten durch, die Guardia Civil bewachte (kostenlos) das am Strand gelagerte, viele Tausend Pfund teure Material und hielt auch Hunderte Schaulustige zurück, die sich sofort einfanden.

Das Team bereitete vor, was vorbereitet werden konnte, dann warteten alle auf den *richtigen* Wind. Niemand wusste, ob er überhaupt kommen würde. Sicher war nur, dass er, falls er kam, nicht lange anhalten würde. Dann musste blitzartig gehandelt werden. Ein- oder zweimal wurde der Start abgeblasen, Bushy Eiloart fürchtete sogar, dass der eine günstige Moment, in dem alles so stimmte, dass sie starten konnten, ausbleiben könnte. »Wenn sie einen guten Versuch machten und scheiterten, wäre das unglückselig; wenn sie nie fortkämen – so triftig die Gründe sein mochten –, würde die ganze Angelegenheit wie eine Farce wirken. Aber wenn der Wind nicht aus der richtigen Richtung kam, konnten sie einfach nicht starten.«

Vor dem Start schrieb das amerikanische Magazin *Sports Illustrated* maliziös: »Ihr schwebendes Schiff wird von Vertrauen und einem großen runden Gasballon getragen werden.« Vor allem Vertrauen war wichtig. Es gehörte nämlich zu den Besonderheiten des Projekts, dass die vielen Erfindungen, an denen der Erfolg der Unternehmung und das Leben der Insassen hingen, kein einziges Mal unter realen Bedingungen getestet worden waren. Die Ballonhülle war einmal an einem Seil einhundert Meter aufgestiegen, die raffinierten Erfindungen für die *Small World* waren zahllose Male berechnet und ausprobiert worden, aber der Test, wie (ob!) sie alle zusammenwirken, wäre zu teuer gewesen. In einem von Colin Mudies Lieblingsalbträumen stieg der Ballon samt Halterungen auf und ließ die Ballonfahrer in ihrer Wanne am Boden zurück.

Die bevorstehende zehn- bis zwanzigtägige Atlantiküberquerung war Generalprobe, Jungfernflug und Ernstfall in einem. Sich in einem nie erprobten Gefährt auf so etwas einzulassen war ziemlich mutig, ja tollkühn, zumal drei der vier Besatzungsmitglieder immer noch keine Ahnung hatten, wie Ballonfahren geht.

Als der *richtige* Wind endlich kam, gab es kein Zaudern und Zagen, obwohl es zur Verzweiflung der anwesenden Fotografen und des *BBC*-Fernsehteams düsterste Nacht war. Auf einem Hügel wurde ein Feuer entzündet. Auf dieses Signal brausten die Insulaner mit ihren Autos herbei und beleuchteten den Startplatz mit Scheinwerfern. Außerdem wurden Fackeln aufgestellt.

Als es losging, war »die ganze Angelegenheit« keine Farce, sondern erst einmal eine ziemlich Blamage: »Die Ungeübtheit des Kommandanten machte sich bereits beim Start des Ballons am 12. Dezember 1958 bemerkbar. Beim Schein von Fackeln – es war vier Uhr morgens – wurde der Ballon von einer heftigen Brise in niedriger Höhe über den Strand getrieben. Die Gondel schleifte durch das Wasser, und ein Teil der Notvorräte, die an einem langen Seil unterhalb der Gondel befestigt waren, ging verloren. ›Mit Ausnahme von Eiloart befanden wir uns alle zum ersten Mal in einem Freiballon‹, berichtete später Rosemary Mudie. ›Eiloart war der Einzige der Besatzung, der wusste, wie gefährlich ein Start bei starkem Wind sein kann.‹ Bald nach dem Start wurde der Ballon von Aufwinden emporgerissen. Die Besatzung warf irrtümlich zu viel Ballast über Bord und musste daher versuchen, den Verlust mithilfe des Wassersacks wettzumachen: Man bemühte sich, den Segeltuchbehälter in die See hinabzulassen, um Wasser als zusätzliches Gewicht an Bord zu nehmen.«

In der Aufregung, dem Spektakel und Chaos der ersten Minuten, als sie nicht schnell genug aufstiegen, warfen sie auch einen Seesack mit Notverpflegung und Chemikalien zur Wasseraufbereitung ab. Aber binnen Minuten schoss der Ballon in fast 600 Meter Höhe, sie begannen sofort heftig zu strampeln, damit die Propeller ansprangen. Und da tat der Ballon, was er tun sollte: Er sank. Gleich darauf sank auch die Stimmung an Bord, denn es stellte sich heraus, dass zwischen Strampeln und Sinken kein Zusammenhang bestand – es war reiner Zufall gewesen. Die Propeller richteten gar nichts aus, das Schlepptau war unentwirrbar verknäuelt und ließ sich nicht über Bord werfen, der revolutionäre Schöpfmechanismus nahm kein Wasser auf. Letzteres war besonders bitter, denn ohne Meerwasser als Ballast würde es ganz sicher keinen Rekord geben. Bushy, sagte Rosemary Mudie später, sei in den ersten neunzig Minuten sichtlich gealtert.

Richtig wohl fühlten sich auch die anderen nicht. Erst waren sie nicht majestätisch in den Himmel gestiegen, sondern, hektisch Ballast abwerfend, über Strand und Wasser gehoppelt. Jetzt glitten sie nicht im gleichmäßig wehenden Passat sanft ihrem Ziel entgegen, sondern erlebten ein wildes, kaum zu steuerndes Auf und Ab. Ging es abwärts, warfen sie offenbar wahllos über Bord, was ihnen in die Hände fiel – Lebensmittel, Werkzeug, Seile –, um nicht aufs Wasser aufzuschlagen. Zischte der Ballon nach oben, mussten sie in Windeseile viel Meerwasser an Bord hieven, was anfangs misslang, weil der Sack falsch konstruiert war und leer oben ankam. Zwischen den Versuchen, leichter und schwerer zu werden, lagen manchmal nur Minuten. Einmal knallten sie aufs Wasser, nachdem sie gerade das (nutzlose) Propellergestänge, ihre vier Schlafsäcke sowie zehn Dosen Pfirsiche und Ananas geopfert hatten, um das zu verhindern. Der Ballon kam wieder hoch.

Ein Großteil ihrer Vorräte und der Ausrüstung baumelte, in Säcken verpackt, unter der Gondel. Wenn der Ballon das Meer berührte, trafen erst die Säcke auf und verloren so ihr Gewicht. Das machte die Gondel leichter und half ihr, wieder hochzukommen. Außerdem dämpften die Säcke den Aufprall. Wie manches andere war auch das eine hervorragende Idee, die nicht funktionierte. Die Säcke waren für das rabiate Gebänge und Geknalle nicht robust genug. Sie platzten, Filme, elektrische Instrumente, Navigationshandbücher, Proviant versanken im Meer.

24 Stunden nach dem Start fing eine Station in Santa Cruz einen Funkspruch der *Small World* auf: »Wir sind glücklich, aber müde und auf dem Weg nach Amerika.« Drei Tage nach dem Start meldete ein Schiff, es habe den Ballon 900 Meilen von Teneriffa entfernt gesichtet. Das Hilfsteam an Land rechnete rasch aus, dass sie bei diesem Tempo in sechs oder sieben Tagen, also noch vor Weihnachten, die Westindischen Inseln erreicht haben würden. Danach wurden sie nicht mehr gesehen, und es kamen auch keine Funksprüche mehr.

Tim, der auch der Bordfunker war, hatte nur diese eine Meldung senden können, bevor das teure Gerät seinen Geist aufgab. Endgültig aufgab, muss man sagen, es hatte schon auf Teneriffa nicht gut funktioniert. Nun flog es mit anderen raffinierten Ausrüstungsgegenständen als Ballast ins Meer. Man sieht es vor sich, wie die großzügigen Geschenke von vierzig britischen Firmen aufs Wasser platschen und kilometerweit gen Meeresboden sinken.

Nun waren die Kleinweltler komplett von der Welt abgeschnitten. Das hellte die Stimmung an Bord nicht gerade auf. Vater und Sohn stritten unentwegt, was laut Bushy nur an Tim lag. Er habe ihn unentwegt kritisiert und selbst in brenzligen Momenten nicht als »Kommandanten« akzeptiert. Außerdem, merkte Bushy bitter an, bildeten die Mudies »ein Team im Team«. Gruppendynamisch verschärfend kam hinzu, dass die Eiloarts die unordentlichsten Menschen waren, die je in einem Boot gesessen haben, die Mudies hingegen die penibelsten.

Vier Tage lang schwankten Stimmungen und Hoffnungen der Kleinweltler so heftig wie ihr Untersatz. Sie würden es schaffen, sie würden es nicht schaffen. Ach, es sah gar nicht schlecht aus. Vielleicht würden sie es doch schaffen … Nach vier Tagen mit mehr Abwechslung, als sie vorausgesehen hatten, geriet die *Small World* in ein Gewitter mit ungewöhnlich heftigen Turbulenzen. Sie schoss unkontrollierbar auf 1.400 Meter Höhe, die Gondel pendelte so stark, dass sie fürchteten, herausgeschleudert zu werden. Alle befanden sich am Rand der Panik. Eiloart zögerte, Gas abzulassen. Das wäre das Ende aller Rekordträume, danach würden sie nicht wieder hochkommen können. Zwei Jahre lang hatte er, hatten sie alle schlechten Nachrichten und unüberwindbaren Hindernisse ignoriert und immer einen Weg gefunden. Eiloart brauchte lange, fast zu lange, bis er den Ernst der Lage akzeptierte und sich eingestand, dass sie nun am Ende dieses Weges angekommen waren.

Als er sich, von den anderen bedrängt, durchgerungen hatte, sanken sie schnell. Die Crew bereitete die Notwasserung vor, einen Meter über dem Wasser klinkten sie den Korb aus. Das funktionierte perfekt. Der Ballon zischte steil nach oben und verschwand in den Wolken.

Als die Ballongondel der *Small World* nach 94,5 Stunden in der Luft aufs Meer auftraf und zum Segelboot wurde, waren die Kleinweltler siebeneinhalb Stunden länger in der Luft geblieben als je ein Ballon vor ihnen und hatten fast die Hälfte der geplanten Strecke zurückgelegt. Teneriffa war 2.225 Kilometer entfernt, Barbados 2.780 Kilometer.

Der hochkompliziert konstruierte Gasballon hatte sich nicht gerade brillant, aber recht wacker geschlagen, nun musste sich Mudies innovatives Boot beweisen. Den ersten und möglicherweise wichtigsten Test hatte es souverän bestanden: Der Rumpf war beim Aufprall heil geblieben. Sein Konstrukteur Colin Mudie hatte sich allerdings im Tohuwabohu kurz vor der Landung den Fuß gebrochen.

Wie sie es vereinbart hatten, ging mit dem Wechsel von Ballon zu Boot das Kommando von Bushy auf Colin über. Sie ruhten sich alle etwas aus, dann machten sie sich daran, Mast und Ruder zu montieren. Die *Small World* war ein sehr kleines Boot ohne Kiel, es neigte zum Kentern. Die Insassen waren gezwungen, es mit ihrem Gewicht in der Balance zu halten. Sobald sich einer bewegte, mussten die anderen »mitschwingen«. Und unter ihnen schwankte es ja auch.

Colin konnte wegen seiner Verletzung nur in der Ecke sitzen und Befehle geben. Rosemary kauerte vor dem Mastsockel, der sich auf dem Bug ganz vorn befand. Ihre Aufgabe war es, das Ende des Masts so ruhig wie möglich darüber zu fixieren. Die Eiloarts sollten den 5,50-Meter-Mast in diese Halterung rammen, ohne das Boot zum Kentern zu bringen oder selbst über Bord zu gehen. Sie gingen die wenigen Schritte vom Heck zum Bug, stemmten dabei den Mast immer höher und versuchten, nicht zu wackeln, was sie natürlich taten. Rosemary versuchte, das Ende trotz des Wackelns genau über dem Loch zu halten, was sie natürlich nicht tat. Wenn Bushy und Tim den Mast fast aufgerichtet hatten, konnten sie sich für den entscheidenden Stoß nicht neben die Halterung stellen. Sie standen davor und hingen dabei halb über Bord. Ein ums andere Mal fiel einer der beiden um, jedes verdammte Mal rammten sie den Mast neben den Sockel. Colin sagte ungerührt, sie müssten einfach so lange weitermachen, bis das Schicksal ein Einsehen habe und ihnen eine Bootsbewegung nach oben schenke, die sekunden- und millimetergenau mit ihrer Mastbewegung nach unten zusammenfalle. Irgendwann war diese Sekunde gekommen, danach wiederholte sich diese Slapstick-Nummer beim Einpassen des Ruders. Erst nach zwei Stunden war beides am Platz, die erschöpfte Mannschaft hatte ihrem Kapitän ob seiner launigen Kommentare mehrfach mit Meuterei und Schlimmerem gedroht.

Und was waren sie jetzt eigentlich? Nach einer Bruchlandung notgewassert waren sie (ihrer Interpretation zufolge) nicht, denn ihre Reise war zwar nicht nach Wunsch, wohl aber nach Plan verlaufen. Schiffbrüchig waren sie auch nicht, denn sie waren ja aus der Luft abgestürzt. Was immer das richtige Wort für sie sein mochte, ihr Leben glich dem von Schiffbrüchigen: Sie mussten das Wasser auf einen Viertelliter pro Person und Tag rationieren. Schlafplätze im engeren Sinne gab es keine, was bei vier Leuten auf fünf Quadratmetern Grundfläche nicht wirklich erstaunt. Da die Schlafsäcke dem Ballastproblem geopfert worden waren, lagen sie auf dünnen Isomatten. Am Bug waren mit einer Plane ein paar Quadratzentimeter für eine Art Toilette abgetrennt.

Vom Wassermangel abgesehen seien die ersten Tage auf dem Meer »wirklich sehr angenehm« gewesen, schrieb Bushy. Das änderte sich. Colin hatte Schmerzen, Rosemary war unablässig seekrank, Tim bekam schwere Magenkrämpfe und war geradezu hysterisch vor Angst. Er war sicher, dass sie alle sterben würden.

Colin, Rosemary und Bushy blieben trotz der Widrigkeiten meist optimistisch. Das Boot funktionierte gut, die Seitenwände waren so hoch, dass kaum Wasser ins Boot schwappte. Der Wind war günstig, ihre beiden Segel brachten sie Barbados jeden Tag mindestens 75 Meilen näher. Aber an Weihnachten ging es allen schlecht, es war einer der schlimmsten Tage der Reise. Sie spendierten sich eine viertel Tasse Wasser zusätzlich, eigentlich wollten sie auch die einzige Dose Kondensmilch öffnen, verschoben das aber, bis sie sich besser fühlten. Das war am folgenden Tag der Fall. Colin mischte seinen Teil mit Gofio,[*] die anderen drei den ihren mit Marmelade, Rosemary aß sogar noch einen Weizencracker dazu.

Die legendäre Passat-Route, auf der sie sich befanden, war früher von großen Segelschiffen stark frequentiert worden. Aber seit die großen Handelsschiffe nicht mehr auf den Wind angewiesen sind, nehmen sie die direkte Route, und die verläuft viel weiter nördlich. Darum sah Robert Manry 1965 auf der nördlichen West-Ost-Route in gut zwei Monaten 66 Schiffe, die Kleinweltler weiter südlich kein einziges. Sie konnten also kein Schiff um Proviant oder – was wichtiger gewesen wäre – Trinkwasser bitten.

Ihre größte Sorge war, dass sie Barbados verfehlen könnten, denn die östlichste der Kleinen Antillen ist nur dreißig Kilometer lang. Aber am Morgen des 5. Januar 1959 weckte Rosemary den völlig erschöpften Bushy mit den Worten: »Komm und sieh dir an, was für eine schöne Insel ich für dich gefunden habe, Bushy.«[**]

An Land hatte man keine Ahnung, wo sie waren, entsprechend groß war die Sorge. Schon um Weihnachten waren erste Stimmen laut geworden, die eine Suche einleiten wollten, Zeitungen auf beiden Seiten des Atlantiks glaubten die Ballongondelschiffer fast schon verloren. Aber Peter Elstob, der an Land die Entscheidungen fällte, hatte Bushy sein Wort gegeben, unter keinen Umständen eine Rettungsaktion zuzulassen. Sie würden entweder im Ballon landen oder, wie Colin stolz gesagt hatte, »elegant zu den Westindischen Inseln gesegelt kommen«. Also wurde nicht gesucht.

Die ersten Menschen, die die *Small World*-Besatzung nach 2.700 Kilometern und 21 Tagen im offenen Boot sahen, waren zwei Fischer vor Barbados. Auf die Bitte, die *Small World* durch das Korallenriff zur Insel zu schleppen, antworteten sie: »Wir wissen alles über Sie und die *Small World*. Wir haben

---

[*] Gofio besteht aus Gerste, Weizen und Mais, die geröstet und gemahlen werden. Die Mischung ist auf den Kanarischen Inseln sehr verbreitet.

[**] Es ist ein Zitat. Mit diesen Worten deutete Patrick Ellam 1952 auf Barbados, nachdem er und Colin Mudie mit dem 6-Meter-Boot *Sopranino* den Atlantik überquert hatten.

uns Ihretwegen große Sorgen gemacht und sind stolz, Ihnen so gut zu helfen, wie wir können.«

Das war die erste wichtige Information bei ihrer Rückkehr in die Zivilisation: Die Welt wartete auf sie. Sie hatten offenbar nicht, wie Bushy Eiloart befürchtet hatte, durch das Scheitern des Rekordversuchs Schande über sich gebracht. Die zweite wichtige Information war, dass sie sich darauf nicht allzu viel einbilden durften. Die Fischer verloren vor Freude über ihr Kommen keineswegs den Kopf. Sie verlangten, Sorgen hin, Stolz her, fünfzig Dollar fürs Schleppen und ließen die sehnsüchtig Erwarteten selbst warten. Sie mussten erst noch ihre Fische für den Tag fangen.

Hinter dem Riff angekommen, blieb die *Small World*-Besatzung, wie vorgeschrieben, im Boot, bis der Offizier der Hafenbehörde eintraf. In dieser Zeit sprach sich ihre Ankunft herum, Tausende Menschen strömten an den Strand und trugen sie schließlich auf den Schultern den Strand hoch.

Peter Elstob reiste sofort nach Barbados. In seine Erleichterung, die Freunde lebend zu sehen, mischte sich Entsetzen: »Ich hätte nie gedacht, dass vierundzwanzig Tage einen solchen Unterschied machen können – sie sahen aus, als kämen sie direkt aus einem Konzentrationslager. Besonders Tim, er hatte fünfzehn Kilo Gewicht verloren.«

Die Ballonsegler hatten sich zu Luft und zu See mehr als tapfer geschlagen. Sie waren in einer offenen 4,50-Meter-Plastikwanne über den halben Atlantik geschippert, was für sich genommen ein ziemliches Abenteuer und, ja, auch eine große Leistung ist. Und sie hatten – als Laien und aus dem Stand – den Welt-Dauerrekord im Ballonfahren errungen.

Aber damit war's dann auch gut. Bushy machte in seinem ganzen Leben noch ein oder zwei Ballonfahrten, Colin, Rosemary und Tim setzten nie wieder einen Fuß in eine Gondel. Für sie war die halbe Atlantiküberquerung die erste und letzte Ballonfahrt ihres Lebens.

Und wie ging es weiter?

Arnold »Bushy« Eiloarts Bedarf an Abenteuern war gedeckt. Er wurde Bauunternehmer und bewohnte ein schönes Haus am englischen Fluss Great Ouse, den er auch mit einem River Cruiser befuhr. Er starb 1981 mit 73 Jahren.

Tim Eiloart durfte nach Cambridge zurückkehren, was dem *Spiegel* eine Kurzmeldung wert war. Er beendete sein Studium, wurde Unternehmer und engagierte sich bei den englischen Grünen. Er starb 2009 mit 72 Jahren.

Colin Mudie wurde einer der bedeutendsten Schiffskonstrukteure Englands, vielleicht der Welt, er und Rosemary Mudie arbeiteten immer als Team.

Der Buchumschlag unterschlägt das Besondere der Reise:
Der Flug der *Small World* war zur Hälfte eine Schiffsfahrt.

Colin entwarf perfekte Segelschiffe für Privatleute sowie für die Marine und pflegte sein Faible für das Unkonventionelle. So wirkte er am Bau eines Bambusfloßes für eine Pazifiküberquerung mit, von ihm stammte jenes Ruderboot, mit dem David Johnstone und John Hoare 1966 den Atlantik überqueren wollten (siehe Kapitel 4), er rekonstruierte ein Handelsschiff, das vor 500 Jahren von Südengland nach Asien aufgebrochen war, und entwarf für den Weltumsegler Robin Knox-Johnston ein Schiff, das dieser sich nicht leisten konnte (siehe Kapitel 9). 2011 lebte das Paar in England.

Die ganze Skurrilität der *Small World*-Unternehmung blitzte noch einmal auf, als Rosemary Mudie in den exklusiven Seglerverein *Ocean Cruising Club* aufgenommen werden sollte. Es scheiterte fast daran, dass ihr »Schiff« keinen Starthafen hatte. Nun steht auf der Urkunde: »*Mid-Atlantic – Barbados; 1.500 nm, Small World (Gondola), 15 ft.*« Mit der anderen »*Mid-Atlantic*«-Hälfte war sie die erste Frau, die eine Atlantiküberquerung im Ballon versucht hatte.

Eine Atlantiküberquerung im Freiballon gelang erst 1978, die erste in Ost-West-Richtung sogar erst 1992.

8
DIE HUNGERKÜNSTLER

Alain Bombard, Hannes Lindemann
und ihre lange Durststrecke

Gefangene und Schiffbrüchige wissen,
dass hungernde Männer nicht an Frauen denken.
HANNES LINDEMANN

Wer spricht von Siegen?
Überstehn ist alles.
RAINER MARIA RILKE

Hannes Lindemann überquerte 1956
den Atlantik in einem Faltboot.

Alain Bombard auf der *L'Hérétique* in Casablanca 1952

Ein Bergsteiger unserer Tage sagte verwundert und bewundernd über die ersten Mount-Everest-Bezwinger, sie seien wirklich harte Hunde gewesen. Da wollen wir nicht zurückstehen: Hier also das Kapitel über die wirklich harten Hunde unter den Atlantikbezwingern.

Kann es etwas geben, was noch härter, schonungsloser, grausamer ist als die geruderten Atlantiküberquerungen von Harbo und Samuelsen, Ridgway und Blyth? Noch unbequemer als Vihlen und McNally in ihren Kinderbadewannen? Doch, schon. Man kann es mit einem aufblasbaren Gummiboot versuchen. Das ist nahezu gleichauf mit dem Meer, hat keine Kajüte und kann – durch eigene Ungeschicklichkeit, Treibgut oder einen angriffslustigen Schwertfisch – jederzeit ein Loch bekommen.

Man kann einen Einbaum oder Kajak nehmen. Die sind noch kleiner und enger als ein Schlauchboot, ihr Rumpf ragt nur minimal über die Wasserlinie und schützt somit kaum vor dem hereinschwappenden Meer. Sie sind auch erheblich kippeliger, das heißt, sie sind höllisch schwer in Balance zu halten. In einem schwimmenden Kajak aufrecht zu stehen ist selbst für Könner schwierig, es besteht auch die Gefahr, durch den Gummiboden zu brechen. Anfänger pflegen schon beim Versuch des Einsteigens zu kentern, einmal drin, muss man sich immer, jede Minute, aktiv damit befassen: »Mit Händen, Füßen und dem ganzen Körper musste ich das Gleichgewicht des Einbaums halten, Stunde um Stunde, Tag für Tag.« Sagt Hannes Lindemann. Er weiß Bescheid, denn er ist einer der wirklich harten Hunde.

Wer einmal sitzt, muss sitzen bleiben. Das ist schlecht für Gelenke, Blutkreislauf, Gesäß. Er kann seine Haltung nie, *nie* nennenswert verändern. Es gibt am Menschen nichts, wofür das gut wäre. Die Plane – Spritzdecke genannt – umschließt die Hüfte, und da es im Boot immer feucht ist, gleicht das Bootsinnere einem feuchtwarmen Brutkasten. Dann »gammeln die Beine in der Salzlake«. Das gibt einem den Rest.

Um es sich mit einem solchen Boot nicht zu einfach zu machen, kann man eine Route über eine Wasserwüste wählen, wo man für die Dauer von zwei bis drei Monaten vermutlich ungesehen und ungestört bleibt. Um die eigene Strapazierfähigkeit ernstlich zu testen, kann man mit wenig, besser wäre völlig ohne Proviant und Süßwasser aufbrechen und sehen, was dann passiert. Wie lange man überlebt. Wie. Ob.

Sollte man lebend auf der anderen Atlantikseite ankommen, wird man vermutlich weltberühmt. Anderenfalls werden all jene krokodilstränenüberströmt den Kopf schütteln, die gleich wussten, dass so etwas ein offenkundiger Selbstmordversuch ist. Sie werden tiefe Bestürzung heucheln, voller Genugtuung, dass sie recht behalten haben.

Unmittelbar nach dem Zweiten Weltkrieg haben zwei Europäer die beschriebenen Fahrten unternommen. Beide waren Mediziner, beide wollten durch Selbstversuche beweisen, dass Schiffbrüchige auf dem offenen Meer bedeutend länger überleben können, als sie es meist tun. Der Franzose Alain Bombard und der Deutsche Hannes Lindemann inszenierten jeweils einen »freiwilligen Schiffbruch«[*] und bezeichneten das als wissenschaftliches Experiment.

Im Herbst 1950 stritten im Spital St. Louis in Boulogne Ärzte und Medizinstudenten darüber, wie lange ein Schiffbrüchiger ohne Süßwasser und ohne Lebensmittel am Leben bleiben kann. Alain Bombard, damals 25 Jahre alt, musste sich für die Behauptung auslachen lassen, dass »das Meer einen Menschen ernähren kann, solange er den Willen hat, am Leben zu bleiben«. Bombard ließ sich ausgesprochen ungern auslachen.

Mit einem Stipendium des berühmten ozeanografischen Instituts von Monaco (wenig später wurde Jacques-Yves Cousteau dessen Leiter) pflügte er sich durch alles, was er in dessen Bibliothek über Havarien finden konnte. So erfuhr er, dass neunzig Prozent der Schiffbrüchigen binnen drei Tagen sterben, obwohl ein Mensch etwa dreißig Tage ohne Nahrung und zehn Tage ohne Trinkwasser überleben kann. Bald sah er die größte Gefahr woanders: »Wenn der Durst schneller tötet als der Hunger, dann tötet die Verzweiflung noch schneller als der Durst.«

Deswegen waren Hunger und Durst längst nicht zu ignorieren. Er analysierte den Salz- und Nährgehalt verschiedener Meereslebewesen und kam zu dem erstaunlichen Schluss, dass Schiffbrüchige auch ohne Süßwasser nahezu unendlich lange am Leben bleiben konnten: Wegen der Vitamine sollten sie Meeresplankton essen, und sie mussten natürlich Fische fangen. Ein Teil des Fangs musste roh (wie sonst?) gegessen und der andere – genauer: pro Tag sechs Pfund – ausgepresst werden. Da der Salzgehalt der Fischsäfte erheblich niedriger sei als der des Meerwassers, könne man diese (vermutlich wenig delikate) Flüssigkeit gefahrlos mit etwas Meerwasser vermischt trinken. Für einen wirklichen Eklat aber sorgte seine weitergehende Behauptung, Meerwasser sei in kleinen Mengen überhaupt nicht so schädlich, wie immer behauptet werde. Wenn ein Schiffbrüchiger seine tägliche Süßwasserration mit 0,2 bis 0,5 Liter Meerwasser strecke, werde er weder verdursten noch an Nierenversagen durch zu viel Salz sterben. So sei er damit nicht ausschließlich auf Regen angewiesen. Über diese These wird auch sechzig Jahre später immer noch gestritten.

---

[*] *Naufragé volontaire* ist der Originaltitel von Bombards Buch.

Bombard wollte sein Leben wagen, um diesen Beweis anzutreten und so das Leben vieler zu retten. Ein Samariter. Allerdings keineswegs demütig, sondern geradezu lachhaft stolz und leicht kränkbar. Es war ihm außerordentlich wichtig, jeden in seine Schranken zu weisen, der seine Ideen anzweifelte oder gar verspottete. Je mehr über ihn den Kopf schüttelten, umso entschlossener wurde er. Stolz und Angst vor Gesichtsverlust gelten unter Extremsportlern als die größte Lebensgefahr von allen.

Er würde den Atlantik ohne Proviant und Trinkwasservorräte überqueren, und als sei das nicht genug, wählte er als Untersatz ein aufblasbares, u-förmiges Schlauchboot. Zu sagen, dass ein solches Boot mit einem kleinen Segel für das offene Meer ungeeignet ist, trifft es nicht ganz. Menschen wurden schon für weniger in die Psychiatrie eingewiesen, und tatsächlich dürften »mutig« oder »kühn« kaum die ersten Worte sein, die einem hierzu einfallen. Man wisse doch, dass aus diesen Booten ab dem zehnten Tag Luft entweiche, wurde gehöhnt, warum er nicht auf einer Luftmatratze loslege. Spötter meinten, das mit den zehn Tagen sei nicht schlimm, bis dahin sei Bombard sowieso verreckt. Der taufte das Boot demonstrativ *L'Hérétique*, »Der Ketzer«.

Ursprünglich sollte ein Freund mitfahren, eine Entscheidung, zu der ein Fremder Bombard gratulierte: Sollte der unterwegs sterben, könne er ihn aufessen. Der Freund ließ sich davon nicht abschrecken, im Juli 1952 verließen sie ohne irgendetwas an Bord Monaco in Richtung Tanger. Die ersten beiden Wochen waren so entbehrungsreich, dass sie tatsächlich zu verhungern drohten, es bissen keine Fische an. Verzweifelt nahmen sie von einem Dampfer Wasser und Nahrung an, was Bombards Kritiker jubeln ließ. Bombard konterte, seine Theorie gelte für den Atlantik, nicht für das Mittelmeer. Am 11. August verließ er Tanger allein, ohne das Wissen seines Freundes und Mitstreiters, angeblich weil dieser aus Angst versucht hatte, die Weiterreise zu verzögern und damit letztlich zu vereiteln.

In Las Palmas auf Gran Canaria angekommen, erreichte Bombard die Nachricht, dass er zum ersten Mal Vater geworden war. Er flog nach Paris. Seine Gegner, schreibt er verbittert, erwarteten, dass er das als Ausrede nutzen würde, um das Projekt abzublasen. Was seine Frau erwartete, schreibt er nicht.

Er kehrte nach Las Palmas zurück und segelte am 19. Oktober 1952 los. Als »freiwillig Schiffbrüchiger« hatte er weder Proviant noch Trinkwasser dabei, ausgenommen ein Sieben-Tage-Notvorrat, natürlich verplombt. Zweck der Reise war der Beweis seiner These. Zugleich aber war sie, ob geplant oder nicht, ein doppelter Weltrekordversuch: die erste Atlantiküberquerung in einem Schlauchboot, die erste *geplante* Überquerung ohne Proviant.

Das Schlauchboot hatte ein Hilfssegel und Seitenschwerter. Das sind, verkürzt gesagt, stabilisierende Ausleger, die ein Boot unter Segeln auf Kurs halten, wenn es bei seitlichen Winden mehr zur Seite als nach vorne getrieben wird. Es war mit 4,50 Meter Länge und 1,80 Meter Breite recht groß, da es ja ursprünglich zwei Männern Platz bieten sollte. Die maximale Geschwindigkeit eines Schiffs bemisst sich nach seiner Länge, ein Gesetz des Segelns lautet: Länge läuft. Aber die kurze L'Hérétique war kein schnittiger Segelschwan, ihre Höchstgeschwindigkeit betrug um die drei Knoten, also fünfeinhalb Kilometer pro Stunde. Bombard hoffte, die 5.000 Kilometer bis zu den Kleinen Antillen in vierzig Tagen zu schaffen.

Er konnte sein Reich (wenn er sich festhielt) mit drei Schritten durchmessen, wichtiger war, dass er auf Höhe des Meeresspiegels hockte. Dabei war die Dünung nicht das Problem. Die kann so hoch sein, wie sie will – da sie normalerweise flach ist, wird ein so kleines Boot darauf nur hochgehoben und wieder heruntergelassen. Schwierig wird es, wenn viel Wind diese Wellen steil macht und brechen lässt. Schon in der dritten Nacht geriet Bombard in so einen Sturm, das Boot, das kaum mehr als ein Floß war, schlug voll und drohte zu sinken.

Warum ein Eimer das Experiment gefährdet hätte, verrät er nicht, jedenfalls hatte er kein Behältnis an Bord, um Regenwasser aufzufangen und Wasser aus dem Boot zu schöpfen. Das tat er zehn Stunden lang mit den Händen und seinem Südwester – so lange dauerte diese erste Krise. Wenig später ging seine Uhr kaputt, was die Navigation erheblich schwieriger machte. Bombard hatte von Navigation nicht die geringste Ahnung, das hätte die Aufgabe seines Freundes sein sollen.

Auf so einem kleinen Boot erledigen selbst Könner die Standortbestimmung per Sextant nicht mit links. Dazu nur so viel: Ein Sextant hat Spiegel. Darin muss man die Sonne und den Horizont sehen, sonst wird das nichts. »Auf kleinen Booten und bei bewegter See wird der Beobachter vom Stampfen und Rollen des Schiffes hin und her geschleudert und hat allergrößte Mühe, das notwendige Gleichgewicht zu bewahren, um das Spiegelbild der Sonne mit dem Horizont in Berührung zu bringen. Nur zu häufig wird die Sicht des eben über dem Meeresspiegel hockenden Beobachters durch hohen Seegang verdeckt. Sprühwasser schlägt sich auf den Linsen und Spiegeln des Sextanten nieder, was die Aufgabe nicht gerade erleichtert.« Um noch knapper über dem Meeresspiegel zu sein als Bombard es war, muss man schwimmen.

Seine Angelgerätschaft war primitiv, doch er fing damit Fische, er presste sie aus, er trank den Saft und auch seine Meerwasserration. Um Skorbut vorzubeugen, »erntete« er täglich zwei Esslöffel Plankton aus dem Meer, das »wie

Krabben- oder Langustenpaste schmeckte«. Bombard erwähnte übrigens keine Amphetamin-Tabletten, mit denen sich in den Fünfziger- bis Siebzigerjahren die allermeisten Einhandsegler wach hielten, und er schreibt auch nichts von Halluzinationen, die zu ihren üblichen Erfahrungen gehörten.

Liest man, was er zum Zeitvertreib mitnahm, so muss man sich fragen, ob er auch nur ahnte, was ihm bevorstand. Seine Bordbibliothek ist die ideale, wenn auch sehr anspruchsvolle Begleitung für eine lange Kreuzfahrt: die Partituren einiger Bach- und Beethovenwerke, Gesamtausgaben von Molière und Rabelais, *Don Quijote*, Nietzsches *Also sprach Zarathustra* auf Deutsch, Aischylos in einer zweisprachigen Ausgabe und Ähnliches mehr. »Der beste Reisebegleiter war Nietzsche. Molière fand ich in meiner Verfassung sehr bald gar nicht mehr lustig, und die Verfressenheit von Sancho Pansa brachte mich zur Raserei.«

Die südliche Atlantikroute von den Kanarischen Inseln in die Karibik ist weniger rau als die nördliche vom Nordosten der USA zu den Britischen Inseln, aber das offene Meer ist immer gefährlich. Man muss jederzeit mit heftigen Stürmen und plötzlichen Wetterumschwüngen rechnen, und Bombard hatte seit Monaco außerordentliches Pech mit dem Wetter: In den ersten 23 Tagen regnete es nicht, er blieb ohne Süßwasser, dann kamen, wie erwähnt, solche Wolkenbrüche, dass das Boot volllief und unterzugehen drohte. Er erlebte Stürme, viel gefährlicher war allerdings, dass er mitten im Passatgürtel mit seinen laut Meteorologen »sehr beständig wehenden« Winden eine 27-tägige Flaute erlebte. Das geschieht äußerst selten und bestätigt die bittere Erfahrung zahlloser Seefahrer: Der Wind liest keine Statistiken.

Auch wenn es Landratten nicht unmittelbar einleuchten mag: Anhaltende Flauten sind für Seefahrer viel zermürbender als stürmisches Wetter. Wenn alles bis zum Horizont flach ist, das Schiff leise auf der Stelle wiegt, die Takelage nur hin und wieder knarrt und schlägt, kann ein Segler, der keinen Motor hat, nur auf die glatte See hinausschauen und warten. Gefährlich sind Flauten, weil sie alle Berechnungen für Proviant und Trinkwasser über den Haufen werfen (so man dergleichen an Bord hat). Für Bombard bedeutete die vierwöchige Windstille eine unerwartete Verschärfung der Lebensgefahr, in die er sich hineinbegeben hatte.

Durch Unachtsamkeit verlor er sein bestes Segel, seine Kleidung zerfiel durch die Feuchtigkeit, die Mangelernährung machte ihn schwach, Fußnägel lösten sich, er litt unter eitrigem Hautausschlag und blutiger Diarrhö. Ein Schwertfisch tauchte auf, der das Boot zehn lange Stunden umkreiste, bis er wieder verschwand, ohne zugestochen zu haben. In der dritten Woche unterlief Bombard ein Fehler, der fast sein letzter gewesen wäre: Zu seinen wenigen

Annehmlichkeiten gehörte ein Gummikissen, damit er nicht im Wasser auf dem Bootsboden sitzen musste – irgendwann fegte er es mit einer ungeschickten Bewegung ins Meer. Bombard sprang hinterher, dachte aber daran, vorher den Treibanker ins Meer zu werfen. Das ist ein zylinderförmiges Stück Stoff an einer Leine, das das Boot bremst, damit es nicht davonschwimmt. Dieser Anker fiel aber nicht ins Wasser, wo er hingehört, sondern »schwebte wie ein geöffneter Fallschirm vor dem Boot her«, was die *L'Hérétique* sogar beschleunigte. Der geschwächte Bombard kraulte eine Stunde lang hinterher. Schließlich sank der Treibanker ins Wasser, das Boot stoppte. Bombard hätte nicht überlebt, wenn er nicht ein exzellenter Schwimmer gewesen wäre; er hatte 1951 den Ärmelkanal durchquert. Gut auch, dass kein Hai in der Nähe war.

Irgendwann hatte das Elend einen Grad erreicht, an dem Bombard überzeugt war, er werde auf See sterben. Er war von einem freiwilligen zu einem echten Schiffbrüchigen geworden. Als er das begriff, tat er etwas, was er durchaus schon in Monaco hätte tun können: Er schrieb ein Testament.

Er fuhr auf einem leeren, einsamen Ozean. Am 10. Dezember – seinem 53. Tag – wurde er von einem Dampfer gesichtet. Er nahm die Einladung an, an Bord zu kommen, wo er nach einigem Zögern ein Spiegelei, ein Stückchen Leber und etwas Obst aß. Bombard hatte in den Wochen auf See das Navigieren nicht gelernt, denn er erfuhr, dass er bittere 600 Seemeilen weiter östlich war, als er errechnet hatte.

Wenn die zurückgelegte Distanz und die eigene Position falsch berechnet sind, bietet die Unendlichkeit des Meeres den Sinnen nichts, woran sie sich orientieren, wodurch sie das Errechnete korrigieren und den wahren Schiffsort bestimmen könnten. Auf einer Fläche, die immer gleich bleibt, nehmen die Sinne auch die eigene Bewegung nur wahr, wenn ein anderes Objekt auftaucht – ein Schiff oder Land. »Die Zeit-Raum-Dimension geht irgendwie verloren«, beschreibt der deutsche Segler Nikolaus Hansen diese Erfahrung. »Wir sind immer in der Mitte des Kreises, den der Horizont beschreibt, also immer an der gleichen Stelle. Darum spielt auch die Zeit keine Rolle, es ist immer jetzt, immer hier.«

Als John Ridgway 1966 über den Atlantik ruderte (siehe Kapitel 4), empfand er den Nachthimmel als ebenso faszinierend wie deprimierend. »Das Gleichmaß dieser Aufeinanderfolge von Nächten in einem kleinen, offenen Boot mitten auf dem Atlantik, mit dem Großen Bären, dem Polarstern, mit Sirius und Mars stets in der gleichen Position, gab mir das Gefühl, tagsüber keinen Millimeter vorangekommen zu sein. Ich ruderte mir die Seele aus dem Leib und richtete doch nichts aus.« Nur das tägliche Kreuz auf der Seekarte zeigt die Bewegung an. Wer es versäumt, seine Positionen exakt zu bestimmen und gewissenhaft einzutragen, läuft Gefahr, nicht nur geografisch die Orientierung zu verlieren. Und noch die beste Navigation bleibt »eine mathematische Vermutung, an die man sich klammert, wenn alles Empirische fehlt«.

Bombard hatte schon vor der Begegnung mit diesem Schiff keine rechte Orientierung mehr, zudem war er schwach, demoralisiert und halb verdurstet. Er hatte seine These nach 53 Tagen ohne Trinkwasser- und Nahrungsvorräte hinlänglich bewiesen, er hätte ehrenhaft aussteigen können. Das tat er nicht. Seine idiotisch klingende Begründung lautete, man werde ihn nicht ernst nehmen und seine Erfahrungen nicht zur Rettung von Menschenleben nutzen, wenn seine Unternehmung kein »vollkommener Erfolg« wäre.

Ernest Hemingway lässt den alten Fischer Santiago sagen: »Man kann vernichtet werden, aber man darf nicht aufgeben.« Bombard, Hemingway und Santiago waren mit ihrer selbstzerstörerischen Unnachgiebigkeit nicht allein. Vielen maritimen Extremisten bietet sich nach Wochen schwerster Leiden eine Möglichkeit zum Abbruch – sie ergreifen sie nicht. Sie haben ein selbst gesetztes Ziel, das gilt es zu erreichen. Alles andere wäre Aufgeben, und Aufgeben ist keine Alternative.

Auch für Bombard nicht, der sich durch die vielen Zweifler und Spötter notorisch ins Unrecht gesetzt fühlte. Also kehrte er auf sein Schlauchboot zurück, zu weiterem Leid und neuen Leiden: Die kleine »normale« Mahlzeit bereitete ihm entsetzlichste Magenkrämpfe, noch schlimmer war, dass roher Fisch ihn nun anwiderte. In den letzten zwölf Tagen auf See hatte er unerträglichen Hunger und konnte nur noch an Essen denken. Obendrein musste er ständig Wasser schöpfen, weil das Boot immer stärker leckte.

Am 23. Dezember 1952, nach 65 Tagen, erreichte er Barbados. Er hatte 25 Kilo abgenommen und war in einem so schlechten körperlichen Zustand, dass er für kurze Zeit stationär behandelt werden musste. Aber er lebte – und der Notproviant war noch versiegelt.

Im Dezember 1952 war auch die Engländerin Ann Davison in ihrem Segelboot auf dem Weg von den Kanarischen Inseln nach Barbados. Als sie am Morgen des 9. Dezember an Deck kam, sah sie eine leere Rumflasche vorbeischwimmen und notierte in ihr Logbuch: »Wem segeln wir hinterher?« (Wie die meisten Segler sprach auch Davison von sich und ihrem Boot als *wir*.) »Betrog Bombard?« Davison meinte das als Scherz, viele andere fragten sich das ernsthaft. Hatte Alain Bombard wirklich 65 Tage lang nur vom Meer gelebt? Manche warfen ihm die Schiffsmahlzeit am 53. Tag vor, andere äußerten handfeste Betrugsvorwürfe: Segler in Las Palmas wollten gesehen haben, dass er den Hafen mit einem Dreimonatsvorrat an Wasser und Lebensmitteln verlassen habe. Angeblich waren in niederländischen Zeitungen sogar Fotos erschienen, die zeigten, wie er auf hoher See von weiteren Schiffen mit Konserven versorgt worden war. Warum die Weltpresse, die Bombards Triumph gefeiert hatte, diese sensationellen Fotos von den holländischen Kollegen nicht übernahm, erklärten seine Kritiker nicht.

Auch Dr. Hannes wiederholte die Vorwürfe, Bombard habe nicht deklarierte, unverplombte Lebensmittel und Trinkwasser an Bord gehabt, und bezichtigte ihn damit des Betrugs. Dabei hatte er den Franzosen und seine »ketzerischen« Thesen anfangs bewundert. Das ging indes nicht so weit, dass er sie blind geglaubt hätte. Er wollte mit seinen eigenen Mitteln überprüfen, »wie einem Schiffbrüchigen zumute ist« – diese Mittel waren Einbaum und Kajak.

Er hatte nach dem Krieg als Arzt in Liberia gearbeitet. Dort ließ er einen 7,70 Meter langen Mahagoni-Einbaum fertigen, den er nur geringfügig veränderte: Er härtete ihn mit einem Fiberglasüberzug, montierte einen Kiel mit 250 Pfund Blei, deckte das Boot zu und versah es mit drei Segeln, aber keinem Motor.

Er war nicht der Erste, der mit einem Einbaum auf lange Fahrt gehen wollte. Ein Pionier der Einbaumreise war der Deutschkanadier John Voss, übrigens gebürtiger Schleswig-Holsteiner wie Lindemann selbst. Er war 1901 in seinem Einbaum *Tilikum* losgesegelt: von Australien nach Afrika, weiter ins brasilianische Pernambuco und über die Azoren bis London, wo er im Herbst 1904 ankam. Lindemann hatte für sein Boot, das er entsprechend seiner Herkunft *Liberia* nannte, angeblich sogar Anleihen bei der *Tilikum*-Konstruktion gemacht. Außer Bombard und Voss gab es auch noch Kapitän Romer (zu ihm gleich mehr), beide hatten unsägliche Strapazen erlebt. Lindemann kannte ihre Reiseberichte, nur er selbst kann wissen, ob er seine eigenen Solo-Traversen trotz oder aufgrund dieser Lektüre plante.

Er machte mehrere Anläufe zur Überquerung, die er abbrechen musste, wobei er die ersten Tage im Einbaum sehr skurril schilderte: »Täglich nahm ich ein kurzes Bad, hielt Mittagsruhe und führte das Leben eines Normalbürgers.« Genau – erst planschte er in einem fünf Kilometer tiefen Pool, dann entspannte er ein Stündchen – in einer Salzwasserpfütze sitzend, vom sicheren Tod durch Ertrinken oder von hungrigen Haien nur durch ein bisschen Holz getrennt. Wie ein »Normalbürger« führte er übrigens auch eine Schreibmaschine mit. Es stellen sich praktische Fragen: Wie tippt es sich auf salzwasserfeuchtem Papier? Wann beginnt eine Schreibmaschine zu rosten? Vor allem aber stellen sich surreale Bilder ein: Mitten auf dem Atlantik sitzt ein Mann mutterseelenallein in einem Einbaum und tippt vor sich hin. Vielleicht sogar, während »der Einbaum mehr als hundert Meter durch die schleimigen, hellbraunen Exkremente« von Walen hindurchglitt …

Schon bei diesen ersten Versuchen machte er katastrophal andere Erfahrungen als Bombard. Es gelang ihm nicht, aus den gefangenen Fischen Flüssigkeit herauszupressen, die von Bombard empfohlene Tagesration von 0,2 Liter Meerwasser ließ seine Gliedmaßen anschwellen, er litt unter furchtbarem Durst. Darum trank er bald gar kein Salzwasser mehr und hatte Glück: Es regnete viel.

An einem Morgen Ende Oktober 1955 verließ er unbemerkt den Hafen von Las Palmas, um zum, wie er es nannte, »großen Sprung« anzusetzen. Ein Wort wie ein Abwehrzauber, er wusste schließlich, dass er lange und langsam hinüberkriechen würde. Auch für diesen »großen Sprung« nahm er kein Trinkwasser mit, Vorräte für zwei bis drei Monate wären im Einbaum sowieso kaum unterzubringen gewesen. Nach 65 Tagen in absoluter Isolation, ohne Funk und Radio, erreichte er die Karibikinsel St. Croix. Er hatte mit dieser Fahrt ein Band zwischen Liberia und Haiti, »den damals einzigen Negerrepubliken« (so hieß das in den Fünfzigerjahren), knüpfen und beweisen wollen, dass es möglich war, diese Strecke mit einem afrikanischen Einbaum zurückzulegen.

Die 76 Zentimeter breite *Liberia* ist damit das schmalste Boot, mit dem jemals eine transatlantische Fahrt gelang.

Einmal ist keinmal. In Lindemanns Buch klingt es fast so, als sei seine Einbaumreise nur der Testdurchlauf für das gewesen, was er *wirklich* wollte: den Atlantik im Kajak überqueren.

Das Ur-Kajak ist von den traditionellen Eskimokajaks inspiriert. Es besteht aus einem Holzgerüst, einer millimeterdünnen Gummi-Bootshaut und einem wasserdicht imprägnierten Verdeck[*] und heißt nicht umsonst »Faltboot«: Man bekommt es als flaches Paket und muss es selbst aufbauen; mit etwas Übung gelingt das in weniger als einer halben Stunde. Verstaut in zwei Taschen, kann man mit dem Boot in Bussen und Bahnen an einen Fluss oder See fahren, das Kajak zusammenstecken und lospaddeln. Am Ziel (oder dem Ende der Kraft) angekommen, faltet man es wieder zusammen, kehrt mit Bussen und Bahnen nach Hause zurück und schiebt es bis zum nächsten Sonntag hinter den Schrank. Die Boote werden auch liebevoll-spöttisch »Gummischuh« oder »Lumpenkreuzer« genannt, tatsächlich sind sie reine Konstruktionswunder.

---

[*] Diese Beschreibungen gelten nur für die Art von Faltboot, mit dem Lindemann in den Fünfzigerjahren unterwegs war. Moderne Kajaks sind in vielfältiger Hinsicht anders, vor allem bestehen sie nicht mehr aus einem Holzgerüst und imprägnierter Leinwand, sondern aus speziellem Kunststoffmaterial für den Bootsbau.

Sie sind genial für das »Wasserwandern« auf Flüssen und Seen, und 1926 hatte Roald Amundsen am Nordpol *Klepper*-Boote dabei. An Ozeanüberquerungen hatten seine Konstrukteure allerdings nicht gedacht.

Mit dem Einbaum hatte Lindemann die körperlichen Überlebenschancen ausprobiert, nun wollte er unter extremsten äußeren Bedingungen, nämlich im »kleinstmöglichen Boot«, nach der Lösung »der psychologischen Probleme des Überlebens auf See« suchen. Wie entscheidend das war, wusste auch Bombard, er hatte auf dem Atlantik vor allem Angst vor seiner Angst gehabt. Ein Verlangen nach Askese brachte Lindemann offenbar mit; was ihm nach seinem eigenen Dafürhalten fehlte, war uneingeschränkte psychische Selbstkontrolle. Nur damit würde er Schmerzen, Entbehrungen, Angst, körperliche Erschöpfung, Mutlosigkeit und Verzweiflung überstehen. Seine »Geheimwaffe« wurde autogenes Training, das damals wenig bekannt war und meist als Spinnerei abgetan wurde. Sechs Monate lang »programmierte« er sich mit vier »positiven Selbstsuggestionen« auf Durchhalten:

– Ich schaffe es!
– Nicht aufgeben!
– Nimm keine Hilfe an!
– Kurs West!

Das einzige Boot, dem er bei seinem »Kurs-West-Nicht-Aufgeben-Abenteuer« sein Leben anvertrauen wollte, war ein Faltboot der Firma *Klepper*. Das Vertrauen war nicht gegenseitig. *Klepper* warb zwar mit »Fahr fröhlich in die weite Welt mit Klepper-Boot und Zelt«, die Firmenleitung nahm das mit der »weiten Welt« aber nicht wirklich ernst. Man hielt Lindemanns Idee für blanken Irrsinn, damit wollte man nicht in Verbindung gebracht werden. Lindemann blieb bei seiner Wahl und bezahlte das Boot aus eigener Tasche.

TÖRN

1932 war der Hamburger Oskar Speck, damals 25 Jahre alt und ein sehr erfahrener Kajakfahrer, mit einem Faltboot in Ulm losgepaddelt. Das war mitten in der Weltwirtschaftskrise, er war arbeitslos und wollte »nur« nach Zypern, wo angeblich Arbeiter für die Kupferminen gesucht wurden. Dann aber fand er Geschmack am Reisen, er wollte lieber »die Welt kennenlernen«, statt in Zypern zu arbeiten. Sieben Jahre und 50.000 Kilometer paddelte er an den Küstenlinien entlang, bis er im Herbst 1939 in Australien ankam. Er wurde von der deutschen *Pionier Faltboot Werft* gefördert. Sie versprach sich von dieser Reise eine gute Werbung für ihre Produkte und schickte ihm im Laufe der Jahre vier Boote hinterher.

Auch *Klepper* hatte nicht grundsätzlich etwas gegen große Touren mit ihren Booten. Sie waren auch gewillt, dergleichen zu unterstützen, trauten aber ihren Standardmodellen nicht. Das *Klepper*-Boot, mit dem ein 29-jähriger Deutscher namens Kapitän Franz Romer 1928 bis in die Karibik kam, war gezielt für ihn entworfen und gebaut worden.

Die robuste Spezialanfertigung war sechseinhalb Meter lang und mit einem Gewicht von 73 Kilo alles andere als zerleg- oder tragbar. Dafür bot sie viel Platz für Proviant sowie ein wasserdichtes Eckchen für Romers fesche weiße *Hapag*-Kapitänsuniform, ohne die er nirgendwohin zu reisen gedachte. Fotos zeigen ihn mit einem Doppelpaddel im Boot sitzend. Das ist reine Propaganda. Es war kein besegeltes Faltboot, sondern ein durchdachtes Kanusegelboot.

Romers Traum vom Atlantik war der Traum von einem schicken Leben. Ein Leben, wie es der Flieger Charles Lindbergh führte, nachdem er 1927 mit seinem 35-stündigen Atlantik-Alleinflug direkt in den Status eines Mediengottes hineingeflogen war. Romer war darüber zutiefst verbittert. Er hatte angeblich schon 1926 einen Flug von Hamburg nach New York geplant, aber der deutsche Flugzeugbauer Junkers hatte ihm keine Maschine gegeben. Ein anderer Rekord musste her. Romer behauptete sogar, *Klepper* sei an ihn herangetreten und habe ihm eine Atlantiküberquerung in einem ihrer Boote vorgeschlagen.

Wie auch immer: Lindbergh war zum Ruhme der USA geflogen, Romer würde zum Ruhme Deutschlands paddeln (nun gut: segeln), darum nannte er sein Boot *Deutscher Sport*, ein Name mit Loriot-Qualitäten. Er segelte 4.000 Seemeilen, von Portugal über die Kanarischen Inseln zur Karibikinsel St. Thomas. Danach wurde er stürmisch gefeiert, man nannte ihn gar den »neuen Lindbergh«. Das wird er gern gehört haben.

Aber es war ein teuer bezahlter Triumph. Die Aufzeichnungen der 88 Tage auf See berichten von Seekrankheit, Brechern, die ihn überrollten, einem explodierten *Primus*-Kocher, lockeren Zähnen durch Skorbut, einem hartnäckigen Hai-Angriff (er konnte ihn mit einer flatternden US-Flagge verscheuchen). Da seine Lenzpumpe kaputt war, musste er mit einer leeren Konservendose schöpfen und saß dennoch ständig in einer Salzwasserpfütze. Das führte zu Salzwassergeschwüren an Beinen und Gesäß, Kopf und Oberkörper bekamen in der Tropensonne Pusteln und begannen zu bluten. Er halluzinierte, bekam Besuch von verstorbenen Freunden, mitten in einem Sturm meinte er, im Stauraum befinde sich

Hannes Lindemann neben der *Liberia III* und der kompletten Ausrüstung
für seine Atlantiküberquerung.

eine Dose Erdbeeren, die er sofort haben müsse. »Dabei verklemmte er sich so fest in den durchwühlten Gepäckstücken, dass er sich eine Zeitlang nicht zu befreien vermochte; gleichzeitig schlug durch das offene Mannloch eine Welle nach der anderen herein, sodass er eine halbe Stunde lang Wasser schlucken musste. In wilder Verzweiflung befreite er sich schließlich durch einen kräftigen Ruck, riss dabei aber ein Loch in die Spritzdecke.«

Nach einigen Wochen im Krankenhaus von St. Thomas brach er – trotz Hurrikanwarnung – nach New York auf. Er und die *Deutsche Sport* wurden nie mehr gesehen. Zum Verhängnis wurden Romer offenbar nicht Wind und Meer, sondern sein Ehrgeiz und, wie ein Kajaker nüchtern konstatierte, die Überschätzung »des Glücks, das ihm in all den kritischen Momenten beschert war, und die daraus resultierende Gewissheit, es müsse so weitergehen«.

Lindemanns Zweisitzer war 5,20 Meter lang, 87 Zentimeter breit, 27 Zentimeter tief, 27 Kilo schwer, und er nahm an diesem segelnden Serienmodell nur zwei kleine Veränderungen vor: Er malte die Unterhaut rot an, um Haie zu erschrecken, und montierte am Heck ein drittes Segel.

Am 20. Oktober 1956 faltete sich der 1,80 Meter große Mann in der *Liberia III* »wie eine Ziehharmonika zusammen«. In dieser Haltung würde er mehr oder weniger unverändert viele Wochen lang bleiben, schlafen musste er im Sitzen, meist nur wenige Minuten am Stück. Den Kurs hielt er mit Ruderkabeln, die er immer, im Wachen und Schlafen, mit den Füßen bedienen musste.

Die Wahl eines Kajaks macht es zwingend, sich erneut dem Ernährungsaspekt der »Schiffbrüchigenproblematik« zu widmen, denn in dem winzigen Boot war noch weniger Platz für Proviant als im Einbaum. Er startete mit drei (!) Litern Trinkwasser. Milchpulver und Bier (!) gaben ihm Kalorien und Energie, Honig und Rotwein (wieder!) stärkten ihn, und so wie viele Seeleute schwor er auf rohe Zwiebeln gegen Skorbut. Er war so sicher, dass das Meer ihn ernähren würde, dass er schon am dritten Tag zwanzig Kilo Lebensmittel wegwarf, weil das Boot zu tief lag und zu schnell volllief. Er sammelte Regenwasser und gestand sich täglich 1.500 Kalorien zu – eine Hungerration für einen 1,80-Meter-Mann, der rund um die Uhr körperliche Schwerstarbeit verrichtet. Er aß Fische. Er aß einfach alles, was er aus dem Meer holte, auch Entenmuscheln. Das sind regenwurmähnliche Krebstiere, die sich am Bootsrumpf festsetzen. Sie gelten als »hässliche Delikatesse« und werden für ein Vermögen in den Luxusrestaurants der Welt serviert. Allerdings gekocht.

Gegen diese Entenmuscheln führen Segler übrigens einen Sisyphoskampf. Denn sie befallen den Rumpf unter der Wasserlinie, was dessen Oberfläche um ein Vielfaches vergrößert und die Geschwindigkeit reduziert. Sie müssen entfernt werden, und das heißt oft: Jemand muss mitten auf dem Meer unter das Boot tauchen und sie abspachteln.

Hannes Lindemanns Erlebnisse, seine Strapazen und Entbehrungen sind nicht adäquat wiederzugeben. Man muss sie in seinen eigenen Worten lesen. Darum nur einige Notizen, die ich mir bei der Lektüre von *Allein über den Ozean* gemacht habe:

— Nimmt zu Reisebeginn Tabletten gegen Seekrankheit.
— Beine ausstrecken erst nach einigen Wochen möglich, wenn Proviant aufgegessen ist.
— 2. Tag: Schreibt in sein Bordbuch: »Die Tortur beginnt.« Schon jetzt extreme Hautschmerzen.
— »Je kleiner die Boote, desto unangenehmer die Nächte auf See.«
— Ab und zu Gedanke an ein Mädchen. »Bald wird sich das gegeben haben.«
— Entdeckt eine Heuschrecke, die sich auf den Mast gerettet hat. Erster Blick am nächsten Morgen zu ihr, lebt noch. »Da ich um ihr Leben bange, fotografiere und filme ich sie aus allen Winkeln, damit sie mir wenigstens im Bilde erhalten bleibt.«
— Hat u. a. 11 Gläser Honig, 72 Dosen Bier und 96 Dosen evaporierte Milch geladen. Täglich 1.500 Kalorien. (Müsste er bei diesen Strapazen nicht viel mehr haben?)
— Eifriges Suchen nach der Heuschrecke, sie ist weg.
— Boot stöhnt und ächzt.
— Atlantische Dünung über acht Meter hoch.
— Denkt oft ans Essen.
— Halluzinationen.
— Geht bei 5–7 Meter hohen Wellen ins Meer(!) und repariert sein Boot.
— Begegnet Schiff und lehnt Verpflegung ab, obwohl er Lebensmittel braucht. Folgt dem programmierten Befehl: »Nimm keine Hilfe an!« (Da ist er seit über einem Monat unterwegs!)
— Kann aus Fischen keine Flüssigkeit gewinnen.
— 4 Tage ohne Schlaf, Sturm, schwere Halluzinationen.
— Boot zu leicht. (Boot war am Anfang zu schwer)
— Kentert.

- Nachts im Wasser: »Mich friert nun ganz erbärmlich…Ich empfinde etwas wie Mitleid mit mir.« Verbringt neun Stunden auf dem Rumpf liegend. Darf nicht einschlafen, das wäre der Tod.
- »Der Tod heult in meinen Ohren,…das Salz zerfrisst meine Augen.«
- Alle Konserven fort, außerdem: Bootsersatzteile, 2 Leicas, Toilettenartikel usw. »Aber ich lebe, was will ich mehr.« Kentert am nächsten Tag wieder: »Ich liege schon wieder im Bach.«
- Er glaubt, 200 Seemeilen = 4 Tage vom Land entfernt zu sein. Was er nicht weiß: Es sind noch 14 Tage.
- Lässt sich für eine Bootsreparatur in voller Kleidung ins Wasser. (Schon wieder)
- »Manchmal glaube ich, nicht mehr am Leben zu sein.«
- Heiligabend – bricht das Ruder ab, muss paddeln.
- Halluziniert. Glücklich, sonnige Welt usw.
- 70. Tag: Ist an Antigua vorbeigesegelt.
- Seit 21 Tagen + Nächten in nassen Kleidern.
- Kalte, stürmische Nacht.
- 72. Tag: Landet in St. Martin. »Vergessen sind die 72 Tage, vergessen, dass ich in einem Serienfaltboot den Atlantik überquert habe.«
- Hat 49,6 Pfund abgenommen.
- »Mit dem Faltboot übers Meer ist ein Spiel mit dem Tode – der Tod bleibt fast immer Sieger.«

Fast immer. Lindemann hatte Tod und Atlantik ein zweites Mal bezwungen. Das verdankte er keineswegs seiner hervorragenden körperlichen Konstitution. Er war zu Beginn der Reise außerordentlich fit, wurde aber im Verlauf der Reise immer schwächer. Er überlebte, wie er es erwartet hatte, dank autogenem Training – und, natürlich, dank Glück und günstigen Zufällen oder, wie Lindemann vermutlich sagen würde, Gottes Schutz und Führung.

Er beteuerte, er habe seine Solo-Traversen »aus Protest gegen falsche Theorien über das Überleben auf hoher See« gemacht, was natürlich auf Bombard abzielte. Fünfzig Jahre später rückte Lindemann ein wenig von der Aussage ab, er habe sich den Qualen ausschließlich aus wissenschaftlichem Altruismus unterzogen. Es sei weniger um Bombards Thesen gegangen als

---

* Hermann Alexander Graf Keyserling hatte 1911/12 eine Weltreise unternommen, sein *Reisetagebuch eines Philosophen* erschien 1919 und machte ihn berühmt. »Der kürzeste Weg zu sich selbst führt um die Welt herum« ist der Untertitel des Buches.

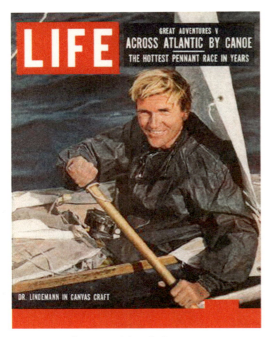

Hannes Lindemanns Atlantiküberquerung war eine Sensation. Die *Bild am Sonntag* titelte am 6. Januar 1957: Großartig, Dr. Lindemann!

um »drei Träume seiner schleswig-holsteinischen Kindheit. Erstens: einmal um die Welt kommen. Denn die schnellste Reise zu sich selbst ist eine Reise um die Welt. Das hatte er bei Graf Keyserling gelesen.* Zweitens: in Marokko als Arzt arbeiten. Drittens: im Faltboot über den Atlantik segeln.«

Da er nicht »als spiritistischer Spinner« abgetan werden wollte, habe er damals nie erwähnt, wie wichtig Beten für ihn gewesen sei, und auch das wirklich Wesentliche seiner Fahrten habe er verschwiegen: Gegen Ende seiner Faltbootfahrt, nachdem er zweimal gekentert war; als er in Lebensgefahr schwebte und nichts davon bemerkte; als er nur noch Leere verspürte und keinen Schmerz mehr, da habe er seine »Verschmelzungserlebnisse« gehabt, in ein »mystisches Einssein« sei er geraten.

Man muss allerdings nicht allzu sehr zwischen den Zeilen lesen können, um am Ende seines Buches Hinweise darauf zu finden. Er spricht vom »Einswerden mit der Natur«, das er in den letzten drei stürmischen Wochen erlebte, als er nicht einmal mehr seinen Namen wusste, als er sich »glücklich und zufrieden fühlte wie in einer anderen Welt, in der ich keine Sitzschmerzen hatte, nichts von dem elenden Heulen des Sturmes hörte und von meiner verzweifelten Situation nichts wusste«.

Hannes Lindemann war nach Fürst Bismarck der erste Deutsche, der es auf die Titelseite des US-Magazins *Life* schaffte. Das Foto zeigt einen attraktiven jungen Mann, blond, schlaksig, schüchtern lächelnd. Nichts in seinem Gesicht verrät die vorangegangenen Strapazen.

Und wie ging es weiter?

Alain Bombard und Dr. Hannes Lindemann litten zeitlebens unter gesundheitlichen Folgen ihrer Überfahrten.

Alain Bombard vermarktete sein Boot als »Bombard« (das Unternehmen existiert immer noch), wurde Umweltexperte und saß 15 Jahre im Europaparlament. Er starb 2005 im Alter von achtzig Jahren. Die *New York Times* schrieb in ihrem Nachruf, er sei einer jener Franzosen, die unter großen Entbehrungen und oft immensen Gefahren scheinbar sinnlose Heldentaten vollbringen.

Dr. Hannes Lindemann war in Deutschland ein Pionier des autogenen Trainings. Darüber hat er mehrere äußerst erfolgreiche Bücher verfasst. Er lebt heute in der Nähe von Bonn.

Sein *Klepper*-Faltboot *Liberia III* ist bis heute das kleinste Boot, mit dem je ein Mensch den Atlantik überquert hat. Es kann in der Schifffahrtsabteilung des Deutschen Museums in München bestaunt werden.

Sollten Sie damit liebäugeln, es Lindemann gleichzutun: *Klepper* hat das in München ausgestellte Boot *Aerius II 520* unverändert im Angebot, nun heißt es *Klepper Aerius Classic 520*. Kleiner als Lindemann werden Sie es vermutlich nicht schaffen – aber wie wäre es mit schneller?

Klepper hat von Lindemanns sensationeller Fahrt übrigens sehr profitiert. In den Folgejahren 1958 und 1959 wurden täglich bis zu neunzig Boote produziert und vor allem ins Ausland verschickt.

Und wie ist das nun mit dem Trinken von Seewasser? Der Zwist schwelt noch, auch wenn die Empfehlungen der Weltgesundheitsorganisation für die Seefahrt nicht auf Bombards, sondern auf Lindemanns Erkenntnissen basieren.

1947, fünf Jahre vor Bombards Selbstversuch, hatten sich Thor Heyerdahl und fünf Freunde auf dem Balsaholz-Floß *Kon-Tiki* von Peru über den Pazifik in Richtung Polynesien treiben lassen. Dreißig Jahre später antwortete Heyerdahl auf die Frage, wie sie monatelang ohne Nachschub an frischem Wasser überlebt hätten: »Wir haben Regen gesammelt, und jeden Tag fingen wir Fische und pressten ihre Lymphflüssigkeit aus. Die schmeckt zwar nicht gut, hat aber weniger Salz als das menschliche Blut – so kann man ohne Schwierigkeiten überleben!«

Also wie jetzt? Vermutlich ist die Lösung, wie das meiste im Leben, eine Frage des rechten Maßes. Sie könnten den Streit entscheiden, indem Sie das Experiment wiederholen.

9

DER WEG IST DAS ZIEL

Neun Männer und ihr Kampf ums letzte große Ding

Nach dem Schwimmen gönnte ich mir einen gemütlichen Lunch; gewöhnlich bestand er aus Keksen und Käse und bei besonderen Anlässen zusätzlich einer eingelegten Zwiebel.
Die Nachmittage verbrachte ich wie die Vormittage, arbeitete oder las bis fünf Uhr. Dann ließ ich je nach Gusto alles für ein Bier oder einen Whisky stehen und liegen.

ROBIN KNOX-JOHNSTONE
ÜBER SEINEN TAGESABLAUF WÄHREND
DES »GOLDEN GLOBE RACE«

Eine Reise fängt allemal an!
Aber wie und wo sie endigt, das ist der Haken!

JULES VERNE

Donald Crowhurst auf seinem Trimaran *Teignmouth Electron.*

Robin Knox-Johnston auf seiner *Suhaili.*

Was *verrückt* ist, bemisst sich häufig danach, was bisher die Norm war. Daher wagte der Engländer Francis Chichester, ein hoch qualifizierter Segler, etwas wirklich unerhört Verrücktes, weil noch nie Dagewesenes, als er sich 1966 entschied, einhand (also allein) und mit nur einem Zwischenstopp um die Welt zu segeln. Neu daran war zweierlei: Er wählte als Privatmann nicht die Route durch den Suez- und den Panamakanal, er wollte in den südlichen Ozeanen die Antarktis umsegeln. Das war die sogenannte Klipperroute, jene Handelsroute, auf der früher Getreide- und Teeklipper die Welt umrundeten. Dafür muss man, von Europa kommend, zwischen Südamerika und Afrika nach Süden fahren, dann vor der Südspitze Afrikas und hinter der Südspitze Südamerikas jeweils links und schließlich auf dem Atlantik noch einmal rechts abbiegen – sonst landet man in Grönland.

Radikal neu war, dass der 64-jährige Chichester nichts weniger wollte als fremde Länder und Menschen kennenlernen. Im Gegenteil: Das erklärte Ziel der Reise war, von der Welt – außer ihren Meeren – so wenig wie möglich zu sehen. Seine Neugier galt nicht dem Fremden irgendwo da draußen. Sie galt nur sich selbst und seinem Boot, den Grenzen ihrer Leistungsfähigkeit und deren Überwindung – ein brutaler Härtetest.

Er hatte eine einzige Hafenpause eingeplant, in Australien, die auch zwingend wurde, weil kurz vor diesem geplanten Landgang seine Selbststeueranlage kaputtging. Diese »Wetterfahne, die sich selbsttätig nach dem Winde dreht und mit dem Ruder verbunden ist, gleicht Abweichungen aus, wenn das Boot aus dem Kurs driftet«. Auf diese Weise lenkt sich ein Boot eine Zeitlang selbst, was dem Einhandsegler Zeit gibt, zu essen, Reparaturen vorzunehmen, Logbuch zu führen, zu lesen und vor allem zu schlafen. Niemand kann monatelang rund um die Uhr, Tag und Nacht, im Cockpit stehen und ein Boot auf Kurs halten.

Nach 226 Tagen reiner Segelzeit – was außerordentlich schnell war – kehrte Chichester am 28. Mai 1967 mit seiner *Gipsy Moth IV* ins südenglische Plymouth zurück. Empfangen wurde er, so der *Guardian*, von einer Bootsarmada, »wie sie sich seit Dünkirchen hier nicht versammelt hat«, sowie einer Viertelmillion jubelnder Landsleute. Die übrige Nation verfolgte am Fernsehschirm, wie er anlegte und von Bord ging. Die Erwartung, dass der Herr im Rentenalter (die *Bild*-Zeitung, Spezialistin fürs Griffige, nannte ihn »Segelopa«) nach monatelangem Seegang an Land taumeln würde, erfüllte sich nicht: Während vielen Langstreckenseglern dabei die Knie wegknickten, verließ er sein Boot so geschmeidig, als steige er aus einem Golfwagen. Fünf Wochen später kniete Francis Chichester, erneut vor laufenden Fernsehkameras, vor Elisabeth II. nieder und stand als Sir Francis Chichester wieder auf. Seine

Königin hatte ihn mit jenem Schwert zum Ritter geschlagen, mit dem Königin Elisabeth I. 1581 einen Freibeuter zu Sir Francis Drake geadelt hatte.

Der neue Titel passte hervorragend zu Chichesters Lebensstil: Seinen 65. Geburtstag hatte er südlich der Kapverden allein begangen. Dazu trug der Gentlemen-Skipper seine grüne Smokingjacke, allerdings, wie er bedauernd bemerkte, mit einer gewöhnlichen schwarzen Krawatte, weil er die Smokingschleife vergessen hatte. Seine Feier mit Brandy und Champagner gestaltete sich so ausgelassen, dass er am folgenden Morgen einen ziemlichen Kater hatte. Er hätte sich auch mit frisch gezapftem Fassbier betrinken können, denn einer seiner Sponsoren war die Brauerei Whitbread, die ihm einen großzügigen Vorrat samt Zapfanlage mitgegeben hatte. Das war ein anderer Männerschlag als die drahtigen Kerle, die heute in Hightech-Bekleidung und mit gefriergetrocknetem Proviant um die Welt jagen.

Schon vor seiner Rückkehr begann man sich in Seglerkreisen zu fragen, wer »das nächste große Ding« wagen würde: die Welt allein und ganz ohne Zwischenlandung zu umrunden. Das sei das Einzige, was noch zu tun blieb, sagte der Engländer Robin Knox-Johnston. Für den 28-jährigen Offizier der britischen Handelsmarine, der mit jeder Faser seines Herzens Patriot war, ging es hierbei um die Ehre der Nation: »Von Rechts wegen sollte ein Brite es als Erster schaffen.« Er konnte sich gut vorstellen, selbst dieser Brite zu sein. Schließlich war er gerade mit seiner selbst gezimmerten *Suhaili* den langen Weg von Indien nach England gesegelt.

Die Bedrohung für den »von Rechts wegen« britischen Sieg war allerdings konkret und kam obendrein aus Frankreich: Bernard Moitessier. Der 45-Jährige genoss einen legendären Ruf, seit er im Frühjahr 1966 die mit 14.216 Meilen und 126 Tagen weiteste und längste Nonstop-Segeltour zurückgelegt hatte. Es war ihm nicht um Rekorde gegangen. Er und seine Frau Françoise hatten nur so schnell wie möglich von Tahiti nach Spanien segeln wollen und dafür den, so Moitessier, »logischen Weg« um Kap Hoorn gewählt. *Logisch*, weil es der schnellste Weg vom Pazifik zum Atlantik ist. Sehr *unlogisch*, weil es auch der mit Abstand gefährlichste Weg ist. Das Hoorn ist »für die meisten Segler ihr Everest«, nur sehr wenige wagen eine Umrundung. Alle anderen durchqueren den Panamakanal, was vernünftig ist.

Anfang 1967 wurde gemunkelt, Moitessier habe sofort nach seiner Rückkehr mit den Vorbereitungen für eine Nonstop-Einhand-Weltumrundung begonnen. Das Wichtigste hierfür, das Boot nämlich, hatte er schon: die *Joshua*, mit der er gerade Kap Hoorn umrundet hatte. Der Name war Moitessiers Verbeugung vor Joshua Slocum, dem ersten Einhand-Weltumsegler der Geschichte.

1895 war die Zeit der großen Segelschiffe vorüber, Frachtschiffkapitän Joshua Slocum fand kein neues Kommando. Da der Fünfzigjährige nicht an Land bleiben mochte, brach er im Mai 1895 mit dem 11-Meter-Kutter *Spray*, der »nach heutiger Auffassung nicht einmal für einen Törn über die Nordsee taugen würde«, zu einer Reise auf, die ihn in 38 Monaten von der amerikanischen Ostküste einmal um die Welt führte. Einhand mit vielen Landgängen um die Welt – heute mag man darüber die Schultern zucken. *Damals* war das etwas noch nie Dagewesenes und daher unerhört Verrücktes.

Slocum wollte durch den Suezkanal zum Indischen Ozean. In Gibraltar angekommen, wurde er aber so eindringlich vor Piraten im Roten Meer gewarnt, dass er umkehrte, nochmals den Atlantik überquerte und durch die Magellanstraße zum Pazifik segelte. Um die runde Welt kommt man rechts- wie linksherum.

Drei Jahre war er unterwegs, denn er ging oft an Land. Als er am 27. Juni 1898 nach Hause kam, blieb seine Ankunft nahezu unbemerkt, obwohl er allein 46.000 Seemeilen (74.000 Kilometer) zurückgelegt hatte. Bis heute *sehr* berühmt wurde er erst mit seinem Buch *Sailing Alone Around the World (Allein um die Welt).*[*]

Der Name von Moitessiers Stahljacht wirkte also fast wie eine Beschwörung dessen, was er Gerüchten zufolge nun mit ihr vorhatte. Im Gegensatz zu ihm würde Knox-Johnston für eine Weltumrundung ein neues Boot brauchen, denn seine *Suhaili* war alt, schwer, unschnittig, kurz: völlig ungeeignet. Da die *Times* und die *Sunday Times* bereits Chichester mit mehreren Tausend Pfund gesponsert hatten, lag es nahe, dass auch Knox-Johnston sie um Unterstützung bat. Er hoffte, sich so die phantastische 17-Meter-Stahljacht leisten zu können, die der Bootsbauer Colin Mudie speziell für ihn entworfen hatte.

Da die Chichester-Reise für die Zeitungen ein ungeheurer Erfolg gewesen war, wollte man auch gern beim nächsten Coup dabei sein. Und selbstverständlich wünschten sich die Belegschaften, vom Verleger bis zum Zeitungsjungen, einen britischen Sieg. Hätte Chichester um erneute Unterstützung gebeten, er wäre angesichts seiner Berühmtheit mit Angeboten zugeschüttet worden. Aber um ihn ging es nicht. Moitessier, der Held der Weltmeere, war leider Franzose und Knox-Johnston ein Nobody, der außerdem gegen Moitessier etwas glanzlos wirkte.

---

[*] Heute gibt es eine Joshua Slocum Society International, die über alle Einhand-Weltumsegler Buch führt, und manche Segler bezeichnen den 27. Juni auch als »Tag unseres Schutzheiligen«.

Bei den Zeitungen wollte man sich ungern auf einen möglichen Verlierer festlegen, vor allem als klar wurde, dass diese beiden nicht die Einzigen waren. Offenbar waren mehrere Segler drauf und dran, sich ein spontanes und inoffizielles Rennen zu liefern. Da kamen zwei Redakteure der *Sunday Times* auf die brillante Idee, dass ihre Zeitung eine Solo-Regatta nonstop um die Welt ausschreiben könnte.

Die Ankündigung des *Golden Globe Race* erschien am 17. März 1968 in der *Sunday Times*. Der vorgeschriebene Weg war die besagte Klipperroute um das afrikanische Kap der Guten Hoffnung, das australische Kap Leeuwin und das südamerikanische Kap Hoorn. Der Start musste zwischen dem 1. Juni und dem 31. Oktober 1968 von einem britischen Hafen aus geschehen; die zeitliche Beschränkung sollte garantieren, dass die Segler Kap Hoorn vor dem Wintereinbruch passiert hatten, was aber, wie alle wussten, bei einem späten Start knapp werden konnte.

Der Starthafen musste auch der Zielhafen sein. Dazwischen durften die Segler nicht an Land gehen, weder Proviant noch Material zuladen, keinerlei Hilfe annehmen und niemand aufs Schiff lassen. Ausgelobt waren zwei Preise: ein Pokal für denjenigen, der als Erster zurückkam, und eine Prämie von 5.000 Pfund für denjenigen, der die Distanz in der kürzesten Zeit zurücklegte. Da ein großes Boot schneller vorankommt als ein kleines und da es gute und schlechte Segler gibt, konnte jemand als Letzter starten und als Letzter zurückkommen und dennoch die beste Zeit herausgefahren haben. Der Kampf lohnte sich also. 5.000 Pfund waren im Großbritannien des Jahres 1968 ein gutes Jahreseinkommen.

Die allerwichtigsten Regeln aber waren die, die es nicht gab: Niemand musste sich anmelden oder gar qualifizieren, niemand konnte von der Teilnahme ausgeschlossen werden. Wer zwischen den genannten Terminen von einem englischen Hafen auslief, um die Erde allein und nonstop zu umrunden, nahm automatisch teil. Mit dieser genialen »Nicht-Regel« konnte die *Sunday Times* alle potenziellen Weltumsegler »kapern« und würde beim Sieg garantiert dabei sein.

Bernard Moitessier habe, so ein Biograf, »das kommerzielle Projekt aus ethischen und seemännischen Gründen« abgelehnt. Tatsächlich hatte er gesagt, er müsse schon beim Gedanken an eine Regatta kotzen. Und doch entschieden er und sein Segelfreund Loïck Fougeron sich für die Teilnahme, einer von ihnen würde »mit Gottes Hilfe diesen Preis einkassieren«, was ihre Freiheit nicht gefährde, da »die Ausschreibung kein Dankeschön vorschrieb«. Fraglos wichtiger als Geld oder gar der in Aussicht gestellte Pokal waren ihnen die seglerische Grenzerfahrung und die zusätzliche Herausforderung des Zeitdrucks.

Wie sie, waren alle Männer, die für diese erste Nonstop-Einhand-Weltumseglung infrage kamen, Einzelgänger, »ausgeprägte Egomanen, die von ihren komplexen Bedürfnissen und ihrer Ruhmsucht getrieben wurden, sich auf ein extremes, lebensgefährliches Abenteuer einzulassen«.

Denn das war nichts mit dosiertem Risiko und kalkulierbarem Ausgang. Kein Schiff war jemals ohne Zwischenhalt um die Welt gesegelt, weder mit einer Besatzung noch gar mit nur einem Mann. Niemand wusste, ob das überhaupt möglich war. Das Schiff durfte nicht zu groß sein für einen Einhandsegler, er musste es beherrschen und alle Manöver allein durchführen können. Aber wie klein konnte es sein, damit Rumpf, Segel und Masten auch die extremen Beanspruchungen der härtesten Segelgewässer der Welt noch aushielten? Wie viel Platz brauchte ein Jahresbedarf Proviant und Wasser, wie lange blieb so etwas haltbar? 1968 hatten Jachten keine Watermaker zum Aufstocken der Trinkwasservorräte, es gab weder Kühlmöglichkeiten für Lebensmittel noch gefriergetrocknete Astronautennahrung, die kaum Platz beansprucht und praktisch nichts wiegt.

Konnte ein Einzelner monatelang alle Ruder- und Segelmanöver, das Navigieren, die Instandhaltung des Boots, seine Ernährung bewältigen? Hatte er das handwerkliche Allroundtalent, die Findigkeit und die Körperkraft, um alle auftretenden Schäden nur mit dem zu reparieren, was an Bord zur Verfügung stand? »Du bist nicht nur Segler, du bist alles an Bord«, sagt der deutsche Einhandsegler Wilfried Erdmann. Er hat die Welt zweimal umrundet, er weiß, wovon er spricht.[*]

Ein Einhandsegler kann sich keine Nachlässigkeit und keine Gleichgültigkeit erlauben. Er hat immer Wache. Das bedeutet permanenten Schlafmangel, Anspannung, Erschöpfung. Ließen sich solche körperlichen und psychischen Belastungen aushalten? Und wenn er nicht durch Sturm und Seegang abgelenkt wurde: Wie ertrug er Einsamkeit, Langeweile, Stille; wie seine eigene Gesellschaft, seine eigenen Gedanken, denen er nicht entfliehen konnte? Wie die ewigen Geräusche eines Segelschiffs auf dem Meer, die immer gleich und immer anders sind? Die Halluzinationen, die bedrängenden Stimmen und Bilder, die nahezu alle Einhandsegler erleben? Würde er mit der Angst und dem Gefühl der eigenen Nichtigkeit fertig, die ihn inmitten dieses immensen Raums heimsuchen könnten? Es brauchte nicht viel Phantasie, um sich Gefahren wie Krankheit, Knochenbrüche, Schiffbruch auszumalen. Der Segler konnte

---

[*] Wilfried Erdmann ist weltweit der einzige Segler, der die Welt in beiden Richtungen mit ein und demselben Boot umsegelt hat – 1984/1985 in West-Ost-Richtung, 2000/2001 in Ost-West-Richtung. In England wäre er längst geadelt worden – in Deutschland kennt ihn kaum jemand.

Donald Crowhurst

über Bord gehen. Aber er konnte auch schlicht am Alleinsein verzweifeln. Chichester hatte auf seiner Fahrt mehrfach Angst, verrückt zu werden.

Einhand um die Welt zu segeln sei der Inbegriff einer nutzlosen und unproduktiven Anstrengung. Das obendrein allein zu tun, schreibt der Schriftsteller Don Holm weiter, sei eine der größten Herausforderungen, denen ein Mensch sich freiwillig aussetzen kann; wer es schafft, gehört zu einer Elite. Aber Mut hin, Tatkraft her – wie meist bei Eliten, Nutzlosem und Unproduktivem, spielt auch hier Geld eine große Rolle: Ein geeignetes Schiff und die Ausrüstung kosten ein Vermögen. Außerdem verdient ein Segler, einschließlich Vorbereitungszeit, weit über ein Jahr lang kein Geld, hat aber an Land laufende Kosten und muss – eventuell – den Lebensunterhalt seiner Familie finanzieren. Wer so etwas plant, muss also entweder reich sein oder Sponsoren finden.

Keiner der neun Teilnehmer, die schließlich an den Start gingen, war wohlhabend, und nicht alle fanden Geldgeber. Einige verschuldeten sich, andere starteten in Booten, die für eine solche Tour (lebens)gefährlich ungeeignet schienen.

Als Erster brach am 1. Juni John Ridgway auf, eine Woche später folgte Chay Blyth. Ridgway und Blyth waren 1966 in einem offenen Ruderboot namens *English Rose III* von Massachusetts aus über den Atlantik gerudert und nach 92 Tagen auf den Aran-Inseln nordwestlich von Irland an Land gegangen (siehe Kapitel 4). Abergläubisch, wie Seeleute sein können, wollte Ridgway an den damaligen Erfolg anknüpfen: Er taufte sein Boot *English Rose IV* und startete von den Aran-Inseln, obwohl das eintausend Seemeilen weiter nördlich lag als die Starthäfen seiner Konkurrenten.

Während Ridgway sehr gut segeln konnte, war Blyth in seinem Leben noch keine Meile allein gesegelt. Beim Start im Juni 1968 mussten Freunde ihm die Segel aufziehen und in einem Boot vor ihm herfahren, um ihm die richtigen Manöver zu zeigen. Als er drei Wochen später in seinen ersten Sturm geriet – immerhin, er hatte sich drei Wochen auf dem Atlantik gehalten –, konsultierte er seine Segelbücher, holte alle Segel herunter und betete. Vielleicht tröstete und beruhigte er sich mit einer Handvoll Smarties, die er in

Unmengen dabeihatte. (Was ist bloß mit diesen Smarties? Hugo Vihlen, der in ebendiesen ersten Juniwochen 1968 mit seiner *April Fool* auf Florida zusegelte, hatte ebenfalls kiloweise Smarties dabei. Siehe Kapitel 5.)

Allerdings hatte Blyth, bevor er mit Ridgway über den Atlantik gerudert ist, auch noch nie in einem Ruderboot gesessen. Der Gedanke drängt sich auf, dass er ein Idiot war, doch das ist nicht der Fall. Chay Blyth ist der Inbegriff eines Mannes, der auszieht, um die Natur zu bezwingen: »Da draußen ist alles schwarz und weiß, alles ist Überleben. Ich mag das Meer nicht besonders, es ist nur eine Frage des Überlebens.« Und dafür war er gut gerüstet: Er hatte eine ausgeprägte praktische Intelligenz, eine eiserne Kondition, ein schwindelerregendes Lernvermögen und ein unverwüstliches Vertrauen in seine eigene Leistungsfähigkeit. Er war ein Mann mit Biss.

Robin Knox-Johnston startete als Dritter, und zwar an einem Freitag, was jedem Seemann das Blut in den Adern gefrieren lässt, weil es Unglück bringt. Und er tat es mit seiner *Suhaili*, weil keine der fünfzig Firmen, die er angeschrieben hatte, ihn sponsern wollte. Sie war mit knapp zehn Metern eins der kürzesten Boote der Regatta, und niemand, nicht einmal Knox-Johnston selbst, glaubte, dass er mit diesem plumpen Holzboot eine Gewinnchance hatte. Außerdem lag es tief im Wasser, denn er hatte es pedantisch präzise mit allem, wirklich ausnahmslos allem beladen, was er auf See möglicherweise brauchen könnte. Da kommt einiges zusammen. Es ist eine außerordentlich komplexe logistische Aufgabe, ein Schiff so zu bestücken, dass es auf einer viele Monate dauernden Reise in allem autark ist.

Favorit Bernard Moitessier hingegen wollte sein Schiff möglichst leicht haben. Er geizte mit jedem Gramm Ballast und räumte radikal alles von Bord, was er irgend entbehren konnte. Er und Loïck Fougeron verließen Plymouth am 22. August. Es war ein Donnerstag, Moitessier wäre keinesfalls an einem Freitag aufgebrochen. Es folgten die Engländer Bill King (mit 57 Jahren der älteste Teilnehmer) und Nigel Tetley, ein Offizier der britischen Marine. Auch er hatte kein Geld für ein neues Schiff auftreiben können und musste sich schließlich mit jenem fünf Jahre alten 12-Meter-Trimaran begnügen, auf dem er und seine Frau wohnten. Das Boot war für die härteste aller denkbaren Schiffsrouten völlig ungeeignet. Allerdings war es »so geräumig wie ein Einfamilienhaus«, während die meisten anderen unter Deck kaum mehr Platz hatten als in einem VW-Campingbus.

Nach der Anzeige im März war der Engländer Donald Crowhurst der Erste gewesen, der öffentlich seine Teilnahme ankündigte. Er hatte keinerlei Hochsee-Erfahrung und besaß weder Boot noch Geld, entschied sich aber trotz der knappen Zeit erstaunlicherweise für einen hochkomplizierten, angeblich revolutionär neuartigen 12-Meter-Trimaran, der noch gebaut werden musste. Zu dessen Finanzierung schloss er einen Sponsorenvertrag ab, der ihn verpflichtete, den gesamten Betrag zurückzuerstatten, »falls er, ganz gleich aus welchen Gründen, die Fahrt nicht beendete«. Er musste also das Rennen zu Ende segeln, und er musste auch den Geldpreis gewinnen, denn er hatte zusätzlich seine Firma und sein Haus (er hatte vier kleine Kinder) belastet. Wenn er die Regatta mit seinen eigenen, hochmodernen Instrumenten für sich entscheiden könnte, würde wahrscheinlich auch seine fast bankrotte Firma für Schiffselektronik wieder auf die Füße kommen.

Mit dem Bau des Trimarans konnte erst drei Monate vor Fristablauf begonnen werden. Der Zeitplan war völlig illusorisch. Es wurden ständig Termine überschritten, es wurde fahrlässig improvisiert. Die erste (und letzte) Probefahrt verlief katastrophal, Crowhurst kam mit dem Boot nicht zurecht, und das nicht nur weil es voller Mängel war. Der Druck war zu groß, er war seiner Aufgabe nicht gewachsen. Im Rückblick kann man sich durchaus fragen, ob er das jemals gewesen wäre, egal wie viel Zeit er gehabt hätte. Am Abend vor der Abreise war so viel schiefgelaufen und so viel Wichtiges unerledigt geblieben, dass Crowhurst mehrmals zu seiner Frau sagte: »Es geht nicht«, und die ganze Nacht weinte.

Am 31. Oktober 1968 trugen zahllose Helfer Proviant, Ausrüstungsgegenstände, Werkzeuge und dergleichen an Bord, machten letzte Handgriffe am Boot, letzte Besorgungen, letzte Überprüfungen. Niemand hatte einen Überblick, was erledigt war und was nicht – am wenigsten Crowhurst.

Wenige Stunden vor Ablauf der Frist verließ er schließlich den Hafen, schon das erste Manöver misslang, weil seine Helfer ein Segel verdreht aufgezogen hatten. Crowhurst war außer sich vor Wut über diesen groben Pfusch und musste die Blamage ertragen, unter den Augen einer großen Zuschauermenge zurückgeschleppt zu werden, um den Fehler beheben zu lassen.

An diesem letztmöglichen Tag legte außerdem der Italiener Alex Carozzo ab. Auch er war mit den Vorbereitungen nicht fertig geworden, auch bei ihm häuften sich auf und unter Deck unsortierte Berge von Ausrüstung, Werkzeugen und Vorräten. Er löste das Problem, indem er Plymouth termingerecht verließ und nach wenigen Meilen ankerte. Eine geschlagene Woche lang brachte er sein Schiff in Ordnung, bevor er sich wirklich auf den Weg machte.

Auch auf Crowhursts Trimaran herrschte ein wüstes Durcheinander, aber das war nicht das Schlimmste. Wegen der schlampigen Fertigung lösten sich bereits nach wenigen Tagen die ersten Schrauben und Muttern, für die kein Ersatz an Bord war. Mehrere Luken waren undicht. Die unverzichtbare Absaugpumpe war an Land geblieben, das einlaufende Wasser gefährdete den Generator, an dem alle elektrischen Einrichtungen hingen. Crowhurst musste mit einem Eimer ausschöpfen, das war bei gutem Wetter mühsam, bei schlechtem nahezu unmöglich. »Dieses verfluchte Boot fällt auseinander!«, schrieb er am elften Tag und listete auf neun eng beschriebenen Seiten alle Probleme auf, die er mit und auf dem Schiff hatte. Der Trimaran war schon bei mildem Atlantikwetter seeuntauglich.

Das verhieß nichts Gutes für die extremen Wetterbedingungen der südlichen Ozeane zwischen 40° und 60° südlicher Breite. Seeleute nennen sie *Roaring Fourties* (die Brüllenden Vierziger), *Furious Fifties* (die Wütenden oder Rasenden Fünfziger) und *Screaming Sixties* (die Kreischenden Sechziger). Die Beinamen bezeichnen den Ton des Windes, der bis zu 25 Meter hohe Wellen, die Kavenzmänner, vor sich herschiebt, und den Lärm der aufgewühlten See. Es spielt auch auf die nervenzermürbende Kakofonie an, die der Sturm in Drähten und Leinen eines Segelschiffs entfacht.

In dieser Wasserwüste um die Antarktis bricht kein Land die Wucht der vorherrschenden Westwinde und der um den Erdball stürmenden Wellen, am Kap Hoorn auf 55° 59' südlicher Breite pressen sich Sturm und Wellen durch die engste Stelle des Südpolarmeeres. Das erzeugt starke Strömungen und Wellen, die sich »zu glatten, senkrechten Mauern auftürmen. Dann sieht es aus, als kämen die Geschäftshäuser von einer Seite der Londoner Oxford Street auf dich zu.«

Kalt, regnerisch, neblig war es am Hoorn immer, aber wegen des späten Starts würde Crowhurst womöglich in die ersten Winterstürme hineingeraten, was auch Eisberge, Schnee und Hagelböen bedeutete. Seine Alternativen waren bitter: Machte er weiter, segelte er vermutlich in den Tod. Gab er auf, war er finanziell ruiniert. Die Familie würde das beliehene Haus verlassen müssen, er wäre vor aller Augen als Angeber und Aufschneider gedemütigt.

Als er Ende November mit dieser Entscheidung rang, waren fünf Teilnehmer bereits ausgeschieden. King hatte Mastbruch erlitten, Carozzo musste wegen eines blutenden Magengeschwürs einen portugiesischen Hafen ansteuern, Ridgways Boot war völlig untauglich, Fougeron wäre fast gekentert. Neuling Blyth war schon jenseits des Kaps der Guten Hoffnung und mit 9.000 Meilen weiter gekommen als die vier anderen »Aussteiger«, als er wegen eines defekten Ruders aufgeben musste.

Es blieben Knox-Johnston, Moitessier, Tetley und Crowhurst. Moitessier legte mit Tagesstrecken von fast 150 Seemeilen ein rasantes Tempo vor, anfangs war er doppelt so schnell wie Knox-Johnston. Die Trimaran-Skipper

Tetley und Crowhurst machten erheblich weniger Strecke, als alle – auch sie selbst – angesichts der Größe ihrer Boote erwartet hatten. Crowhursts Etmal, also die in 24 Stunden zurückgelegte Distanz, betrug in den ersten Wochen deprimierende sechzig Meilen; Chichester hatte in sechs Tagen geschafft, wofür er zwei Wochen brauchte.

Anfang Dezember hatte Crowhurst seine Probleme aber offenbar in den Griff bekommen. Über Funk kabelte er Etmale von einhundert Seemeilen nach England, einmal sogar sensationelle 243 Seemeilen. Alles lief prachtvoll, nur die Schwierigkeiten mit dem Generator hielten an. Am 19. Januar warnte er, dass er sich deswegen möglicherweise eine Zeitlang nicht melden könne und auch nicht erreichbar sei.

Das war nicht ungewöhnlich. Die Funk- und Radiogeräte waren grundsätzlich sehr störanfällig. Knox-Johnstons Gerät war schon vor dem Kap der Guten Hoffnung ausgefallen, Moitessier hatte es kategorisch abgelehnt, überhaupt eine Radioausrüstung mitzunehmen. Er wollte mit dem Meer allein sein. Einhandsegler jener Jahre empfanden Funk- und Radiokommunikation mit Menschen an Land durchaus nicht immer als beglückend; solche Kontakte konnten das Gefühl von Einsamkeit vertiefen oder sogar dazu führen, dass man sich nicht vom Land lösen und zum wirklichen Einhandsegler werden konnte.

Moitessier zog es vor, Nachrichten an seinen Verleger mit einer Steinschleuder auf die Brücke naher Schiffe zu katapultieren. Daher wussten er und Knox-Johnston viele Monate lang nicht, wie und wo ihre Konkurrenten segelten, wie sie selbst im Vergleich zu ihnen abschnitten, wer überhaupt noch im Rennen war. Die Segler lebten auf den Ozeanen isolierter als die drei Astronauten, die im Dezember 1968, während des *Golden Globe Race*, mit der *Apollo* 8 zum Mond flogen, denn die waren keine Sekunde ohne Kontakt zum Boden.

Über Jahrtausende war ein Boot, das aus einem Hafen auslief und nicht zwischendrin von einem anderen Schiff gesichtet wurde, verschwunden, bis es nach Wochen, Monaten oder Jahren wieder am Horizont auftauchte. Die GPS-Satellitenortungssysteme haben das dramatisch verändert. Zum einen kann jetzt wirklich jeder auf wenige Meter genau seine Position bestimmen, ohne sich mit Sonne, Gestirnen und Kompass herumschlagen zu müssen, zum anderen werden Boote ständig von Satelliten und GPS-Tracking beobachtet, die deren Position an Land melden. 1968, also vor GPS-Zeiten, wussten die Veranstalter des *Sunday Times Golden Globe Race* oft nicht, wo ihre Regatta-Teilnehmer waren. Manchmal wussten sie monatelang nicht, ob sie überhaupt noch irgendwo waren.

Für Moitessier hörten Raum und Zeit auf zu existieren, wenn er segelte.

Heute wissen wir, wo sie sich jeweils befanden. Nehmen wir Weihnach-ten 1968, ein historisches Datum, an dem die *Apollo 8* den Mond umrundete: Moitessier war südwestlich von Neuseeland, trank Champagner und aß Yorker Schinken, Knox-Johnston war zwei Wochen vor Kap Hoorn und trank am Weih-nachtstag auf das Wohl von Königin Elisabeth II., Tetley nahm, auf halbem Weg zwischen Afrika und Australien, ein einsames Festmahl aus gebratenem Fasan in Pilzsoße und Champagner zu sich. Crowhurst feierte mit einem indischen Eier-Corned-Beef-Curry und Ale. Beim Weihnachtsgespräch mit seiner Frau erwähnte er, er befinde sich »nicht weit von Kapstadt«, was seine wahre Position um Tausende von Seemeilen verfehlte. Er dümpelte keine zwanzig Seemeilen vor der brasilianischen Nordküste.

Er muss sehr verzweifelt gewesen sein, denn was wie Tragik wirken mag, war seine Lösung des Dilemmas, wie er die Regatta lebend überstehen und ohne Gesichtsverlust nach Hause kommen konnte: Er wollte sich so lange vor Südamerika »verstecken«, bis seine Konkurrenten Kap Hoorn umrundet hatten und über den Atlantik heimsegelten. Dann würde er sich unter sie mischen, ganz so, als komme auch er vom Hoorn. Da man aus der Stärke der Funksignale und der Richtung, aus der sie kamen, in England Rückschlüsse auf seine Position hätte ziehen können, erfand er einige Wochen später die Sache mit dem defekten Funkgerät.

Ab dem 6. Dezember führte er zwei parallele Logbücher. In einem notierte er, wo er wirklich war (immer im südlichen Atlantik) und was er wirklich tat (Boot reparieren, warten, ziellos kreuzen, einmal näherte er sich Kap Hoorn, um als Beweis einige glaubwürdige Fotos zu machen). In dem anderen, das er am Ende der Reise den Juroren vorzulegen gedachte, fälschte er jeden einzelnen Tag einer zügig gelingenden Weltumsegelung. In einem Logbuch verzeichnen Seefahrer Fakten wie Wetter, Etmale, Zustand des Bootes, aber auch ihre Gedanken, Ängste, was sie essen, in welcher körperlichen Verfassung sie sind und so weiter. Crowhurst musste all das glaubhaft erfinden. Dazu hatte er kein anderes Hilfsmittel als ein Radiogerät, mit dem er Wettermeldungen empfangen konnte. Dass ihm das gelang, war eine ungeheure Leistung.

Es gibt keinen größeren Gegensatz als den zwischen Moitessier und Crowhurst: Der eine war mit Leib und Seele Segler, ein herausragender Seemann. Er liebte und beherrschte sein Boot, er kannte die Eigenheiten der Ozeane und ihrer Regionen, er konnte die Zeichen des Meeres, des Windes, der Wolken, des Himmels lesen. Er sehnte sich nach Alleinsein, dem Abenteuer, dem Einssein mit dem Meer, dessen spiritueller Dimension. Mit jedem Segeltag trennte er weniger zwischen Mann und Schiff, Mann und See, wuchs sein Frieden mit sich und dem Universum.

Die Welt jenseits der *Joshua* verschwand. Je länger die Reise dauerte, umso seltener datierte Moitessier seine Aufzeichnungen: »Raum und Zeit haben völlig aufgehört zu existieren. Nur der Horizont ist geblieben und wird ewig bleiben.« Auf dem Pazifik, weit vor Kap Hoorn, schreibt er ins Logbuch, er wolle versuchen, »jenseits des Hoorns« weiterzusegeln. »Noch einmal das Kap der Guten Hoffnung passieren, noch einmal den ganzen Indischen Ozean und den Pazifik durchkreuzen ... bis wir in den Galapagos Anker werfen, um in aller Stille Bilanz zu ziehen ... Nur noch mit der See und mit meinem Schiff leben, für die See und für mein Schiff.«

Dagegen fällt Crowhursts Charakterisierung kurz aus: Er war, hatte und konnte nichts von alldem. Jeder Tag auf See trieb ihn weiter vom Boot, vom Meer, von sich selbst fort. Jeder Tag war eine Qual, das Alleinsein wurde zur Einsamkeit, die er als Isolationshaft empfand und die ihm den Verstand zu rauben begann.

Bernard Moitessiers *Joshua*

»Das muss unendlich schwer gewesen sein und Kraft gekostet haben«, schreibt der Weltumsegler Wilfried Erdmann, »ziellos in einem Boot, das nirgendwohin fuhr.«

Am 6. Februar umrundete Moitessier Kap Hoorn, und obwohl Robin Knox-Johnston ihm gut zwei Wochen voraus war, hatte er mit der schnellen *Joshua* sehr gute Siegchancen. In England und mehr noch in Frankreich fieberte man seiner Heldenankunft entgegen. Er war »zum zweiten Mal links«, also in Richtung England, abgebogen und hatte zwei Drittel des Atlantiks bewältigt, als er den Kurs änderte und tatsächlich das Kap der Guten Hoffnung ansteuerte.

Nach 204 Tagen auf See näherte er sich am 18. März einem Fischerboot und schleuderte einen Kanister hinüber. Darin steckte eine Nachricht an die *Sunday Times*: Von Plymouth nach Plymouth zu segeln hieße, von nirgendwo nach nirgendwo zu fahren. Er habe sich für die See und sein Schiff, gegen den Rummel und die »falschen Götter des Westens« entschieden. Er werde seine Fahrt ohne Zwischenaufenthalt zu den Inseln des Pazifischen Ozeans fortsetzen, »weil ich auf See glücklich bin, und vielleicht auch, um meine Seele zu retten«. Ein solcher Hass auf den Medienrummel ist bei Einhandseglern nicht ungewöhnlich. Viele sind introvertiert und scheuen die große Bühne – aber nur wenige handeln so konsequent wie Moitessier.

Denn er segelte wirklich nonstop weiter, bis er am 21. Juni 1969 nach insgesamt 303 Seetagen auf Tahiti an Land ging. Mit diesen 37.000 Seemeilen hatte er die Erde nicht nur *einmal*, sondern mehr als anderthalbmal nonstop umsegelt. Auch wenn es vermutlich nicht seine Absicht war, machte seine immense Leistung die Regatta zur Farce. Außerdem war seine Geringschätzung des Sieges eine Ohrfeige für alle Konkurrenten – ob sie ausgeschieden waren oder nicht – und warf einen Schatten auf die Leistung desjenigen, der nun das *Golden Globe Race* gewinnen würde.

Er würde mit Sicherheit Brite sein, was in England für Freude und in Frankreich für Wut sorgte. Als Erster kehrte am 22. April 1969 – nach 30.123 Seemeilen – Robin Knox-Johnston in seinen Heimathafen Falmouth zurück. Ausgerechnet er. War die Idee der Regatta nicht entstanden, weil die *Sunday Times* nicht an ihn geglaubt hatte? Wie es vorgeschrieben war, kam der Zollbeamte zu ihm an Bord und stellte die traditionelle Frage nach dem letzten Hafen: »*Where from?*« Und Knox-Johnston antwortete: »Falmouth.«

Seine alte *Suhaili*, der niemand diesen Törn zugetraut hatte und an der im Laufe der Monate auf See immer weniger funktionierte, war die Strecke verlässlich und stabil abgesegelt. Das lässt sich auch von Knox-Johnston sagen. Er war weder ein Moitessier noch ein Crowhurst, weder Mystiker noch Desperado. Psychiatrische Tests, denen er sich vor und nach seiner Reise unterzog, ergaben, dass er »erschreckend normal« sei.

Er hatte allerdings mit 312 Seetagen fast drei Monate länger gebraucht als Chichester, die 5.000 Pfund für die schnellste Umrundung würden also mit großer Wahrscheinlichkeit an einen der beiden Trimarane gehen. Tetley und Crowhurst lieferten sich ein dramatisches Finish.

Das jedenfalls glaubten Presse und Segelbegeisterte im noch fernen England, das glaubten auch Crowhurst und Tetley. Die wahren, lebensentscheidenden Dramen aber spielten sich nicht zwischen den Booten ab, sondern auf ihnen. Beide Segler waren erschöpft und am Ende, beide Boote am Zerbrechen.

Crowhursts Trimaran war in einem derart katastrophalen Zustand, dass er am 6. März in einem argentinischen Küstennest an Land gehen musste, um ein Leck zu dichten. Und da er schon an Land war, wollte er auch seinen Vorrat an Currypaste aufstocken, die er so liebte. (Wie abwegig diese Idee war, versteht man spätestens, wenn man weiß, dass er nicht irgendeine Currypaste haben wollte, sondern *Vindaloo-Paste*.) Das Material für die Reparatur bekam er, die Paste nicht.

Er hatte die Veranstalter in den vorangegangenen Monaten getäuscht, aber erst als in jenem argentinischen Hafen jemand sein Schiff betrat und er selbst an Land ging, hatte er die expliziten Regeln verletzt. Der Beamte der dortigen Küstenwache meldete seinen Vorgesetzten in La Plata die Ankunft des Schiffs, die maßen dem allerdings keine Bedeutung bei. Wäre die Landung bekannt geworden, wäre Crowhurst augenblicklich disqualifiziert worden. Aber es geschah nichts. Er konnte ungehindert ablegen und weitersegeln. Das mag ihm wie ein Glücksfall erschienen sein, tatsächlich war es ein großes Unglück.

Francis Chichester sagte, die psychisch belastendste Zeit seiner Alleinumseglung sei nach seinem Stopp in Australien gekommen, weil das Zusammensein mit Menschen das Gefühl von Einsamkeit an Bord verstärkt habe. Chichester fasste sich bald wieder. Er war ein psychisch stabiler Mensch und segelte in jeder denkbaren Hinsicht »in geordneten Verhältnissen«.

Crowhursts Gefühl von Einsamkeit, Isolation, Verzweiflung und Überforderung hatte sich durch den Landgang möglicherweise weiter intensiviert. Jedenfalls hatte er sich in eine katastrophale Situation hineinmanövriert, und als er Argentinien am 8. März verließ, war in seinem Leben nichts mehr »geordnet«. Er segelte weiter umher und musste warten, bis er sich in England glaubhaft von dort melden konnte, wo er seit fast fünf Monaten dümpelte: aus dem Südatlantik.

Inzwischen befürchtete er, dass er mit seinem Betrug nicht durchkommen würde. Die Jury würde das Logbuch des Siegers genauer prüfen, als seine Fälschung es vertrug. Käme er aber als Dritter oder Vierter ins Ziel, wären wohl auch die Prüfungen laxer, und ihm bliebe vielleicht die Schmach der Entlarvung erspart. Er wusste nicht, dass der Jury-Vorsitzende Chichester sein Logbuch in jedem Fall genauestens zu prüfen gedachte. Im Gegensatz zu seinen Jury-Kollegen fand er Crowhursts Berichte von Anfang an dubios.

Am 9. April, nach elf Wochen Schweigen, morste Crowhurst eine kryptische Nachricht nach England. Der Journalist, der sie erhielt, baute Crowhursts äußerst vage Positionsangabe so aus, dass sie zur Schlagzeile taugte: *Crowhurst umrundet Kap Hoorn – 10 Tage vor Tetley*. Crowhurst tat nichts, um dieses Missverständnis zu korrigieren, und als wenige Tage später endlich seine angebliche und seine wahre Position zusammenfielen, machte er sich auf den Heimweg. Da wusste er, dass nur noch Knox-Johnston und Tetley im Rennen waren, wenig später waren nur er selbst und Tetley übrig.

Als Tetley hörte, dass die Regatta zu einem Duell geworden war und Crowhurst ein Rekordtempo vorlegte, begann er, sein Boot, das nach acht Monaten pausenloser, brutaler Fahrt in seine Bestandteile zerfiel, so zu prügeln, dass es am 21. Mai, nur eintausend Meilen vor dem Ziel, sank. Tetley konnte sich retten. Ohne Funkkontakt hätte er die Regatta wahrscheinlich gewonnen. So hatte er nicht nur das Rennen und sein Boot verloren, sondern auch sein Zuhause.

Crowhursts Plan ging also nicht auf. Er würde, ob er es wollte oder nicht, als schnellster Weltumsegler zurückkehren. Er hätte die Azoren anlaufen und versichern können, das defekte Boot habe ihn zur Aufgabe gezwungen. Das wäre keine Blamage gewesen, aber so konnte er nicht mehr denken. Am 23. Mai, direkt nach Tetleys Havarie, hörte er auf zu segeln, einen Monat danach hatte er zum letzten Mal über Funk Kontakt mit England.

Am 10. Juli 1969 sichtete ein britisches Postschiff etwa 1.800 Meilen südwestlich von England den offenbar intakten Trimaran. Das Boot wirkte verlassen, daher ging jemand an Bord. Auf und unter Deck herrschte ein wüstes Durcheinander, aber es fehlte nichts. Nichts außer der Schiffsuhr, die aus ihrer Halterung geschraubt worden war, und Donald Crowhurst.

Sein letzter Logbucheintrag lautet: »1. Juli 1969, 11 Uhr 20 und 40 Sek. Es ist zu Ende. Es ist zu Ende. Es ist die Gnade.« Davor war er, wie die Logbücher beweisen, zunächst schleichend, dann schnell und unaufhaltsam in eine andere Wirklichkeit hinübergeglitten. In den letzten acht Tagen seines Lebens hatte er in getriebener, kaum lesbarer Schrift etwa einhundert Seiten geschrieben. Die immer chaotischer werdenden Einträge sind voller Ausstreichungen und gekritzelter Hinzufügungen. Sie handeln von schwer deutbaren religiösen Erweckungserlebnissen, von dem »Spiel«, von Regeln, kosmischer Intelligenz, dem Ende der Welt sowie davon, dass er und nur er die Beschränkungen der materiellen Welt durch Willenskraft überwinden könne. Niemand weiß, wie er zu Tode kam. Vielleicht war es ein Unfall, vielleicht wählte er den Freitod. Vielleicht kletterte er über Bord, weil er etwas sah oder hörte, dem er folgen wollte.

Nur zwei von neun waren unbeschadet angekommen. Diese beiden – Robin Knox-Johnston und Bernard Moitessier – waren auch als Einzige auf See wirklich und vorbehaltlos glücklich. Als Knox-Johnstons Mutter seine *Golden Globe*-Pläne »völlig unverantwortlich« nannte, hatte er ihr recht gegeben – und doch: »Ich segelte aus dem einzigen Grund um die Welt, weil ich das verdammt noch mal wollte – und ich merkte, dass es mir einen höllischen Spaß machte.«

Als Crowhursts Verschwinden bekannt wurde, schenkte Knox-Johnston dessen Familie sofort jene 5.000 Pfund, die nun ihm zugefallen waren. Von dieser großzügigen Geste rückte er auch nicht ab, als wenig später bekannt wurde, dass Crowhurst in 243 Tagen mehr als 16.000 Meilen gesegelt war, ohne den Atlantik verlassen zu haben. Es gehört zur Tragik seiner Geschichte, dass er durch seinen Tod erreichte, was er mit dem Betrug hatte erreichen wollen: Seine Familie erhielt die Gewinnprämie, er selbst wurde weltbekannt.

Wenn heute von dem *Golden Globe Race* der *Sunday Times* die Rede ist, wird der doppelte Sieger Robin Knox-Johnston oft nur am Rande erwähnt. Die wahren Berühmtheiten der ersten Nonstop-Einhand-Weltumseglung sind die beiden Männer, die ihre eigenen Regeln machten und immer noch Rätsel aufgeben, weil sie zu weit oder nicht weit genug segelten: Bernard Moitessier und Donald Crowhurst.

Und wie ging es weiter?
Robin Knox-Johnston segelte noch dreimal um die Welt, danach wurde auch er 1996 zum Ritter geschlagen.

Nach 35 gemeinsamen Jahren übergab er die *Suhaili* dem National Maritime Museum in Greenwich. Als er allerdings sah, wie der Rumpf aus indischem Teakholz in der Museumsluft schrumpfte, holte er sie 2002 zurück und machte sie wieder seetüchtig. Seine letzte Einhand-Weltumseglung über 30.000 Meilen machte er 2006/07 mit 68 Jahren. Er lebt in England.

Bernard Moitessier blieb bis 1980 in der Südsee, die legendäre rote *Joshua* war 21 Jahre lang sein Zuhause. 1982 segelte er von Kalifornien Richtung Costa Rica, mit an Bord war der Schauspieler Klaus Kinski. Der war im mexikanischen San Lucas gerade von Bord gegangen, als ein Zyklon die ankernde *Joshua* an Land schleuderte und zerstörte.

Das Marinemuseum in La Rochelle kaufte das Schiff, 1990 segelte Moitessier damit in den Hafen von La Rochelle. Seither kann man die *Joshua* dort anschauen und auch segeln, die Adresse des Musée Maritime de La Rochelle ist natürlich Place Bernard Moitessier.

Sein Buch über das *Golden Globe Race* heißt *La longue route*, »Der lange Weg«. Auf Deutsch wurde daraus *Der verschenkte Sieg*. Moitessiers Anspielungen auf die extrem lange Segelstrecke und seine spirituelle Reise wurden so tatsächlich verschenkt. Er starb 1994 in Frankreich.

Nigel Tetley erhielt einen »Trostpreis« von 1.000 Pfund, mit dem er einen neuen Trimaran finanzierte. Sein Plan, damit nochmals die Welt zu umsegeln, erfüllte sich nicht. Er wählte 1972 den Freitod.

Er hatte als Erster mit einem Mehrrumpfboot Kap Hoorn umsegelt und eine Weltumrundung vollendet, denn als sein Trimaran bei der *Golden Globe*-Regatta sank, hatte er die Route seiner Hinfahrt schon gekreuzt. Das gelang ihm in spektakulären 179 Tagen.

John Ridgway segelte 1983/84 mit einer Crew nonstop um die Welt. Er wiederholte das zwanzig Jahre später, um auf die drohende Ausrottung der Albatrosse im Südpolarmeer aufmerksam zu machen.

Chay Blyth gelang 1970/71 »das nächste große Ding« (für Extremsportler gibt es immer ein nächstes großes Ding): Er schaffte die erste Nonstop-Einhandumseglung in Ost-West-Richtung. Diese Route gegen Wind und Strömung ist erheblich anstrengender zu segeln als die West-Ost-Route.[*]

Blyth wurde 1997 von Königin Elisabeth II. für seine Verdienste um den Segelsport geadelt. Dieser Mann ist die Inkarnation von Jack Londons Lebensphilosophie: »Ich bin lieber Asche als Staub.«

Bill King unternahm mehrere Versuche, mit dem für das *Sunday Times Golden Globe Race* gebauten Boot *Galway Blazer* einhand und nonstop die Erde zu umrunden, 1973 gelang es ihm. King, 1910 geboren, lebte seit 1946 in Irland, wo er 2012 starb.

Alex Caruzzo ist nach dieser Regatta aus der Öffentlichkeit verschwunden.

---

[*] Wilfried Erdmann erklärt, warum: »Wegen der Kreuzkurse zweifacher Weg, dreifache Zeit, vierfache Arbeit, fünffache Nässe.«

Loïck Fougeron erfüllte sich 1976 seinen Lebenstraum: Er umrundete Kap Hoorn mit der *Captain Browne*, dem Boot, mit dem er auch am *Golden Globe Race* teilgenommen hatte. 2013 starb er 87-jährig in Perpignan.

Donald Crowhursts Trimaran *Teignmouth Electron* wurde in Jamaika für einen Spottpreis versteigert. Durch einen Hurrikan schwer beschädigt, verrottet das Wrack am Strand der Karibikinsel Cayman Brac.

Das *Sunday Times Golden Globe Race* gab es nur dieses eine Mal. Ihre Nachfolgerin ist seit 1989 die Nonstop-Regatta für Einhandsegler *Vendée Globe*. Sie findet alle vier Jahre statt, 2012/2013 gewann der französische Berufssegler François Gabart in 78 Tagen, 2 Stunden, 16 Minuten und 40 Sekunden, womit er ganze sechs Tage schneller war als sein Landsmann Michel Desjoyeaux vier Jahre zuvor.

Als erste Frau umrundete 1977 die Neuseeländerin Naomi James allein und nonstop die drei Kaps.

Im Herbst 2011 stand der Einhand-Geschwindigkeitsrekord bei 57 Tagen, 13 Stunden, 34 Minuten und 6 Sekunden, aufgestellt wurde er von Francis Joyon. Die Reise soll samt Hightech-Gerät (*Boot* kann man seinen Trimaran kaum noch nennen) und Landcrew fünf Millionen Euro gekostet haben. Der Franzose war Einhandsegler, aber keine Sekunde allein: Er hielt ständig Kontakt mit seiner Landcrew und telefonierte täglich stundenlang mit ihnen zwecks Wetterberatung. Mit den »alten« Weltumseglern verbindet ihn nur noch das Wort.

10
HOCH DIE INTERNATIONALE SOLIDARITÄT

Der alte Russe und sein Meer

Was ist schlecht daran, in Australien unter einer
Kokospalme zu liegen, ein süßes Zwergkänguru im Arm,
und, während man es mit dem kleinen Finger hinterm
Ohr krault, zu träumen … Wovon? Von der lichten
Zukunft des Kommunismus? Selbst die kann man sich
in Australien besser vorstellen …

JEWGENI GWOSDJOW

Ein kleines Boot ist ein billiges Boot
mit kleinen Problemen und großer Freiheit.

SVEN LUNDIN
(JETZT YRVIND)

Jewgeni Gwosdjow

enschen wie er ließen einen wieder an Märchen glauben, sagte ein australischer Segler, der ihn persönlich kannte. Und auf einer deutschen Internetseite für Segler wurden ihm die höchsten Weihen des Neudeutschen zuteil: Er sei einfach ein »irrer, cooler Freak«.

Der »irre, coole Freak« heißt Евгений Гвоздев, daraus wird im Deutschen Jewgeni Gwosdjow, im Rest der lateinisch schreibenden Welt meist Evgeny Gvozdev. Unter diesen Buchstabenfolgen findet man ihn im Internet, es sind nicht viele Einträge, die meisten und längsten sind auf Russisch verfasst. Aber wer über ihn schreibt, tut es bewundernd, ja liebevoll, und wer die Seiten liest, bedauert, ihn nicht getroffen zu haben.

Jewgeni Gwosdjow kam 1934 in Weißrussland zur Welt und verbrachte sein Leben in Machatschkala am Kaspischen Meer, dem größten Binnensee der Erde. Dort war er 35 Jahre lang Schiffsmechaniker auf großen Fangschiffen, sonst weiß man über sein Leben vor 1992 kaum mehr, als dass er in den Siebzigerjahren begann, leidenschaftlich zu segeln. Er baute auf billigstmögliche Weise ein Segelschiff und durchkreuzte zahllose Male und bei jedem Wetter das Kaspische Meer. Ob es Fernweh war, das ihn aufs Segelboot trieb, oder ob erst die Törns auf dem Kaspischen Meer eine Sehnsucht nach mehr Meer auslösten, ist nicht so wichtig. Wichtig ist, dass er jahrzehntelang unter Fernweh, Wanderlust und Neugier litt, es drängte ihn in die Ferne. Er wollte nicht weg, er wollte nur einmal raus, er wollte sich in der Welt umschauen und wieder heimfahren. Aber er war Bürger der Autonomen Sozialistischen Sowjetrepublik Dagestan, und darum ging das nicht. 15 Jahre lang beantragte er einen Pass, 15 Jahre lang bekam er ihn nicht. Sowjetbürger durften sowieso nicht ins Ausland reisen.

Dann begann die Perestroika. Von einer Bootsfirma erbettelte er sich ein 5,50 Meter langes und 2,45 Meter breites Segelboot. Sie gaben es ihm für drei Jahre »zu Test- und Werbezwecken«, er holte es in Aktau am Ostufer des Kaspischen Meeres ab. In Gwosdjows Umfeld wurde gewitzelt, er habe die Zuständigen so sehr genervt, dass sie ihn wenigstens für drei Jahre loswerden wollten. Ehemalige Kollegen steuerten Rettungsanker, Signalraketen, Karten und andere Ausrüstungsgegenstände bei, eine Tageszeitung aus Machatschkala spendierte ein paar Dosen Schmalzfleisch und einen Weltradioempfänger, dafür sollte er Reiseberichte schicken, was er auch tat.

Als er reisefertig war, besaß er drei Seekarten, traditionelle – das heißt technisch längst überholte – Navigationshilfsmittel, eine Barschaft von einhundert Dollar sowie Proviant für drei Monate. Er hatte sein Boot noch nie auf dem Meer ausprobiert, er wusste nicht, ob es den Ozeanen standhalten, ob er damit um die Welt kommen würde. Er war 58 Jahre alt, sprach nur Russisch und wusste absolut nichts über die Welt jenseits des sowjetischen Horizonts. Er brach mit einem alten Boot und leeren Händen zu einer mehrjährigen Weltumseglung auf und hatte nicht die geringste Ahnung, was ihn am jeweils nächsten Tag oder im nächsten Hafen erwarten und wie er in der Fremde überleben würde.

Man kann es aber auch so sagen: Die Grenzen öffneten sich, Reisen wurden möglich. Jewgeni Gwosdjow ergriff die allererste Chance, die die Weltgeschichte ihm einräumte. Denn »von allen menschlichen Verrücktheiten und Verirrungen« verstand er eine gar nicht: »Dass der Mensch, der ja nur ein Mal auf dieser Erde lebt, nicht den Versuch unternimmt, sie mit eigenen Augen zu sehen – und zwar die ganze Erde.«

Am 7. Juli 1992 brach er auf. Schon der Weg vom Kaspischen zum Schwarzen Meer nahm etwa einen Monat in Anspruch.* In Noworossijsk angekommen, musste er geschlagene fünf Monate auf seinen Pass warten. Erst im Dezember 1992 konnte er die Stadt – und die Sowjetunion – mit Ziel Istanbul verlassen, im August 1993 schrieb er nach Hause: »Griechenland habe ich gesehen, Italien, Frankreich, Spanien. Ich bin völlig begeistert vom Ausland!«

In fünfzig Tagen segelte er über den Atlantik, er pausierte in der Karibik, fuhr durch den Panamakanal, nach Tahiti, nach Australien, überquerte den Indischen Ozean, kreuzte im Gegenwind neunzig Tage im Roten Meer, kam nach Istanbul, durch den Bosporus ins Schwarze Meer und nach Noworossijsk. Am 19. Juli 1996 war er wieder zu Hause.

TÖRN

Und was, bitte sehr, ist an dieser Geschichte so ungewöhnlich, dass sie den Ehrenplatz des letzten Kapitels verdient? Zahllose andere Menschen – Männer! – sind ebenso ahnungslos und kühn (oder: verrückt und lebensmüde) auf weite Fahrt gegangen. Hans Zitt zum Beispiel, um nur einen von sehr vielen zu nennen. Auch er war vom Virus Wandertrieb befallen und wollte »die Welt erleben«. Seine Inspiration war wiederum Kapitän Franz Romer, der 1928 im Kanusegelboot den Atlantik überquert hatte (siehe Kapitel 8). Zitt hatte schon 1927 von Romers Vorbereitungen erfahren und wäre am liebsten mit ihm gefahren. Aber seine eigenen Sehnsuchtsziele waren nicht der Westen und Amerika, sondern der Ferne Osten und die Südsee, er

---

* Er segelte von Machatschkala nach Astrachan, von dort wurde sein Boot auf einem Motorboot die Wolga entlangtransportiert. Dann fuhr er mit seinem eigenen Boot durch den Wolga-Don-Kanal, über den Don und das Asowsche Meer ins Schwarze Meer.

dachte sogar an eine Weltumrundung. Noch im gleichen Jahr kaufte er »für einige Groschen« ein Heftchen mit dem Titel *Wie baue ich mir ein Segelboot*. Das tat er sieben Monate lang, dann war das »Sharpie für Sonntagnachmittagsspazierfahrten auf den heimatlichen Weihern« fertig, und er, der »noch nie ein Segelboot aus der Nähe gesehen hatte«, brach ohne Zögern und großes Herumprobieren auf. Er wuchs mit seinen Aufgaben: Von Ingolstadt kam er mit der 6-Meter-Segeljolle »auf dem Rücken der Donau« zum Schwarzen Meer, wo »der Weg in die Ferne offen lag«, weiter ging es über Istanbul (damals Konstantinopel) und den Suezkanal bis nach Indien. Wegen eines Schlangenbisses war dort nach knapp drei Jahren Schluss, er musste (samt Boot) per Schiff nach Europa zurückkehren. In Italien trennte er sich von seinem Sharpie und fuhr mit dem Zug nach Hause.[*]

Männer wie Zitt waren zu ihrer Zeit – den Zwanziger- und Dreißigerjahren des letzten Jahrhunderts – waghalsige, kühne Männer, ja geradezu Helden. Aber in den Neunzigerjahren, als Gwosdjow aufbrach, waren lange Reisen im Segelboot, selbst Weltumrundungen, keine gefeierten Heldentaten mehr. Schweres Segeltuch war durch leichte und reißfeste Kunststoffsegel ersetzt worden, statt dicker Taue gab es Winden und leichtes Perlontauwerk, beides reduzierte den nötigen Kraftaufwand. Selbststeueranlagen erlaubten den Seglern längere Ruhezeiten, immer mehr Boote, auch kleinere, hatten Radiogeräte, Notfunksender, GPS und Generatoren, die Entsalzungsanlagen für Trinkwasser und Wärmeöfchen für die Kajüte betrieben. Hin und wieder segelte jemand mit einem solchen Boot allein um die Welt. Das ist (immer!) eine mehr als respektable Leistung, egal wie viele Zwischenstopps eingelegt werden. Aber es war in den Neunzigerjahren schon lange keine Sensation mehr.

Wer Jewgeni Gwosdjow in seinem kleinen, technisch mehr als simplen Boot traf, wurde in eine Zeit zurückgeworfen, die nur noch als nostalgische Erinnerung existierte. So hatte die Welt vor gar nicht langer Zeit ausgesehen. Er war eine (Wieder-)Begegnung mit dem Segelsport der Fünfziger-, Sechziger-, Siebzigerjahre, als Schiffe noch nicht der erschwingliche Ersatz für ein Einfamilienhaus waren und auch der Rekordvirus noch nicht grassierte. Er belebte

---

[*] Hans Zitt erwähnt in seinem Buch nie sein Alter. Er kann aber nicht, wie es in seinem deutschen Wikipedia-Eintrag heißt, Jahrgang 1913 sein, denn dann wäre er beim Beginn seiner Reise 15 Jahre alt gewesen. Überdies – und das wiegt schwerer – hatte er 1923 aktiv an Hitlers gescheitertem Putschversuch in München teilgenommen. Zitt war ein in der Wolle gefärbter Nazi, sein Buch aber ist fremden Völkern und Kulturen gegenüber nicht überheblicher, als man es aus der europäischen Reiseliteratur jener Jahre kennt.

sogar vage Erinnerungen an jene Jahrhunderte und Jahrtausende, als *Weit weg* kein buchbares Ferienziel mit der Verheißung *Abenteuer!* war, sondern ein Synonym für *Unbekannt*, für *Unberechenbar* und *Gefährlich*.

Gwosdjow segelte mit seinem schäbigen Boot zwischen den schicken Jachten, und alle sahen, dass er nicht mit Geld, sondern ausschließlich mit Mut, Seglertalent und Anspruchslosigkeit bis hierher gekommen war. Er hatte kein GPS, keinen Motor – er hatte einen Lebenstraum. An dem hatte er jahrzehntelang festgehalten, obwohl er vermutlich von jedem vernunftbegabten Menschen deswegen für realitätsfern oder schlicht verrückt erklärt worden war, und er hatte ihn schließlich unter großen Entbehrungen verwirklicht. Nur wenige Menschen sind so hartherzig, dass sie sich von einer solchen Geschichte nicht rühren ließen.

Hinzu kam, dass in jenen ersten Jahren der offenen Grenzen in Europa Menschen im Westen immer gerührt waren, wenn sie einen »echten Russen« trafen – jemanden, der nicht geflohen war, sondern zum ersten Mal als Reisender kam und die neue Freiheit ausprobierte. Viele wollten diesem Menschen Gutes tun, ihm etwas zukommen lassen, ihm das Leben erleichtern. Jewgeni Gwosdjow war ein solcher »echter Russe«, außerdem war er offenbar ein besonders liebenswerter und bescheidener Mensch. Es kann nicht geschadet haben, dass er gut aussah, groß, stark und vital, mit ausdrucksvollem Gesicht, himmelblauen Augen, einer schneeweißen Mähne. Und doch so normal. Niemand hätte hinter diesem freundlichen Rentner, der er war, den wagemutigen, ja tollkühnen Extremsportler vermutet, der er auch war.

In allen Häfen traf er »Schiffe von uns, aus Litauen, Estland, der Ukraine und Russland, und die Jungs füttern mich durch«, überall tauchten Exilrussen auf, die für ihn taten, was sie konnten, polnische Geistliche, die dolmetschten. Deren Hilfe beglückte ihn und rettete ihn mehr als einmal vor Hunger und Not. Darüber hinaus aber erlebte er eine internationale Solidarität der Segler, mit der er überhaupt nicht gerechnet hatte und für die er zutiefst dankbar war. Er hatte nachgezählt: Menschen aus 86 Nationen hatten ihm geholfen.

»Die Einstellung der Leute uns, dem Homo sowjeticus, gegenüber überrascht mich. Siebzig Jahre lang hat man uns eingehämmert, dass der Kapitalismus verkommen ist und eine wölfische Moral hat, und ähnlichen Quatsch. Alles ist völlig anders! Sie verstehen uns absolut und sind jeden Moment bereit, uns zu helfen.« Es sei ihm peinlich, dass »wir von den Ausländern so perverse Ideen hatten!« Ihre Hilfsbereitschaft überwältigte ihn, überall nahmen Einheimische ihn unter ihre Fittiche, bezahlten Hafengebühren oder Reparaturen an seinem Boot, halfen ihm bei Behörden, steckten ihm Geld zu, schenkten ihm Lebensmittel, Sonnenkollektoren, ein Sendegerät, ein Entsalzungsgerät, Ausrüstung, warme Kleidung, Navigationsmaterial und vieles mehr.

Auf Tahiti brachte ihm jemand 37 (!) Seekarten als Geschenk in die Kajüte. Er hatte erst in Puerto Rico begriffen, dass man im Westen Seekarten einfach kaufen konnte. Da, wo er herkam, waren Karten grundsätzlich geheimes Material gewesen. Aber wer ohne Seekarten lossegelt, weiß nichts über die Tiefe des Meeres, Riffe, Hafeneinfahrten, Strömungen, er ist in Gefahr – mehr, als es Seeleute sowieso schon sind.

Und doch war er nahezu ohne Karten ins Unbekannte aufgebrochen (es würde einen nicht wundern, wenn die drei, die er hatte, obendrein völlig veraltet gewesen wären) und hatte zudem damit gerechnet, jenseits der Grenzen des sowjetischen Reiches nur auf unfreundliche, ja feindliche Menschen zu stoßen. Diese Erwartung erfüllte sich nur einmal, da aber auf lebensbedrohliche Weise: Am Kap Hafun, dem östlichsten Punkt Afrikas, wurde er von somalischen Piraten brutal ausgeraubt. Sie ließen ihm wenig mehr als das nackte Leben, es hätte nicht viel gefehlt und sie hätten ihn mit einer Kalaschnikow erschossen. Das Schlimmste an diesem Überfall war für ihn jedoch, dass er alle Fotos und Tagebücher der Reise verlor.

Nach vier Jahren und drei Monaten war er wieder zu Hause. Er lieferte das auf drei Jahre geliehene Boot in Aktau ab, obwohl die Firma, von der er es bekommen hatte, inzwischen bankrott war. Dann verbrachte er seine Tage auf dem Sofa vor dem Fernseher, guckte Fußball und langweilte sich. Das ging natürlich nicht lange gut, er musste wieder weg.

»*Big problem. I am old man*«, erzählte er später einem Amerikaner. »*No money. No material. I walk on Russian street. Look wood. Look metal.*« Aus dem Holz und dem Altmetall, das er so fand, begann er ein Boot zu bauen, und weil er weder eine Garage noch einen Hinterhof hatte, tat er das in seiner Wohnung. »Ich Rumpf in Kochzimmer bauen und fertig machen an Seite von Haus.« Das Boot wanderte im Verlauf der Arbeit vom »Kochzimmer« auf die Glasveranda und von da an die »Seite von Haus«. Dort *hing* es, denn er wohnte im ersten Stock.

Überall auf der Welt hatte er Segler getroffen, die um des Vergnügens willen die Welt umrundeten. Die Begegnung mit ihnen – genau 23, darunter auch eine Frau (Gwosdjow zählte offenbar gern) – relativierte das Ungewöhnliche seiner Fahrt ebenso wie sein ursprüngliches Gefühl, etwas Heldenhaftes zu tun. Aber er behielt durchaus im Blick, dass seine Ausgangssituation eine ganz andere war als die der meisten anderen, die er getroffen hatte: »Jeder normale Mensch kann, wenn er das will, bei entsprechender Vorbereitung und der erforderlichen technischen und finanziellen Ausstattung allein die Welt umsegeln. Darin sehe ich nichts Heldenhaftes. Aber auf der Basis einer winzigen Rente ein Boot auf dem Balkon einer kleinen Mietwohnung zu bauen, es zu Wasser zu bringen, auf den Ozean zu segeln und sich seinen Traum zu erfüllen – das ist nicht jedem gegeben.«

Kleine Rente, kleine Wohnung, kleine Glasveranda, kleines Boot: Die *Said* war ein Kajütsegelboot, 3,70 Meter lang und 1,45 Meter breit. Das waren gut fünf Quadratmeter Fläche für Gwosdjow, Ausrüstung und Proviant, die Schlafstelle für den 1,81 Meter großen Skipper war gerade einmal 1,50 Meter lang. Schließlich ließ er die *Said* an Tauen auf die Ladefläche eines Lasters hinab und montierte den Kiel.

Als er im Mai 1999 wieder aufbrach, wusste er, wohin er wollte und wie es »da draußen« zuging. Er hatte sich auch einen »anglo-franko-spanischen Seefahrerslang« angeeignet, mit dem er offenbar recht gut durchkam. Zudem verfügte er über etwas, was man nur als Chuzpe bezeichnen kann. Als er zum Beispiel in einem Hafen Trinkwasser laden wollte und dafür fünfzig Dollar Liegegebühr berappen sollte (die er nicht hatte), schleifte er seinen Ersatzanker zum Hafenmeister, legte ihm den Anker auf den Tisch und forderte 300 Dollar Wechselgeld: Dieser Anker habe die Erde umrundet und sei darum 350 Dollar wert.

Bei seiner ersten Reise war er der »Neugier des Sowjetbürgers gefolgt, der zum ersten Mal rauskonnte«; er war, wo immer möglich, an den Küsten entlanggesegelt und oft an Land gegangen. Nun wollte er auf direkterem Weg und quer über die Meere segeln, was allerdings keineswegs »nonstop um die Welt« bedeutete. Für die erste Etappe von Machatschkala nach Gibraltar brauchte er zum Beispiel volle sechs Monate. Er reiste ja nicht, um einen Geschwindigkeitsrekord zu ersegeln, er wollte die Welt sehen und Menschen kennenlernen. Außerdem war auf dem winzigen Boot so wenig Platz für Vorräte, dass er sie in vergleichsweise kurzen Abständen auffüllen musste.

Von den Kanarischen Inseln segelte er schließlich nach Brasilien, dort machte er die größte Abweichung von der Route seiner ersten Reise: Er folgte der Küste bis zur Magellanstraße nördlich von Kap Hoorn. 39 Tage brauchte er für die knapp 570 Kilometer lange Meerenge, die den Atlantischen mit dem Pazifischen Ozean verbindet und für ihre starken Strömungen und Fallwinde bekannt ist.

In Chile verbot ihm die Küstenwache, mit diesem »eklatant unsicheren« Wasserfahrzeug nach Tahiti zu segeln, man verfrachtete ihn und die *Said* (auf Kosten des chilenischen Staates) per Dampfer Richtung Norden bis Puerto Montt. Von dort aus überquerte Jewgeni Gwosdjow natürlich trotz Verbot den Pazifik. Es wurden 125 peinvolle Tage auf dem offenen Meer mit zu wenig Lebensmitteln und zu wenig Trinkwasser. Als er in Tahiti ankam, hatte er erste Anzeichen von Skorbut und Nierenversagen und war seelisch sowie körperlich völlig erschöpft. In Australien wollten ihn die Behörden als illegalen Einwanderer in den Knast stecken, weil er kein Visum hatte. Das war schlimm genug, schlimmer noch war die Sache mit seinem sowjetischen Pass. Zum einen war er abgelaufen, zum anderen gab es keine Sowjetunion mehr. Wieder einmal rettete ihn die »Bruderschaft der Segler«, Ende 2003 kam er wohlbehalten zu Hause an.

Er hatte als erster Russe unter russischer Flagge die Welt umrundet, was ihm viel bedeutete, denn er war Patriot. Vielleicht hatte er sogar den Rekord errungen, das im (bis dahin) kleinsten Boot getan zu haben. Er wurde feierlich empfangen, der Bürgermeister von Machatschkala überreichte ihm den Schlüssel zu einer neuen Zweizimmerwohnung (ob mit oder ohne Glasveranda, wissen wir nicht). Und das war es dann. Das Abenteuer war vorbei, er saß wieder auf dem Sofa und guckte Fernsehen. Ob ihm seine Ehefrau, seine drei Kinder und vier Enkel, die ein Journalist in Buenos Aires erwähnt hatte, dabei Gesellschaft leisteten, wissen wir nicht.

Dieses Mal dauerte es immerhin vier Jahre, bis er – inzwischen 74 Jahre alt – alles für eine neue Reise beisammenhatte. Das fünfeinhalb Meter lange Boot, mit dem er im September 2008 aufbrach, war mit dem seiner ersten Reise fast identisch, aber besser ausgerüstet. Dabei empfand er die modernen Geräte nicht nur als Gewinn. Mit jeder technischen Errungenschaft, sagte er, gehe auch etwas verloren. GPS zum Beispiel vernichte die Freude, unerwartet Land zu sehen.

Im November hatte er Süditalien erreicht, am 1. Dezember meldete er sich bei der Tageszeitung in Machatschkala, die ihn auf allen Reisen unterstützt hatte, und erwähnte, dass er in einen schweren Sturm geraten sei. Wenige Tage später wurde er im Golf von Neapel tot am Strand gefunden, er hatte schwere Kopfverletzungen. Sein Boot war in der Nähe auf Grund gelaufen, es wies erhebliche Sturmschäden auf.

Unmittelbar vor dieser – wie sich zeigen sollte: letzten – Reise hatte er mit dem Journalisten Dmitri Sujarkow ein sehr langes Gespräch geführt. Als dieser Jewgeni Gwosdjow verließ, war er von dem alten Mann zutiefst beeindruckt, »und ich dachte lange an seine Worte, dass er sich dort, auf dem Meer, in fremden Ländern endlich als wirklich freier Mensch gefühlt hat!«

Und wie ging es weiter?

Im Sommer 2011 erschien in Machatschkala das Buch *Die Erde ist rund. Jewgeni Gwosdjows Beweis.* Verfasser dieser (natürlich auf Russisch geschriebenen) Biografie ist Oleg Sanajew, der während der Reisen Gwosdjows dessen Kontaktperson in der Heimat war und der auch seine Homepage weiterführt.

Die *Said* soll im Heimatmuseum von Machatschkala ausgestellt sein.

DANK AN

Bärbel Buchwald, die sich Zeit für mich und das Manuskript nahm. Wie bei jedem meiner Bücher.

Volker Christmann, der mich mit Literatur versorgte, Fragen beantwortete und diese verrückte Reise wohlwollend begleitete.

Hans Hahn, der das ganze Manuskript gelesen und mich vor Schnitzern in der Seglersprache bewahrte.

Siggi Kilian, der für mich die Auto-Terminologie im Ben-Carlin-Kapitel korrigierte.

Christiane Körner, die viele russische Internetseiten zu Jewgeni Gwosdjow durchforstete und für mich exzerpierte. Alle Übersetzungen aus dem Russischen stammen von ihr.

Tanja und Niels Ohlsen, begeisterte und unerschrockene Seekajaker, die mich zu Bombard und Lindemann berieten.

Klaus Werth, der als professioneller Ballonfahrer ein Expertenauge auf die Luft-Fahrt der *Small World* warf.

sowie

Den *Spiegel* dafür, dass das komplette *Spiegel*-Archiv (1947 bis heute) kostenlos online abrufbar ist.

ALLE ZITATE sind im Text als solche gekennzeichnet, aber nicht einzeln nachgewiesen. Die bibliografischen Angaben zu den Kapiteln finden Sie hier. Ich habe extensiv im Internet recherchiert, alle angegebenen Links wurden zwischen August und Oktober 2011 geöffnet.

LITERATUR UND LINKS ZU DEN EINZELNEN KAPITELN

1 Eine kleine Probefahrt über den Atlantik

Zum Nachschlagen
Ludwig Dinklage, Männer vom blauen Wasser.
Ole M. Ellefsen, Uræd.
William H. Longyard, A Speck on the Sea.
Victor Ottmann (Red.), Das sonderbarste Schiff der Welt.
Stanley Rogers, Kleinsegler des Weltmeeres.
Sigmund Strøm, Over Atlanteren i et egg.

Zum Anklicken
»Five Months in a Lifeboat Across the Atlantic«: www.norway.org/ARCHIVE/culture/literature/uræd

2 Sandsturm und Andenpässe

Zum Nachschlagen
Tristan Jones, The Incredible Voyage.
Jon Winge, Store helter i små båter.

Zum Anklicken
»The Tristan Jones Website«: www.tristanjones.org
Bericht von Steve Rosse über Tristan Jones in Phuket: www.tristanjones.org/SteveRosse01.htm

3 Der König der Autoschrauber

Zum Nachschlagen
Ben Carlin, Half-Safe.
William H. Longyard, A Speck on the Sea.
Jean Merrien, Sie segelten allein.

Zum Anklicken
Filmausschnitte, die Ben und Elinore in der *Half-Safe* zeigen: www.youtube.com/watch?v=z-Gqi-RlbOo (Es ist eine australische Fernsehsendung über Carlin und die *Half-Safe,* bei der mehrmals kurze Filmschnipsel eingespielt werden. Außerdem wird der Originalwagen ins Studio geschoben. Der Ton ist schlecht, aber zum Glück nicht sehr wichtig.

4 Kein Tag ohne Sorge

Zum Nachschlagen
Charles A. Borden, Weltmeere unter dem Kiel.
Ludwig Dinklage, Männer vom blauen Wasser.
William H. Longyard, A Speck on the Sea.
Sara Maitland, A Book of Silence.
Jean Merrien, Sie segelten allein.
Peter Nichols, A Voyage for Madmen.
John Ridgway und Chay Blyth, Im Ruderboot über den Atlantik.
David W. Shaw, Die Eroberung des Horizonts.

Zum Anklicken
John Ridgways Homepage: www.johnridgway.co.uk/books.html
Kenneth Crutchlow/Steve Boga, The Oceanrowers (Auszüge): www.oceanrowing.com/Oceanrowers/blyth.htm
Florentine Fritzen, »Ellen und Maud« (Frakfurter Allgemeine Zeitung, 09.02.2005): www.faz.net/-00pqw4
Harald Hansen, »I robåt over Atlanterhavet«: www.hildringstimen.no/faximiler/Harald%20Hansen%20I%20robåt%20over%20Atlanterhavet.htm
Merton Naydler, The Penance Way (Auszüge): www.oceanrowing.com/Oceanrowers/johnstone_hoare.htm
»Kennziffer T 450« (Der Spiegel, 16.5.1966): www.spiegel.de/spiegel/print/d-46407299.html
»Milch aus dem Meer« (Der Spiegel, 28.11.1966): www.spiegel.de/spigel/print/d-46415168.html
Jerry Bryant singt seine »Ballad of Harbo and Samuelsen«: www.Youtube.com/watch?v=-rdqQxlx9hl und hier ist der Text dazu: www. oceanrowing.com/Ballad%20of%20Harbo%20and%20Samuelson.htm

5 Beim Schleudergang in der Waschmaschine

Zum Nachschlagen
P. J. Capelotti, Flåteferder i Kon-Tikis kjølvann.
Wilfried Erdmann, Die magische Route.
William H. Longyard, A Speck on the Sea.
Peter Nichols, A Voyage for Madmen.
Hugo Vihlen (mit Joanne Kimberlin), The Stormy Voyage of Father's Day.
William Willis, The Epic Voyage of the Seven Little Sisters.

Zum Anklicken
Robert Manry, Tinkerbelle: www.clevelandmemory.org/ebboks/tinkerbelle
Mehr über Robert Manry: www.robertmanryproject.com

William A. Butler, »The indestructible Tom
    McNally«: www.wbutler.com/Stories/
    tom_mcnally.htm
Axel Hacke, »Ich bin mein eigener Held«
    (mare Nr. 36, Februar 2003): www.mare.de/
    index.php?article_id=1933
»Vom Winde verweht« (Der spiegel, 25. 8. 1965):
    www.spiegel.de/spiegel/print/d-46273860.html

6 Haifischzähne für Mary

Zum Nachschlagen
John Caldwell, Desperate Voyage.
jon Winge, Store helter i små båter.

Zum Anklicken
»Richard Dey, »Farewell, Johnny Coconut«
    (Caribbean Compass December 1998):
    www.caribbeancompass.com/caldwell.htm

7 Runter kommen sie immer

Zum Nachschlagen
Arnold Eiloart und Peter Elstob, The Flight of
    the Small World.
William H. Longyard, A Speck on the Sea.

Zum Anklicken
»Geheimnisse an Bord?« (Der Spiegel, 21. 1. 1959):
    www.spiegel.de/spiegel/print/d-42624423.html
Robert Recks: »Who's Who of Ballooning«: www.
    ballooninghistory.com/whoswho/who'swho-e.
    html

8 Die Hungerkünstler

Zum Nachschlagen
Hannes Lindemann, Allein über den Ozean.
Alain Bombard, Im Schlauchboot über den
    Atlantik.
P. J. Capelotti, Flåteferder i Kon-Tikis kjølvann.
Ann Davison, … und mein Schiff ist so klein.
William H. Longyard, A Speck on the Sea.
Jean Merrien, The Madmen of the Atlantic.
Jean Merrien, Sie segelten allein.
Klaus Dieter Reichert, Kapitän Franz Romer.
John Ridgway und Chay Blyth, Im Ruderboot
    über den Atlantik.
Stanley Rogers, Kleinsegler des Weltmeeres.
Joachim Schult, Erstleistungen deutscher Segler
    1890–1950.
Eric Tabarly, Einhand zum Sieg.

Zum Anklicken
»Der junge Mann und das Meer« (Der Spiegel,
    14. 1. 1953): www.spiegel.de/spiegel/print/
    d-25655623.html

Angelika Stucke, »Eine hässliche Delikatesse«
    (mare Nr. 27, August 2001): www.mare.de/
    index.php?article_id=2250
Andreas Fasel, »Lindemann: Ein Mystiker des
    Meeres« (Die Welt, 20. 1. 2002): www.welt.de/
    print-wams/article599807/Ein_Mystiker_des_
    Meeres.html
Christoph Schumann, »Atlantikpaddler
    Lindemann erzählt« (Yacht, 5. 4. 2005):
    www.insidersegeln.de/Yacht/Linde/1.jpg
Udo Zindel, »Action-Archäologe Heyerdahl –
    Held der Meere und der Medien«
    (Der Spiegel, 17. 9. 2007): www.spiegel.de/
    wissenschaft/mensch/0,1518,500331,00.html
Janice Jakait, »Rudern für die Stille«:
    www.rowforsilence.com/de/theproject/
Aufschlussreiches zur Frage, wie es sich denn
    nun mit dem Trinken von Salzwasser verhält:
    Ulli Kulke, »Überleben auf dem Meer –
    Durst löschen mit Salzwasser«
    (mare Nr. 54, Februar 2006): www.spiegel.de/
    wissenschaft/mensch/0,1518,399702,00.html

9 Der Weg ist das Ziel

Zum Nachschlagen
Sir Francis Chichester, Held der Sieben Meere.
    (Dieser albern-prahlende Buchtitel stamnt
    selbstverständlich nicht von Chichester,
    sondern von seinem deutschen Verlag. Der
    Originaltitel lautet in eleganter Bescheiden-
    heit und mit britischem Understatement:
    Gipsy Moth Circles the World.)
Wilfried Erdmann, Allein gegen den Wind.
Sara Maitland, A Book of Silence.
Bernard Moitessier, Der verschenkte Sieg.
Peter Nichols, A Voyage for Madmen.
Peter Noble und Ros Hogbin, The Mind of the
    Sailor.
Joshua Slocum, Allein um die Welt.
Nicholas Tomalin und Ron Hall, The Strange
    Voyage of Donald Crowhurst.

Zum Anklicken
Donald Holm, The Circumnavigators
    (Kap. 26, Only Super Heroes Need Apply):
    www.stexboat.com/books/circumnav/
    ci_table.htm
Wilfried Erdmanns Homepage:
    www.wilfried-erdmann.de
»Ganz schöne Hölle« (Der Spiegel, 3. 7. 1967):
    www.spiegel.de/spiegel/print/d-46214176.html
»Wecker als Wache« (Der Spiegel, 27. 5. 1968):
    www.spiegel.de/spiegel/print/d-46039801.html

»Flagge zeigen« (Der Spiegel, 23. 8. 1982):
www.spiegel.de/spiegel/print/d-14348604.html
Sehr empfehlenswert ist der englische
Dokumentarfilm »Deep Water« (2006) über
Donald Crowhurst und das *Sunday Times
Golden Globe Race*.

10 Hoch die internationale Solidarität

Zum Nachschlagen
Jean Merrien, Sie segelten allein.
Hans Zitt, Ein Mann, ein Boot, ein fernes Land.

Zum Anklicken
Unter der deutschen Transkription »Jewgeni
Gwosdjow« findet man im Internet praktisch
nichts. Die gängigen Transkriptionen des
Namens sind Yevgeni/Evgeny/Evgeniy/
Ewgeni Gvozdev/Gvozdyov/Gvosnev.
Jewgeni Gwosdjows Homepage (weitergeführt
von Oleg Sanajew): www.gvozdev.iwt.ru
Dimitri Sujarkow, Что там, за горизонтом?«
(Was ist hinter dem Horizont?):
www.liveinternet.ru/users/2724668/post943
77664
Eine Sammlung mehrerer Artikel über Jewgeni
Gwosdjow: www.parusa.narod.ru/bib/papers/
gvozdev/index.htm
Bernie Harberts, »From Russia in a Twelve-
footer – Darwin, Australia«: www.riverearth.
com/seabird/2002_12_01_archive.html
Zahlreiche weitere Informationen über Jewgeni
Gwosdjow: www.wiki.oceanschool.ru und
www.slokam.ru/gvozdev/
Ein Video mit Jewgeni Gwosdjow: www.slokam.
ru/video/gvozdev-ukhodit-v-3-krugosvetku/
(Am Ende dieses Videos werden weitere
eingeblendet, die man anklicken kann.)

VOLLSTÄNDIGE BIBLIOGRAFIE

Bombard, Alain: *Im Schlauchboot über den
Atlantik*. Übers. v. Hubertus Foerster.
München 1953. (Naufragé volontaire,
Paris 1953)
Borden, Charles A.: *Weltmeere unter dem Kiel*.
Übers. v. Jürgen Dahmer. Bielefeld 1968.
(*Sea Quest: Small Craft Adventures from
Magellan to Chichester*. New York 1967)
Caldwell, John: *Desperate Voyage*. Dobbs Ferry,
New York 1991. (Erstausgabe 1949)
Capelotti, P. J.: *Flåteferder i Kon-Tikis kjølvann*.
Übers. v. Ole-Jacob Ørmen. Oslo 2007.
(*Sea Drift – Rafting Adventures in the Wake
of Kon-Tiki*. New Jersey 2001)
Carlin, Ben: *Half-Safe. Across the Atlantic by
Jeep*. London 1955.
Chichester, Sir Francis: *Held der Sieben Meere*.
Übers. v. Fritz Bolle und Alfred P. Zeller.
München 1967. (*Gipsy Moth Circles the
World*. London 1967)
Davison, Ann: *… und mein Schiff ist so klein*.
Übers. v. Gertrud Grell. Bielefeld 1962.
(*My Ship Is So Small*. London 1956)
Dinklage, Ludwig: *Männer vom blauen
Wasser. In kleinen Booten über die Ozeane*.
Wiesbaden 1948.
Eiloart, Arnold/Elstob, Peter: *The Flight of the
Small World*. London 1959.
Ellefsen, Ole M.: *Uræd*. Ålesund Museums skrift
nr 29, 2004. (Die englische Ausgabe *Brude-
egget – »The egg« that crossed the Atlantic* ist
erhältlich über das Aalesunds Museum in
Ålesund)
Erdmann, Wilfried: *Die magische Route.
Als erster Deutscher allein und nonstop um
die Erde*. Köln 1986.
Erdmann, Wilfried: *Allein gegen den Wind. Non-
stop in 343 Tagen um die Welt*. Bielefeld 2002.
Henderson, Richard: *Singlehanded Sailing*.
Camden, Maine 1976. (*Einhandsegeln*.
Übers. v. Wolfram Claviez. Bielefeld 1978.
Die deutsche Ausgabe ist gekürzt, worauf
der Verlag nicht hinweist.)
Holm, Donald: *The Circumnavigators.
Small Boat Voyages of Modern Times*.
London 1975. Ltd.
Jones, Tristan: *The Incredible Voyage*. London
1984. (Erstausgabe 1978; *Die unglaubliche
Seereise*. Übers. v. Willi E. Zeiss.
Stuttgart 2000)
Lindemann, Hannes: *Allein über den Ozean*.
Hamburg 1979. (Erstausgabe 1957)
Longyard, William H.: *A Speck on the Sea.
Epic Voyages in the Most Improbable Vessels*.
Camden, Maine 2003.
Maitland, Sara: *A Book of Silence*. Granta 2008.
Manry, Robert: *Tinkerbelle*. New York 1966 .
Merrien, Jean (Pseud. von René Marie de
La Poix de Fréminville): *Sie segelten allein*.
Übers. v. Ulrich Zimmermann. Bielefeld 1987.
(Deutsche Erstausgabe ca. 1953;
Les navigateurs solitaires. Paris 1953)
Merrien, Jean: *The Madmen of the Atlantic*.
Übers. v. Oliver Coburn. London 1961.
(*Les fous de l'Atlantique*. Paris 1956).

Moitessier, Bernard: *Der verschenkte Sieg.* Übers. v. Wolfgang Rittmeister. Bielefeld 1973. (*La longue route: Seul entre mers et ciels.* Paris 1971)

Nichols, Peter: *A Voyage for Madmen.* London 2002. (Erstausgabe 2001; *Allein auf hoher See. Abenteuer einer Weltumseglung.* Übers. v. Hans Link. Bergisch Gladbach 2004)

Noble, Peter / Hogbin, Ros: *The Mind of the Sailor. An Exploration of the Human Stories Behind Adventures and Misadventures at Sea.* London 2001.

Ottmann, Victor (Red.): *Das sonderbarste Schiff der Welt,* in: Das große Weltpanorama der Reisen, Abenteuer, Wunder, Entdeckungen und Kulturtaten in Wort und Bild. Berlin & Stuttgart o. J. (etwa zwischen 1905 und 1910).

Reichert, Klaus-Dieter: *Kapitän Franz Romer – ein deutscher Lindbergh,* in: *Kanu Sport* 4/2004, S. 12–15.

Ridgway, John / Blyth, Chay: *Im Ruderboot über den Atlantik.* Übers. v. Thomas M. Höpfner. München 1967. (*A Fighting Chance.* London 1966)

Rogers, Stanley: *Kleinsegler des Weltmeeres.* Übers. v. Max Müller. Leipzig 1936. (*Tales of the fore-an-aft.* London 1935)

Schult, Joachim: *Erstleistungen deutscher Segler 1980–1950.* Bielefeld 2008. (Erstausgabe 1993)

Shaw, David W.: *Die Eroberung des Horizonts. Die wahre Geschichte der ersten Männer, die über den atlantischen Ozean ruderten.* Übers. v. Hermann Kusterer. München 1999. (*Daring the Sea. The True Story of the First Men to Row Across the Atlantic Ocean.* New York 1998)

Slocum, Joshua: *Allein um die Welt.* Übers. v. Jürgen Hassel. Bielefeld 1977. (*Sailing Alone Around the World.* New York 1900)

Strøm, Sigmund: *Over Atlanteren i et egg.* Oslo 2006.

Tabarly, Eric: *Einhand zum Sieg. Atlantikrennen 1964.* Übers. v. Wolfgang Rittmeister. Bielefeld 1965. (*Victoire en solitaire.* Paris 1964)

Tomalin, Nicholas / Hall, Ron: *The Strange Last Voyage of Donald Crowhurst.* London 1970. (*Die sonderbare Reise des Donald Crowhurst.* Übers. v. Barbara Schaden. München 1994)

Vihlen, Hugo (mit Joanne Kimberlin): *The Stormy Voyage of Father's Day.* St. Paul, Minnesota 1997.

Willis, William: *The Epic Voyage of the Seven Little Sisters. A 6700-Mile Voyage Alone Across the Pacific.* London 1956.

Winge, Jon: *Store helter i små båter.* Oslo 2010.

ICH DANKE William A. Butler für die Erlaubnis, aus seinem Essay *The indestructible Tom McNally* zu zitieren: www.wbutler.com/Stories/tom_mcnally.htm

Ich habe die aufgeführten Bücher (und viele mehr) mit großem Vergnügen gelesen, und das, obwohl ich meist keine Ahnung hatte, was der jeweilige Seemann gerade mit welchem Segel, welchem Tau, welchem Anker warum tat. Segler wird es kalt ans Herz fassen, ich gestehe es dennoch: Sätze wie »Ich ließ den Vorholer des Baums ausrauschen. So konnte die von der Plicht bis zum Schothorn des Segels führende Schot unter dem Kiel durchgehen« ließ ich einfach unter meinen Augen durchrauschen.

Wenn ich Ihnen ein einziges Buch empfehlen sollte, wäre es Peter Nichols' Bericht über das berühmte *Sunday Times Golden Globe Race,* wobei die englische Ausgabe Fotos hat, die der deutsche Verlag seinen Lesern nicht gönnt. Wenn ich Ihnen einen Autor empfehlen sollte, wäre es Wilfried Erdmann, vor allem die beiden Bücher über seine Weltumseglungen. Unter den »normalen« Seglern ist Erdmann der Ungewöhnlichste. Und wenn ich Ihnen das Buch einer Seglerin empfehlen sollte, wäre es Ann Davisons... *und mein Schiff ist so klein.* Darin erzählt sie wunderbar und wunderbar amüsant, wie sie als erste Frau allein den Atlantik überquerte.

CORSO: *Willkommen woanders.*

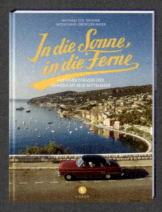

Edmondo De Amicis (1846–1908), der mit dem Erscheinen seines Romans *Cuore* 1866 berühmt und zu einem Klassiker der italienischen Literatur wurde, war auch ein neugierig Reisender. Er besuchte unter anderem Spanien, die Niederlande, Marokko, er überquerte Meere und er – feierte Istanbul, das damals Konstantinopel hieß.

Hier ist ein Fundstück zu entdecken, eine Preziose, zubereitet für heutige Leser, Entdecker, Reisende: Edmondo De Amicis großartiges Buch über Konstantinopel ist ein literarisches Geschichts-, ein romantisches Geschichtenbuch.

Es erzählt von den Menschen, Märkten und Basaren, von der Schönheit des Goldenen Horns und des Bosporus, den Frauen und Eunuchen, den Lüften und Sehnsüchten in dieser einmaligen Metropole – entstanden ist, so die Welt am Sonntag: »Ein wunderbares Buch!«

Aus dem Italienischen von Annette Kopetzki

Fadengeheftet und leinengebunden mit eingeklebtem Schild, 192 Seiten mit bedruckte Vorsätzen und vielen historischen Fotografien

Ein schönes Buch über Venedigs Geschichte und Gegenwart als Stadt der Töne, Melodien, Symphonien, Opern, Musiker, Sänger, Komponisten – Sie werden Venedig neu hören.

»Man blättert und liest gern darin, beißt sich fest und lässt sich verführen, auch weil es so ein ehrliches und unverkrampftes Buch ist.« WDR 3

Hardcover mit Schutzumschlag, 144 Seiten mit vielen farbigen Fotografien von Tom Krausz

Schon von Napoleon geplant, beginnen sie am »Point Zero«, einer Messingmarke auf dem Platz vor Notre-Dame in Paris: Die französischen Nationalstraßen, die sich von der Hauptstadt in die Winkel der Grande Nation erstrecken.

Dabei ist die »N7« die längste und schönste: Sie führt über rund 1.000 Kilometer von der Insel in der Seine nach Süden an die italienische Grenze, von Paris nach Menton.

Ein Aufbruch ins Herz von Land und Leuten entlang einer einmaligen Straße, der Route Nationale 7, die von Paris ans Mittelmeer führt.

Das Buch erzählt die Geschichte und Gegenwart einer der wichtigsten Straßen Westeuropas, die für viele eine Legende, eine Sehnsucht – eine großartige Erinnerung ist.

Hardcover mit Schutzumschlag, 176 Seiten mit vielen farbigen Fotografien, Karten und Hinweisen, bedruckte Vorsätze, Fadenheftung,

CORSO

Herausgegeben von
Rainer Groothuis

CORSO 39
Wie man sich allein auf See
einen Zahn zieht
1. Auflage
© CORSO in der Verlagshaus Römerweg GmbH,
Römerweg 10, D-65187 Wiesbaden
www.verlagshausroemerweg.de

Gestaltung:
Groothuis. Gesellschaft der Ideen und Passionen mbH,
Hamburg | www.groothuis.de
Gesetzt aus der Fairfield und der Stencil
Lithografie: edelweiß publish, Hamburg
Gesamtherstellung: CPI books, Ulm
Printed in Germany. Alle Rechte vorbehalten.
ISBN 978-3-7374-0713-7

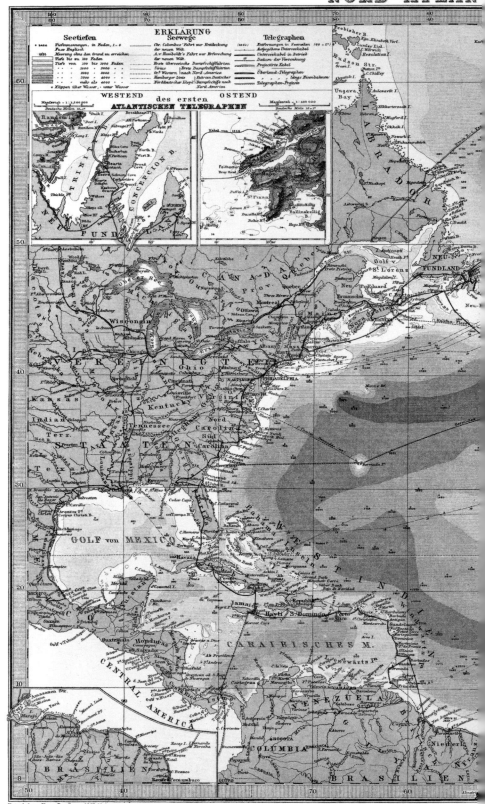